Tiefgang
mit Herz und Verstand
Handbuch
für ein authentisches Leben

Dr. Christa Keding

RMd-VERLAG

Die Deutsche Bibliothek — CIP-Einheitsaufnahme

Keding, Dr. Christa:
Tiefgang mit Herz und Verstand –
Handbuch für ein authentisches Leben / Dr. Christa Keding —
Gerbrunn: RMd-VERLAG 2016
ISBN 978-3-9817812-5-0

© 2016 RMd-VERLAG, Gerbrunn
Gedruckt auf chlorfreiem, alterungsbeständigem Papier.
Layout, Satz, Grafik und Umschlaggestaltung: RMd
Druck u. Bindung: Farbendruck Brühl GmbH, Marktbreit

Printed in Germany

ISBN 978-3-9817812-5-0

-- INHALT --

Tiefgang mit Herz und Verstand – Handbuch für ein authentisches Leben

Vom Denkvermögen zur Denk-Kultur -- 48

Der rote Faden: Nur denkend können wir uns bewusst durchs Leben bewegen. Nicht nur Denkinhalte bestimmen unseren Weg, sondern auch unsere Denkweise. Um Denken zu lenken, brauchen wir die Fähigkeit einer höheren Denkkategorie, die des Geist-Denkens. Mit seiner Hilfe können wir „selbst denken", Gedankenstress abbauen, Denkmuster und Denkfallen durchschauen und verändern.

Dem Fühlen auf der Spur -- 89

Der rote Faden: Gefühle begleiten uns ständig, und sie
bestimmen durchdringend unser Leben. Nicht jedes Fühlen
jedoch ist ein kluger Lebensnavigator; verschiedene
Gefühlsebenen haben unterschiedliche Funktionen, und
wir können lernen, jeder ihren Platz zu geben. Dadurch
entspannt sich mancher Gefühlsstress, und zugleich wird
es uns gelingen, durch intensivere Gefühle hindurch unsere
inneren Leitstimmen deutlicher zu vernehmen.

Das Ich wird am Du –
Kommunizierende Resonanz -- 128

Der rote Faden: Ich-Werden braucht Wegbegleiter um Selbst-
wahrnehmungen zu prüfen, und schon um sie überhaupt
zu entwickeln. Dies gelingt nur durch feine gemeinsame
Abstimmung und mit Hilfe konstruktiver Kommunikation.
Diese lebt vor allem von aufrichtigem Interesse und
Resonanzfähigkeit.

Sich aufmachen –
Bereitschaft zu Selbstveränderung -- 164

Der rote Faden: Veränderung gern – aber Einsicht?
Gefühle und Gewohnheiten boykottieren unseren
Veränderungswillen; der Ausweg: die richtige Schrittlänge
zwischen Bereitschaft und Einverständnis, eine
angemessene Zeitplanung, geeigneter Gefühlstreibstoff zur
Langstreckenmotivation.

Prüfrunde -- 203

Der rote Faden: Die Fäden der vier Grundfähigkeiten müssen nun wieder zusammengefügt werden. Was ergibt sich daraus für unsere Sehnsuchtsziele Freiheit, Liebe und Lebenssinn?

Anhang. Auf einen Blick -- 231

Tiefgang mit Herz und Verstand – Handbuch für ein authentisches Leben

Falsche Frage?

Haben Sie auch manchmal das Gefühl, irgendwie „im falschen Leben" unterwegs zu sein? Fühlen Sie sich allzu oft als Sonderling oder gar „falsch", weil sie sich im Mainstream nicht wiederfinden? Wird Ihnen öfter mal vorgehalten, eigenartige Fragen zu stellen und sich über zu viele Dinge zu viele Gedanken zu machen?

Dann halten Sie ein Glückslos in der Hand: Der Gewinn könnte ein Leben mit Tiefgang sein. Am Ende dürften Sie feststellen – so wie es auch mir ergangen ist –, dass sich unter diesem Falsch-Fühlen ein wertvoller Wegweiser zu einem erfüllenden, authentischen Leben verbirgt. Zu einem Leben, das sich nicht in die Konformität des Zeitgeistes fügt, sondern *eigen-willig* sich selbst und das Da-Sein zu ergründen sucht. Und dann auf einmal werden die eigenartigen „falschen" Fragen gerade die richtigen und wichtigen...

Selbst wenn Sie nur hin und wieder der Gedanke beschleicht, ob das denn alles sein soll, was Ihr Leben bislang ausmacht: Genau diese Frage wird Türen öffnen zu dem, was Ihnen und Ihrem einzigartigen Leben wirklich entspricht; zu einem Leben, das Sie jetzt und im Rückblick

ganz bejahen können. Schieben Sie solche Fragen nicht beiseite – sie sind der Schlüssel zu einem wesentlichen Leben!
Wenn dieser Ausblick Sie zieht, dann könnten wir, Sie und ich und Andere, gemeinsam auf Entdeckungsreise gehen, wie wir uns selbst und dem Leben auf die Spur kommen, ohne uns von Mehrheitsmeinungen irritieren zu lassen...

Ich war fünfzehn, als ich meinen Eltern eine folgenschwere Frage stellte: „Was ist der Sinn des Lebens? Wozu sind wir Menschen da?"
Mit der Antwort zerbrach etwas in mir: „Weil es das Prinzip der Evolution ist, die Art zu erhalten."
Meine Eltern zerbrachen an Sinnlosigkeit.
Mit Anfang zwanzig tippte ich in der volkswirtschaftlichen Abteilung einer Großbank Entwürfe für die Geschäftsleitung. Während ich die Texte mitzudenken versuchte, fragte ich, welchen Sinn ein permanentes wirtschaftliches Wachstum haben soll – bis jeder Bewohner der Arktis einen Zweitkühlschrank besitzt? Ich wurde belehrt über den Homo oeconomicus, Sachzwänge und Wachstumsideologien.
Mich fröstelte.
Später, als sich mein Traum vom Arztberuf verwirklichte, erntete ich ratlose Blicke oder herablassenden Spott auf meine Frage, was die überwiegende Symptomverwaltung unserer Medizin mit Heil-Kunde zu tun hat. „Was du immer hast!" hieß es dann.
Ich fürchtete selbst, nicht ganz richtig im Kopf zu sein.

Zu welchem Thema auch immer ich nach tieferen Antworten suchte, es zieht sich wie ein roter Faden durch mein Leben: Überall fühlte ich mich mit unbefriedigenden Erklärungen abgespeist und irgendwie unverstanden – von Eltern und Freunden, von Politikern, Wissenschaftlern und Philosophen, von Religion und Zeitgeist. Das ließ mich mehr und mehr an mir selbst (ver)zweifeln, über lange Phasen wurde ich depressiv. Meinem Seelenfrieden zuliebe hätte ich so gern die Argumente von nahestehenden Wegbegleitern und angesehenen Experten angenommen, mein Innerstes jedoch ließ sich von ihren Erklärungen der Welt nicht überzeugen. Schlimmer noch: Auch in pauschalen „Anti-Fraktionen" wie dem Aufbruch der APO-Achtundsechziger oder der Hippie-Hasch-

Happyness-Bewegung fand ich bei näherem Hinsehen nicht die ersehnten Antworten. Beziehungsweise ich war offenbar nicht gescheit genug, sie zu verstehen...

Ich begann, den Mund zu halten. Meine stummen Fragen blieben, doch ich traute ihnen nicht mehr. Ich fühlte mich unglücklich und allein.

Aber dann... Ich erwischte das große Los: Gegen so manche Widrigkeiten hatte ich es geschafft, Ärztin zu werden, und als mir schließlich noch der Mann fürs Leben begegnete, schien das Glück perfekt. Wir bekamen zwei wunderbare Töchter, bauten gemeinsam eine Landarztpraxis auf, erkundeten aufgeregt komplementärmedizinische Heilverfahren, arbeiteten Hand in Hand in meinem Traumberuf. Was wäre da noch zu wünschen übrig geblieben?

Umso mehr erschrak ich, als in den seltenen stillen Momenten dieses merkwürdige Gefühl wieder auftauchte, dass irgendetwas fehlte. Etwas in mir blieb leer, trotz aller Erfüllung. Irgendetwas nagte in mir, und das wollte so gar nicht zum Glück meines Alltags passen. So tat ich diese Gefühle als Relikt einer schwierigen Kindheit ab und konzentrierte mich auf all das Gute, das mein Leben mir inzwischen geschenkt hatte.

Ich wäre damals nicht auf die Idee gekommen, dieses merkwürdige Empfinden tatsächlich für _merk-würdig_ zu halten, nämlich für wert, es ernst zu nehmen und darauf zu achten. Erst als mich Krankheiten und Lebensbrüche mehrmals zum Innehalten zwangen, kam ich zur Besinnung – und am Ende zu einem erstaunlichen Ergebnis: Nicht etwa, indem ich mich endlich mit den angebotenen Antworten anfreunden konnte, sondern indem ich genau mein sonderbares Insistieren als einen Schatz entdeckte. **Nicht meine Fragen waren falsch, sondern falsch war meine Angst, diese Fragen könnten falsch sein!**

Der Weg zu dieser Erkenntnis führte durch Krisen und Seelentäler. Doch ohne meine inneren Nöte hätte ich mich niemals aufgemacht, nach Auswegen zu suchen. Gestartet mit der Sehnsucht, endlich „richtig" zu sein, dazu zu gehören und verstanden zu werden, kam ich am Ende zu einem neuen Vertrauen in meine eigenen Empfindungen, selbst wo sie aus der Reihe des Üblichen tanzten.

Seitdem begegnen mir immer öfter Menschen, die meine Fragen teilen und sich damit ähnlich unverstanden fühlen. Menschen, die ebenfalls das Gefühl gut kennen, „irgendwie sonderlich" zu sein... Obwohl ich schon lange als Therapeutin gearbeitet hatte, begann ich erst durch meinen eigenen Wandlungsprozess diese Menschen „von innen heraus" zu verstehen. Und genau durch diese Erfahrung durfte ich ihnen nun eine überraschende Perspektive vor Augen halten: Hatten sie in ihrem „Falschfühlen" vielleicht nur noch nicht erkannt, dass sie in vielen Dingen tiefer schauen, genauer hinterfragen, sich nicht mit Schlagworten abspeisen lassen, nicht unreflektiert den Gegebenheiten, überlieferten Dogmen oder Zeitgeistern folgen? Erst wenn sie auf weitere, gleichgesinnte „Sonderlinge" treffen, scheint etwas auf, das sie in der Tiefe ihrer Seele vage geahnt hatten:

Was üblich ist und „alle" tun, muss längst nicht richtig, wahr und gesund sein.

Was „alle" zum Lebensglück ausrufen, kann allemal weit entfernt sein von einem echten, erfüllenden Leben.

„Falsch" fühlen wir uns meist, wenn wir anders sind oder anders empfinden als „die Anderen" – die Familie, der Durchschnitt, die Mehrheit. Folglich sind solche tiefer schürfenden Sucherinnen und Sucher* recht dünn gesät: Es sind eher Wenige, die aktiv auf die Suche gehen. Aber es sind unendlich viel mehr, in denen diese Suche schlummert und die sich

---

* Ich bitte mir nachzusehen, dass ich meinen Sprachfluss nicht von einer gequälten „political correctness" zerreißen lasse, indem ich weiterhin jedem „...ern" ein „... innen" hinzufüge. Wenn ich von Lesern, Suchern, Therapeuten, Patienten, Wissenschaftlern und Beobachtern spreche, dann schließe ich in diese Personengruppen weibliche Mittäterinnen gleichermaßen ein. Deshalb bitte ich Sie, liebe Leserinnen, ersparen Sie mir, ständig „jede und jeder, der oder die Andere," sagen zu müssen. Die Lesbarkeit wird es danken, und ich vertraue darauf, dass Ihr Selbstwertgefühl nicht an meinen Wortendungen hängt!)

ihrer Fragen ans Leben nur noch nicht bewusst geworden sind. Überall finden sie sich bei näherem Hinsehen, in meinem persönlichen Umkreis ebenso wie bei meinen Patienten. **Unter so mancher Oberfläche von Depression, Lebenskrise, psychosomatischer Krankheit und Selbstunsicherheit entdecken sich am Ende Menschen, die nach ihrem tieferen Lebensgrund suchen.**

Oft sind es Menschen in der Lebensmitte (der weiten Spanne zwischen Jugend und Alter...), die sich schleichend oder durch plötzliche Ereignisse solchen Fragen gegenüber sehen. Die Einen haben schon manches erlebt und erreicht, und dennoch fühlen sie sich leer. Andere leiden, weil sie ihren Platz immer noch nicht finden oder ihn in Frage stellen. Meist fühlen sie sich unglücklich und vor allem unverstanden, wenn ihnen von ihren Mitmenschen vorgehalten wird, „sich das Leben zu schwer zu machen", schlimmstenfalls werden sie als Spinner abgetan. So kommen sie häufig in meine Praxis mit dem Wunsch, „ein dickeres Fell zu bekommen", „nicht so empfindlich zu sein", „die Dinge leichter zu nehmen". Fast ausnahmslos reagieren sie dann perplex auf meine Frage, ob nicht gerade ihre nagenden Gedanken und vagen Empfindungen heilsam und richtig sein könnten, ganz gegen jeden Mainstream und psychologische Diagnosestempel. Kaum jemand hätte in diesen „Macken" das Potenzial vermutet, sich und dem Leben tiefer auf den Grund zu gehen!

Wird dieser Gedanke jedoch erst einmal für möglich gehalten, öffnet sich der Blick für einen neuen Weg. Er führt von der Breite in die Tiefe, vom Vielen zum Wesentlichen – und zugleich aus der Enge in die Weite. Dann werden gerade solche „absonderlichen" Gedanken zum Wegweiser – nämlich in ein tiefgründiges, authentisches Leben. Ein Weg, der uns (wieder) zu uns selbst führt.

Geburtshilfe

Den ersten Anstoß dorthin gibt fast immer eine Ermutigung von außen. Wie in Hans Christian Andersens Märchen vom „Hässlichen jungen Entlein": Erst ein Schwan entdeckt in dem vom Entenclan verlachten Küken seinesgleichen... Mit einem Mal ist etwas im Leben anders, wenn wir wissen, wer wir sind und wo wir hingehören, und die Brücke dorthin schlägt in der Regel ein Mitmensch, von dem wir uns ganz unerwartet erkannt und verstanden fühlen, die oder der uns tiefer in die Seele blickt.

So wie ich heute für manche Menschen solch eine „Geburtshelferin" sein darf, so wäre auch meine Geschichte nicht denkbar, ohne dass Andere etwas in mir angestoßen hätten. Manchmal merkt man das nicht unmittelbar – da wird zunächst nur ein Samenkorn gelegt, das nicht sofort aufgeht und vielleicht wieder vergessen wird. Doch es lebt in uns weiter, um irgendwann – zur rechten Zeit – zu keimen:

Als ich Anfang der 1970er Jahre in einer Großbank arbeitete, teilte ich mit einem nahezu gehörlosen Kollegen ein Büro. Seine Hörstörung machte eine Unterhaltung für ihn selbst und jedes Gegenüber anstrengend, so beschränkte sich das Miteinander-Reden meist auf das dienstlich Notwendige. Doch ihm blieben meine zweifelnden Fragen nicht verborgen, und er forderte mich zu Gesprächen heraus. Es wurde so spannend, dass wir alle sprachlichen Hürden überwanden. Zu meiner Überraschung nahm er meine naiv formulierten Bedenken an der Wachstumsideologie ernst! Selbst er, immerhin als studierter Volkswirt – ein Fachmann, kritisierte diese Art des Fortschrittsglaubens, ohne die Alternative im Kommunismus und Sozialismus, der damals üblichen Form der Gesellschaftskritik, zu suchen. Seine Sichtweise und Lebensphilosophie passten in kein gängiges Lager, und er drückte dies durch einen bewusst nachhaltigen Lebensstil aus – ein Begriff, der damals noch in ferner Zukunft lag. Er beeindruckte mich als aufrechte und eigenständige Persönlichkeit; er war der Erste, den ich in meinem noch jungen Leben in unmittelbarer Begegnung als tiefgründig erlebt habe. An ihn erinnerte ich mich dankbar so oft in all den Jahren, wenn ich mich mal wieder so ganz als Sonderling fühlte: Vielleicht war ja an meinem seltsamen Empfinden doch etwas Richtiges dran, auch wenn ich es nicht konkret formulieren konnte?

Ein ganz anderes Saatkorn hatte mein Großvater mir ins Herz gelegt. Zwar beeindruckte mich weder sein Lebensstil, noch halfen mir seine

Statements zum Sinn des Lebens weiter; manches, was er mir gefragt und ungefragt aus seiner christlichen Tradition heraus predigte, schien mir weltfremd, blutleer und unverständlich. Aber er gravierte mir liebevoll-penetrant einen Satz ins Gehirn: „Lebe, wie du, wenn du stirbst, wünschen wirst, gelebt zu haben!" Diese Aufforderung stammt von dem Dichter und Philosophen Christian Fürchtegott Gellert, der im 18. Jahrhundert in der Zeit der anbrechenden Aufklärung lebte. Als Jugendliche protestierte ich gegen den moralistisch erhobenen Zeigefinger, den ich herauszuhören meinte. Und doch… Schon mit vierzehn, fünfzehn Jahren spukte in meinem Kopf herum, dass die Welt nicht war, wie sie sein sollte. Warum waren wir Menschen – ich eingeschlossen – so selten glücklich, warum gab es Kriege und Ungerechtigkeit, schlimme Krankheiten und Liebeskummer? – Als Teenie fand ich, wie viele Jugendliche, wir bräuchten einfach eine andere Welt. Damals verstand ich noch nicht, wie sehr aus Gellerts Aufforderung die tiefe Sehnsucht nach einer solchen Welt, nach einem wahrhaft lohnenden Leben spricht…
„Lebe, wie du, wenn du stirbst, wünschen wirst, gelebt zu haben" – moralinsauer? – oder ermutigend?

Plädoyer für Selbstbesinnung

Seit Gellert sind 200 Jahre vergangen, das Thema zieht sich durch alle Zeiten. Schon vor ungefähr 3000 Jahren drückte es der Beter des 90. Psalms in der Bibel so aus: „Herr, lehre uns bedenken, dass unsere Tage gezählt sind, damit wir klug werden!", und in seinem Roman „Der Tod des Iwan Iljitsch" lässt Leo Tolstoi am Sterben eines erfolgreichen Mannes Anteil nehmen, der in jungen Jahren angesichts einer tödlichen Krankheit sein bisheriges erfolgreiches Leben qualvoll als verfehlt erlebt: Er hat alles in vollen Zügen genossen – doch sein Leben blieb leer. „Am Grab der meisten Menschen trauert, tief verschleiert, ihr ungelebtes Leben" sagt Georg Jellinek, ein deutscher Rechtswissenschaftler, der um die Wende vom 19. zum 20. Jahrhundert lebte. Und heute werden Bücher zu Bestsellern wie „Der Tod ist ein Philosoph. Wie mich ein Sturz vom Berg auf den Sinn des Lebens brachte" von Tobias Hürter oder „5 Dinge, die Sterbende am meisten bereuen" von der Palliativ-Krankenschwester Bronnie Ware.

Offenbar können Sterbende Wesentlicheres über das Leben sagen als manche, die mitten „im Leben stehen". Die Fragen, die sie sich angesichts des Todes stellen, blicken weiter, tiefer, existenzieller. Sie gehen über die alleinige Ansammlung von Glücksmomenten oder Adrenalinkicks hinaus: Habe ich das gelebt, worauf es im Leben wirklich ankommt? Habe ich gelebt, oder bin ich gelebt worden? War ich wirklich „ich"?

Ismael, ein einfacher, frommer Jude, liegt im Sterben, der Rabbi sitzt an seinem Bett. Der Sterbende quält sich damit, vor seinen Herrgott zu treten, denn was hat er schon geschafft? Er war kein Einstein, hatte nie mit seinem Denken brilliert. Er war kein Erfinder wie Edison. Er war kein Dichter wie Hermann Hesse. Kein Philosoph wie Kant, kein Musiker wie Mendelssohn, kein erfolgreicher Fabrikant wie Henry Ford. Was hatte er schon vorzuweisen?
Fragt der Rabbi: Was meinst du denn, wonach der Herrgott – gelobt sei er in Ewigkeit! – dich fragen wird? Wird er fragen: Warum warst du nicht Einstein, oder wenigstens Mendelssohn? Aber was wirst du sagen, wenn er dich fragt, warum du eigentlich nicht einfach Ismael sein wolltest?

Hin und wieder wartet unsere Lebensbilanz nicht bis zum Sterbebett. Während wir im Fluss des Alltäglichen die Leere unserer überfüllten Tage gar nicht mehr spüren, werden wir manchmal durch Krisen und Einbrüche zum Innehalten gezwungen. Eine Krankheit, das Scheitern einer Beziehung, der Verlust eines geliebten Menschen oder des Arbeitsplatzes kann uns wachrütteln. In Zeiten, in denen wir nicht mehr passgenau durch den Alltag surfen, kommen wir eher ins Nachdenken; der Panzer des Gewohnten bricht auf, die Sachzwänge relativieren sich, und wir fragen uns, was wirklich zählt im Leben und wofür es sich zu leben lohnt: Will ich mein einmaliges Leben weiter so verbringen wie bisher? Was kann, will und müsste ich ändern, um mit mir und dem Leben im Einklang zu sein?

Auf diese Weise hat sich im Rückblick manche dramatische Krise als heilsamer Wendepunkt erwiesen, der dem Leben eine neue, eine wesentlichere Richtung eröffnet hat. Vielleicht könnte sogar etwas Ähnliches geschehen, indem wir uns hin und wieder einmal ernsthaft fragen: Was würde ich tun, wenn ich wüsste, dass ich nur noch ein Jahr zu leben habe?

Haben wir Glück, müssen wir nicht erst durch einen bösen Absturz mit der Frage nach wahrem Leben aufwachen. Nicht nur Katastrophen sind es, die uns zur Besinnung bringen; ebenso können uns manche besonders beglückenden oder bewegenden Momente derart ergreifen, dass sich das Herz unmittelbar in der Ahnung von etwas Größerem weitet: Ein Kind wird geboren, und mit Staunen nehmen wir Anteil an all seinen Schritten ins Leben, von zwei Keimzellen zu einer einzigartigen komplexen Persönlichkeit. Ein sternenübersäter Nachthimmel, das schöpferische Wunderwerk von Libelle bis Elefant, das begnadete Können eines Geigenvirtuosen mögen Gefühle wachrufen, dass es „mehr" gibt, als irgendwie nur zu funktionieren. Oder der Großmut eines Menschen lässt für einen Augenblick eine andere Welt aufscheinen: Als ein anonymer Spender in Braunschweig 2011 begann, mehr als 250.000 Euro an gemeinnützige Institutionen und in Not geratene Menschen zu verschenken, kamen so manche Gespräche über das Menschsein und die Frage nach dem Wesentlichen des Lebens auf.

Wo wir solche Momente erleben, schmecken auf einmal die Spaßaktionen zum Ausgleich des einförmigen Alltags fade, und die Sehnsucht nach dieser anderen, wesentlicheren Welt scheint für Sekunden mit Händen zu greifen zu sein. Dann bricht das Licht eines Daseins durch, von dem so viele Überlieferungen, alte und moderne Märchen, Epen und Sagen sprechen. Immer wieder erzählen sie solche Stories von Glück und Liebe, Hoffnung, Freiheit und Gerechtigkeit durch alle Generationen – zeitgemäß adaptiert, doch stets mit denselben Themen. Und offenbar rühren auch Bücher, wie ich sie oben erwähnt habe, an diese tiefe Sehnsucht, oder anders gesagt: an das verschüttete Wissen darum, dass es im Leben auf Anderes ankommt als das, was wir oberflächlich als „Glück" konsumieren und wie wir im Allgemeinen unseren Alltag gestalten. Die Geschichten der Sehnsucht hingegen lassen uns spüren, wie unsere vielfältigen Geschäftigkeiten ein Loch in unserer Seele zudecken, ohne es in der Tiefe zu füllen.

Webfehler der Evolution?

Diese Sehnsucht nach „mehr" scheint jedoch so gar nicht mit unserem Lebensalltag vereinbar. Entweder muss sie also ein Webfehler der Evolution sein, oder sie hat uns etwas geradezu *Un-Erhörtes* zu sagen. Üblicherweise wird, besonders von „aufgeklärter" Wissenschaft, der Webfehler unterstellt und diese Sehnsucht als Weltflucht oder als Projektion frühkindlicher Versagungen abgetan, von der wir uns als mündige Menschen befreien müssten. Was aber, wenn genau das Gegenteil wahr ist? Dass nämlich gerade diese Sehnsucht etwas Entscheidendes über das Leben und über eine tiefere Wahrheit des Menschseins aussagt? Dass wir dem Wunder des Da-Seins nur auf die Spur kommen, indem wir diese Stimme der Sehnsucht ernst nehmen?

Der Theologe und Schriftsteller Jörg Zink zitiert in einem seiner Bücher („Das Jörg-Zink-Lesebuch") in Anlehnung an die „Bergpredigt" die Worte eines Christen: „Selig sind, die Heimweh haben, denn sie werden nachhause kommen". Gefragt, worin denn die Logik dieser Aussage bestehen soll, antwortete der: „Kopfweh hat nur ein Mensch, der einen Kopf hat, und Heimweh nur einer, der eine Heimat hat. Und wohl dem, der sein Heimweh nicht wegschwätzt, weglärmt oder wegschuftet. **Der sehnsüchtige Mensch ist der eigentliche Mensch, der du bist.**"
Es geht hier nicht darum, ob Sie am Ende Ihrer Sehnsucht Christ sein wollen; entscheidend ist die Sehnsucht, die Sie zieht, denn nur wer ihr folgt, wird seine Antworten und seinen Weg zu Tiefe und Wahrheit finden. So jedenfalls habe ich es, nach langen Ringen mit meinen „unpassenden" Fragen, für mich entschieden: Genau diese Sehnsucht ist der Motor, der uns zur Suche nach dem echten Leben, nach Wahrheit, Erfüllung und Sinn treibt. Sie ist weder überflüssig, noch gar pathologisch, sondern wegweisend. Ich befürchte, wir begeben uns bedenklich auf Abwege, wenn wir dieses Lebens-Navi skeptisch abschalten, weil unsere Mitfahrer besser zu wissen meinen, wo es lang geht.

Mit meinem Buch möchte ich diesen verborgenen Seelenhunger ernst nehmen; ich möchte mit Ihnen Werkzeuge erkunden, mit denen Sie sich selbst und ein tieferes Leben entdecken. Mein Buch will Ihnen Anregungen geben, wie Sie im Wust dieser Welt den roten Faden Ihres unverwechselbaren Lebens aufgreifen und mit seiner Hilfe im Labyrinth des Alltags Ihre Spur zu Erfüllung und Glück finden.

Auch wenn ich Ihre persönliche Geschichte, Ihre Gaben und Aufgaben und Ihre ganz eigenen Träume nicht kenne, so haben wir doch in aller bunten Individualität etwas gemeinsam:

❖ Unsere Wünsche an das Glück sind in der Essenz sehr ähnlich, unsere Lebenssehnsüchte kondensieren um immer wieder dieselben Kernthemen;

❖ und jeder von uns verfügt über Fähigkeiten, sie zu ergründen und ihnen zu folgen.

Da wir Entscheidendes miteinander teilen, braucht demnach nicht jeder erst auf seine persönliche Katastrophe zu warten, sondern wir können uns vorsorglich anhören, was Andere im Blick auf ihr Leben für wesentlich oder wünschenswert gehalten haben. Denn was wirklich glücklich macht, erkennen wir oft erst im Rückblick: Die drei Tafeln Schokolade waren ein Highlight, die Übelkeit danach weniger... Offenbar macht nicht das Bad im Dauerspaß, exotischer Urlaub, aufregender Sex und ein gesättigtes Bankkonto das Glück aus, sondern – ganz im Sinne der noch jungen Wissenschaft der Glücksforschung – ein *glückendes*, gelingendes Leben.

Fragen wir also diejenigen etwas genauer, die im Nachhinein klüger waren: Was vermissen Menschen, die irgendwann unterwegs auf der Lebensstraße feststellen, dass sie das Wesentliche verpasst haben? Was hätten sie lieber anders gemacht – oder würden es in Zukunft gern anders machen wollen?

Immer wieder höre ich, in meiner Familie, bei Freunden, als therapeutische Begleiterin:

Eigentlich möchte ich

❖ mehr echtes Miteinander mit Menschen pflegen, die mir am Herzen liegen

❖ sinnvolle Aufgaben erfüllen, zu etwas Bleibendem beitragen

❖ öfter Lebensfreude und Leichtigkeit spüren
❖ mehr Mut zu einem lebendigen, selbst gestalteten Leben
  haben, anstatt nur zu funktionieren
❖ mehr zu mir selbst stehen, anstatt mich ständig an Anderen zu
  orientieren
❖ eine Halt gebende innere Heimat finden

Destillieren wir den Extrakt aus dem Extrakt, dann lassen sich unsere
menschlichen Sehnsüchte auf drei Kernpunkte konzentrieren: Freiheit
im Sinne der Selbstbestimmung, liebende Beziehungen, sinnerfüllte
Einbindung in das Leben selbst. Noch knapper:
❖ Freiheit
❖ Liebe
❖ Sinn

In solche und ähnliche Botschaften münden letztlich auch viele der
oben erwähnten Bücher und andere literarische Werke: Sie erinnern uns
an unsere tiefe Herzenssehnsucht nach einem essenziellen Leben, und
etliche von ihnen ermutigen ganz konkret, den Weg dorthin einzu-
schlagen.
Dann allerdings geschieht etwas Sonderbares: Die Verkaufszahlen der
Bücher ließen vermuten, zumindest ganz Deutschland sei inzwischen
auf neuen Wegen glücklich unterwegs. Doch wo sind sie denn alle, denen ein solches Buch ins Herz gesprochen hat? Wie viele haben ihre
Lebenssehnsucht darin wiedergefunden, wie viele haben beschlossen,
dass „endlich etwas anders" werden soll – und letztlich bleibt alles beim
Alten? Es ist, als wäre ein Windhauch durch verdeckte Glut gestreift,
hätte kurz ein fast erloschenes Feuer aufflackern und wieder ins Nichts
versinken lassen.

Warum aber ist es so schnell wieder vorbei? Was hindert uns, aufzubrechen ins wahre Leben?

Wo auch immer ich an einem solchen Prozess teilhaben darf, höre ich
vor allem von Ratlosigkeit, die die kurz auflodernden Flammen erstickt.
Was vielen Suchern fehlt, ist im ersten Schritt schon die Übersetzung

auf das eigene Leben: Woher will ich eigentlich wissen, was für mich „ein erfüllendes Leben" bedeuten würde? Was heißt denn Liebe, Freiheit und Sinnfindung ganz praktisch für mich? Ist es ein freiwilliger Auslandsdienst, der Rückzug ins Kloster, ist es die Bewirtschaftung eines Bio-Bauernhofes, ein Leben für die Bildhauerei, die Aufnahme von fünf Pflegekindern – oder genau die Fortsetzung meines bisherigen Lebens? Was wäre wirklich der Ausdruck meiner Sehnsüchte, Begabungen und Träume? Wo finde ich Orientierungsmarken für ein „echtes" Leben mit mir selbst?

Und selbst wo die _Über_setzung auf das eigene Leben gelingt oder wir sogar schon zuvor Herzensvisionen geträumt haben, wie lässt sich das jemals _um_setzen? Was bringt mich auf den Weg dorthin? Brauche ich Seminare, Bücher oder einen Coach, einen Persönlichkeitstest, eine Affirmationstechnik, eine astrologische Beratung, Psychotherapie – oder soll ich auf den Zufall warten?

Es geht also im Wesentlichen um zwei Schritte: Herauszufinden, welche Sehnsucht, welche Gaben, welche Aufgaben mir – beziehungsweise Ihnen – wirklich entsprechen, um dann konkrete Wege dorthin zu bahnen.

Dem Leben auf den Grund gehen

Genau diesen beiden Spuren will mein Buch folgen. Es möchte Sie begleiten, Ihre Leitstimmen zu entdecken und auf sie horchen zu lernen. Nur mit diesen Leitstimmen können wir im Spannungsfeld von Alltagsstress, Multioptionalität und Herzenssehnsucht herausfinden, wer wir wirklich sind, was unser Leben lohnend macht und wie wir unserem eigentlichen Wesen immer mehr entgegengehen können. Um dieses Wesen(tliche) zu ergründen, müssen wir es von tausend anderen Dingen, die sich tagtäglich ins Bild schieben, unterscheiden: Was ist echt und essenziell – und was macht sich in unserem Alltag wichtig, raubt aber letztlich nur Energie und Lebenszeit? Was entspricht uns wirklich, und wo folgen wir einem fremden Leben?

Gerade um diese Unterscheidungsfähigkeit scheint es schlecht bestellt: Wenn man bedenkt, wie viele Menschen sich nach einer anderen Lebensweise sehnen und zugleich unverändert im alten Trott weiterlaufen, und das ganz ohne lebensbedrohliche Not, dann fragt man sich doch, was da verlorengegangen ist – oder vielmehr: Was können wir tun, um das Verlorene (wieder) zu erlangen? Wie kommen wir an einen Lebenskompass, dem wir vertrauen können?

Diese Fragen haben mich als Therapeutin und Ausbilderin (und natürlich für meine eigenen Prozesse) immer wieder beschäftigt. Auf etwas verschlungenen Wegen (die Sie im nächsten Kapitel, der „Vorgeschichte", nachlesen können) bin ich letztlich zu einem sehr einfachen, sehr praktikablen Schluss gekommen: Alles was wir benötigen, ist längst vorhanden. Wir brauchen weder spezielle Methoden, noch neue Wundermittel, und es kostet keinen einzigen Cent. Denn über die Mittel verfügt jeder: **Uns selbst und dem Leben auf den Grund zu gehen, braucht „nur" die vier menschlichen Grundfähigkeiten Denken, Fühlen, Kommunizieren sowie Lernfähigkeit im Sinne der Bereitschaft zur Selbstveränderung.**

Würden wir diese Werkzeuge richtig einsetzen, wären sie geradezu ein Garant für ein _selbst-bewusstes_, _selbst-wirksames_ und authentisches Leben.
„Richtig einsetzen" – das heißt, man kann da auch etwas falsch machen. Und solch einen falschen oder ungünstigen Umgang mit diesen Fähigkeiten erleben wir tagtäglich, oft mit ernsthaften Folgen:
Weil er nicht rechtzeitig nachgedacht hat, hat seine Firma pleite gemacht.
Weil sie ihr Gefühl ignorierte, hat sie sich überfordert und ist krank geworden.
Weil zwei nicht miteinander reden konnten, stehen sie nun vorm Scheidungsrichter.
Weil jemand nicht zu einer Einsicht beziehungsweise der daraus folgenden Konsequenz bereit war, ist es letztlich zur Katastrophe gekommen.

In so vielen – oder sogar allen? – Unannehmlichkeiten, die wir selbst ver- ursacht haben, war zumindest eine unserer vier Grundfähigkeiten „un- terbelichtet". Das erkennen wir meist sehr genau – bei Anderen sowie- so, hin und wieder sogar bei uns selbst. Und bei näherem Hinsehen würden wir vermutlich ebenso feststellen, wie sehr schon ein einzelnes „unterbelichtetes" Element die anderen drei mit beeinträchtigen kann, bis hin zu destruktiven Abwärtsspiralen (zum Beispiel, indem problema- tische Denkweisen in Gefühlstiefs ziehen können). Also scheint es klug, herauszufinden, wo sich die Weiche stellen lässt, weg von negativen Me- chanismen, hin zu einem aufbauenden Miteinander. Wovon hängt es ab, ob jede dieser Grundfähigkeiten einen guten Dienst tut – oder eben nicht?

Hier trägt das Problem gleich die Lösung in sich, nämlich in der Erkennt- nis, wie sehr sich die vier Grundfähigkeiten gegenseitig beeinflussen. Solange sie sich selbst überlassen bleiben, droht jede von ihnen zu ver- wildern: Dann verploppt unser Denken in Sprechblasen; dann versinkt unser Selbstgefühl in Stimmungen und Emotionen; dann hören wir Andere, ohne dass ihre Worte uns erreichen; dann verändern wir uns durch schillernde Selbstinszenierung, ohne unserem Wesenskern einen Schritt näher zu kommen. Je genauer wir hinschauen, desto deutlicher wird: Keine unserer Grundfähigkeiten Denken, Fühlen, Kommunizieren und bereitwillige Selbstveränderung steht für sich allein. Stets und stän- dig wirken sie aufeinander ein – nicht nur eine oder zwei von ihnen, sondern alle vier bewegen sich gleichrangig im Tanz eines unauflösli- chen Quartetts.

So liegt es nahe, Schaltstellen zu vermuten, an denen sich die Wirkrich- tung der Grundfähigkeiten entscheidet. Sie zu kennen, gäbe uns das Steuer in die Hand, unser Leben in die eine oder die andere Richtung zu lenken – ob wir weiter dem unbewussten Rad der Gewohnheiten folgen oder ob wir die Richtung umkehren in einen Prozess bewusster und gewollter Selbst-Entwicklung.

Und diese Ansatzpunkte gibt es, ganz konkret und einfacher, als es auf den ersten Blick scheinen könnte: **Ob unsere vier Grundfähigkeiten**

destruktiv oder konstruktiv zusammenwirken, entscheidet sich haupt-
sächlich an jeweils einer einzigen Schaltstelle innerhalb jeder Fähigkeit.

Im Bild des tanzenden Quartetts: Die Richtung unseres Weges wird dort
gebahnt, wo sich die Tanzenden an den Händen halten. Genau durch
diesen minimalen Kontakt führen, lenken, korrigieren und bestärken sie
sich – ebenso beeinflussen sich die Grundfähigkeiten Denken, Fühlen,
Kommunizieren und bereitwillige Selbstveränderung je an einem einzigen fassbaren Berührungspunkt.

Diese Schaltstellen sind beim Denken die Überzeugungen, beim Fühlen
der Umgang mit verschiedenen Gefühlsebenen, bei der Kommunikation
die Resonanzfähigkeit, bei der Bereitschaft zur Selbstveränderung die
passende Schrittlänge. Sie sind die Umkehrpunkte, an denen sich die
Wirkrichtung jeder Grundfähigkeit entscheidet; hier beginnen im konstruktiven Miteinander die Grundfähigkeiten zu reifen: Dann erwächst
aus dem primären Denkvermögen Denk-Kultur; das Fühlen mit all seinen Facetten öffnet sich zu verlässlichem Selbstgefühl, Kommunikation
bewirkt eine klärende Resonanz, fremdbestimmte oder oberflächliche
Selbstveränderung wird zu einer bereitwilligen und tiefgreifenden. Allein indem wir diese Umkehrpunkte beim Tanz des Quartetts im Bewusstsein halten, beginnen wir wie von selbst unser Leben in neue Bahnen zu lenken – heraus aus Abwärtsspiralen, hin zu Wiederherstellung,
Heilung und Weiterentwicklung!

Menschen, die auf diese Weise leben, zeigen Tiefgang. Solche „Tiefgänger" lassen sich, unabhängig vom Lebensalter, an typischen Eigenschaften und Verhaltensweisen erkennen: Sie sind gefestigt, ohne zu erstarren, zeigen gleichermaßen Eigenkontur wie Offenheit. Sie äußern ihren
Standpunkt klar, sind aber zugleich einsichtsfähig und bereit, dazu zu
lernen. Ihr Auftreten ist authentisch, souverän, feinfühlig, zugewandt;
aufbauend, freundlich, verlässlich. Tiefgänger sind gleichermaßen bei
sich angekommen, wie auch ganz in ihre Lebensbedingungen integriert.
Sie wissen sich auf einem guten Weg, ohne sich jemals für „fertig" zu
halten: Geleitet von ihren Sehnsuchtszielen, erschließen sie ihr eigenes
Leben, wie es ihren Potenzialen, Interessen, Begabungen, Neigungen

und Möglichkeiten entspricht. Tiefgänger sind ganz bei sich und strahlen zugleich einladend auf ihre Umgebung aus; die meisten Mitmenschen fühlen sich von ihnen angezogen, viele sehen sie als Vorbilder. Ihrem Vorbild zu folgen, lässt uns dort ankommen, wo wir hingehören: Bei uns selbst, im eigenen Leben.

Wenn ein solcher Weg Sie zieht, Ihnen aber Ideen für eine konkrete Umsetzung fehlen, dann können wir dem vielleicht in den folgenden Kapiteln gemeinsam auf die Spur kommen. Denn wir können entscheidend daran mitwirken, innerhalb aller „Umstände" ein authentisches und tiefgründiges Leben zu führen. Ein Leben, das wir – oder vielmehr Sie – jetzt ebenso wie später im Rückblick von Herzen bejahen können. Unsere Grundausrüstung für diesen Weg – Denken, Fühlen, Kommunikation und Bereitschaft zur Selbstveränderung – durch ihr konstruktives Zusammenspiel zu pflegen und zu schärfen, darum wird es im Kern dieses Buches gehen.

Doch bevor wir die einzelnen Grundfähigkeiten im Hauptteil des Buches zu Wort kommen lassen, möchte ich noch zwei Dinge vorausschicken: Dieses Buch hat sich nicht als ein theoretisches Konstrukt im luftleeren Raum aufgeblasen, sondern es ging von sehr handfesten Fragen und Erfahrungen aus, für die ich Erklärungen gesucht habe. Dass dabei am Ende ein hilfreiches „Modell" herauskam, war für mich selbst eine Überraschung; daran möchte ich Sie in der „Vorgeschichte" ein Stück teilhaben lassen.

Und das Zweite hängt bei näherem Hinsehen sogar mit dieser Vorgeschichte zusammen, nämlich die Frage, inwieweit die großen Sehnsuchtsziele unseres Lebens überhaupt auf diese Grundfähigkeiten angewiesen sind. Also sollten Sie zunächst einen Eindruck bekommen, ob und wo sie uns wirklich nützlich werden können.

Die Vorgeschichte

Es war einmal... eine Handvoll Ärzte, Psychologen und Heilpraktiker, die nach einer Antwort auf die Frage suchten: Was kann man dazu beitragen beziehungsweise wie können wir uns gegenseitig anleiten, zu guten Therapeuten zu werden? Nicht hinsichtlich einer Methode oder Technik, sondern im Sinne einer kompetenten Persönlichkeit?

Über 20 Jahre lang habe ich Therapeuten und andere Interessierte in der Anwendung des Muskeltests* ausgebildet. Manche nahmen an einzelnen Wochenendkursen teil, andere begleitete ich über mehrere Jahre in fortlaufenden Arbeitsgruppen.

Die Arbeitsweise, die ich in unseren Ausbildungen vermittelte, konzentrierte sich vor allem auf _Prinzipien_ des Muskeltests. Das Geniale an diesem Untersuchungsverfahren: Sobald man seine Grundlagen beherrscht, ist es einfach in der Durchführung, logisch herzuleiten und äußerst flexibel zu handhaben – und kommt gänzlich ohne kompliziertes Regelwerk aus.
Dass mir in meinen Kursen sehr unterschiedliche Menschen- und Lerntypen begegneten, liegt in der Natur unserer Individualität; aber ich machte darüber hinaus ein paar Beobachtungen, die sich mit Typologien allein nicht erklären ließen: Da gab es Teilnehmer, die das Prinzip auf Anhieb verstanden, und andere, die sich damit trotz hoher Intelligenz ausgesprochen schwer taten. Da gab es die Intuitiven, die manches spontan begriffen, ohne ihre Herangehensweise erklären zu können – und Andere, die mit ihrer „Intuition" voll daneben lagen. Da gab es Teilnehmer, mit denen sich kluge und klärende Dispute ergaben, und solche, mit denen wir trotz aller Bemühungen ständig aneinander vorbei redeten. Da gab es die Fragenden, und diejenigen, die eh schon alles (besser) wussten.

Als Ausbilderin fühlte ich mich oft irritiert: Warum „hakte" es bei manchen – auch äußerst intelligenten – Menschen, ohne dass ich benennen

---

* Der Muskeltest ist ein Biofeedbackverfahren, das vor allem aus der Kinesiologie bekannt ist. Durch die Prüfung einer einfachen Muskelreaktion werden (körperliche und psychische) Informationen aus dem Un(ter)bewussten eines Menschen ins Bewusstsein überführt. Auf diese Weise lassen sich unter anderem individuelle Krankheitsursachen aufspüren und entsprechend individualisiert (und damit schonend und oftmals endgültig) behandeln.

konnte, woran das lag? Das ließ sich so gut wie nie durch methodische Fehler begründen, denn die ließen sich schnell ausräumen. Irgendetwas musste also in der darunter liegenden Vorgehensweise schief laufen. Wie aber konnte ich das klären, um meine Didaktik darauf abzustellen?

Am deutlichsten wurden solche Diskrepanzen in Supervisions- und Selbsterfahrungsgruppen, die sich auf psychische Begleitungen konzentrierten: Hier wurde in gegenseitigen Behandlungen oder in Berichten über Therapiesitzungen schnell offensichtlich, dass einige Therapeuten immer wieder in eher kurzer Zeit ihre Klienten erreichen, sie mit ihrem Anliegen verstehen, den Kernpunkt klar herausarbeiten und sie recht mühelos in deren Selbst-Verständnis begleiten konnten. Anderen wollte das selbst mit viel Aufwand und großem Bemühen längst nicht so gelingen.

Bemerkenswert war, dass sich durchweg alle Gruppenmitglieder einig waren, *ob* eine Sitzung besonders gelungen oder eher problematisch war; nur selten hingegen konnten sie konkret benennen, wodurch das zustande kam – zumindest herrschte darüber längst keine Einigkeit mehr. Ausnahmslos alle Ausbildungsteilnehmer teilten natürlich den Wunsch, „gute Therapeuten" zu sein. Wohl war man sich einig über vieles, was *im Ergebnis* einen „guten Therapeuten" ausmacht: Wohlwollen, Geduld, Zuwendung, Aufmerksamkeit, Sachkenntnis, Unvoreingenommenheit, Einfühlungsvermögen, Offenheit, Respekt, Selbstbeherrschung, Klarheit, emotionale Stabilität und einiges mehr. Überwiegend ratlos blieb jedoch die Reaktion auf die Frage, wie sich diese Qualitäten entwickeln lassen, sofern sie noch nicht vollkommen sind. Mehrmals fiel in diesem Zusammenhang der Begriff „Achtsamkeit", aber niemand wusste zu benennen, was denn den Akt der Achtsamkeit in einer konkreten Situation ausmachte. Wie ließ sich präzisieren, woran man sie erkennt beziehungsweise wie sie herzustellen wäre?

So begann ich, gemeinsam mit einer mehrjährigen Selbsterfahrungsgruppe, gezielt darauf zu achten, was im Einzelnen geschah, an welcher Stelle sich Unstimmigkeiten bemerkbar machten oder ein besserer Weg hätte eingeschlagen werden können.

Am Ende stellte sich heraus: Wo etwas daneben ging, war immer eine der erwähnten Grundfähigkeiten beteiligt:
Eine falsche Vorstellung oder Überzeugung (also ein Problem im Denken) mischte sich in die Behandlung ein.
Gefühle oder Empfindungen wurden falsch interpretiert (zum Beispiel eine eigene Emotion für Intuition gehalten).
Die Kommunikation rang nicht um ein gemeinsames Verstehen, sondern ging aneinander vorbei oder schlimmstenfalls sogar gegeneinander.
Oder es fehlte Einsicht (= Veränderungsbereitschaft) beim Therapeuten, wenn er oder sie auf Irrwege geraten war.

Wo auch immer ich nun bewusst hinschaute, kristallisierte sich zunehmend das Quartett der vier Grundfähigkeiten heraus: Ob als Therapeutin in meiner Praxis, ob als Ausbilderin, oder sogar in privaten Beziehungen – überall ließen sich Störquellen, aber ebenso Kraftquellen aufzeigen in bestimmten Verflechtungen von Denken, Fühlen, Kommunikation und der Bereitschaft zur Selbstveränderung. Überall ließ sich beobachten, welche der Fähigkeiten gegebenenfalls beeinträchtigt war und welche Auswirkungen das auf die anderen drei hatte.
Das war zunächst nicht sonderlich überraschend. Problematische Denkmuster, unpassender Umgang mit Gefühlen, gestörte Kommunikation und Wege zur Selbstveränderung sind Anlass zu Tausenden von Büchern, Therapien und Seminaren. Und überraschend war noch nicht einmal die Erkenntnis, dass diese vier Grundfähigkeiten einander beeinflussen, wie zum Beispiel das Denken die Gefühle, die Kommunikation das Denken, oder Gefühle die Bereitschaft, sich zu verändern. Überrascht war ich am Ende jedoch von der Erkenntnis, erstens mit den vier Grundfähigkeiten ein vollständiges Quartett vor Augen zu haben, und zweitens darüber, wie unlöslich sie alle ineinandergreifen, ja sich sogar gegenseitig brauchen. Überrascht war ich nicht zuletzt über die Erkenntnis, dass diese vier Grundfähigkeiten an bestimmten Schnittstellen verzahnt sind, an denen sich entscheidet, ob ihr Gebrauch in eine destruktive oder förderliche Richtung lenkt. Überrascht und erfreut war ich, dass sich dadurch nun endlich konkret benennen ließ, wo etwas schief ging oder besonders gut gelang – womit also der Wunsch unserer Ausbildungsgruppe erfüllt schien: Da hatten wir tatsächlich

praktisches Werkzeug zur Hand, um aus dem Rohdiamanten unserer Persönlichkeit einen Brillanten zu schleifen...

Diese Erkenntnisse waren zu Zeiten unserer Arbeitsgruppe noch sehr bruchstückhaft. Zunächst waren wir dabei, zu praktizieren, zu beobachten und Erfahrungen zu sammeln. Allmählich gewannen unsere Rückschlüsse Kontur, begannen sich in Ideen zu verdichten. Blieb noch die Frage, ob wir etwas Allgemeingültigem auf der Spur waren; denn erst wenn das der Fall war, machte es Sinn, sich überhaupt über Lernen und Anleiten Gedanken zu machen. Und dann brauchte es Sprache, um das Erkannte auszudrücken und weiterzuvermitteln.

Folglich gingen wir auf die Suche nach Literatur, die uns weiterhelfen konnte. Doch obwohl wir viel Kluges zu Einzelthemen fanden, war nichts dabei, was unseren Beobachtungen zu diesem Zusammenspiel der vier Grundfähigkeiten beziehungsweise deren Schnittstellen entsprach. Also setzte ich mich wohl oder übel selbst mit den gesammelten Beobachtungen und Vermutungen auseinander. Ich musste sie auf ihren Gehalt prüfen, und meine Gedanken kann ich am besten sortieren, indem ich schreibe. Das war zugleich ganz im Sinne meiner Ausbildungsteilnehmer, die mich gebeten hatten, wesentliche Gedanken und konkrete Anregungen in einem Skript festzuhalten.

Je mehr ich sammelte, sichtete, durchdachte und formulierte, desto deutlicher zeichnete sich die Bedeutung des Zusammenspiels von Denken, Fühlen, Kommunizieren und Bereitschaft zur Selbstveränderung ab. Und je tiefer ich dem auf den Grund ging, desto weiter reichten die Möglichkeiten:

Startpunkt war die Idee vom „guten Therapeuten". Im Wissen darum, wie sehr ein Therapeut schon kraft seiner Person zu einem hochwirksamen Heilmittel werden kann, wird der konstruktive Umgang mit den vier Grundfähigkeiten zu seinem persönlichen Qualitätsmanagement. Doch er dient seinen Klienten nicht nur, indem seine eigenen leitenden Fähigkeiten reifen, sondern ebenso, indem er diese Prozesse bei denen erkennt und fördert, die sich seiner Begleitung anvertrauen: Ich blicke auf dreißig Jahre zurück, in denen ich als Ärztin auch psychotherapeutisch arbeite, und mir ist nicht eine einzige Patientenbegleitung eingefallen, in der nicht genau dieses Zusammenwirken der vier Grundfähigkeiten eine zentrale Aufgabe der Selbstentwicklung war (wobei ich das zu der Zeit so nicht benannt hätte)! Wo sich also Therapeuten mit diesen Grundfähigkeiten auskennen und um deren „Veredelungsstellen" wissen, erweisen sie nicht nur ihrer eigenen Arbeitsqualität einen Dienst, sondern sie werden damit ebenso ihren Klienten heilsame Wege ebnen.

Und es geht noch weiter... Wer therapeutische Hilfe in Anspruch nimmt, ist in der Regel an einem Punkt angekommen, wo er oder sie allein nicht mehr weiter weiß. Aber ansonsten unterscheiden sich die Menschen, die professionellen Rat suchen, nur graduell von denen, die nicht in einer Therapiestunde sitzen: Wer bewusst auf der Suche nach „sich selbst" oder nach einem authentischen Leben ist, wird auf Barrieren im eigenen Inneren stoßen. Wäre das nicht der Fall, dann hätte man sich ja gar nicht erst dermaßen von sich selbst entfernen können, und wo man nichts verloren hat, braucht man nichts zu suchen. Wer dann aufmerksam hinschaut, wird diese Barrieren stets innerhalb einer der vier Grundfähigkeiten entdecken: Im Denken, im Umgang mit Gefühlen, in der Beziehung (also der Kommunikation) mit Anderen, in der Bereitschaft, dazu zu lernen und sich selbst zu verändern.

Was als ein Leitfaden für meine Ausbildungsgruppen begann, weitete sich allmählich zu einer grundsätzlichen und allgemeingültigen Betrachtung aus. So deutete sich ganz unerwartet ein enormes Potenzial an, persönliche Reifungsprozesse bewusst anzuregen, als Bereicherung des therapeutischen Auftrags ebenso wie für sich selbst. Denn jeder von uns besitzt mit der Grundausrüstung dieser Fähigkeiten ein potentes Instrumentenset, das nicht auf besondere Begabungen, psychologische Vorkenntnisse oder das Erlernen von Methoden angewiesen ist; damit können wir tagaus tagein unbedacht durch den Alltag driften – oder bewusst dem Wesen(tlichen) unseres Lebens folgen. Wir haben es in der Hand, ob aus den Grundfähigkeiten, die in jedem von uns angelegt sind, Tiefganginstrumente werden...

Dementsprechend können Sie dieses Buch durch unterschiedliche Brillen lesen: als Therapeutin, Berater, Ausbilderin, Coach, Erzieherin mit Blick auf die eigene Qualifikation, ebenso wie als Anregung für die Begleitung derer, die sich Ihnen anvertrauen. Oder ganz ohne leitenden Hintergrund, allein für sich und die eigenen Prozesse. Was auch immer Sie motiviert: Gehen Sie sich selbst und dem Leben auf den Grund, finden Sie _selbst-bewusste_ Antworten zu den entscheidenden Fragen Ihres Lebens, werden Sie die Person, die wirklich in Ihnen steckt!

Sehnsuchtsziele

Auf diese Entdeckungsreise zum eigenen Wesenskern möchten Sie die Hauptkapitel dieses Buches einladen. Sie folgen dem Wechselspiel der vier Grundfähigkeiten, mit denen wir uns den Fragen nach einem essenziellen Leben nähern:

❖ Gibt es einen Sinn des Lebens?
   Und wenn ja, wie finde ich ihn?
❖ Was bedeuten Liebe und Beziehungen für mich,
   und wie kann ich sie leben?
❖ Was bedeutet Freiheit für mich, und
   wie kann ich sie verwirklichen?

Für jedes unserer drei großen menschlichen Sehnsuchtsziele gilt gleichermaßen: Wir können die zuhauf angebotenen Antworten von Philosophen, Religionsführern und Zeitgeistern als Instant-Produkt konsumieren – und riskieren dabei, an uns selbst vorbeizuleben. Vielleicht kommt dann noch auf dem Sterbebett das schmerzliche Erwachen... Oder wir machen uns selbst auf den Weg durch die Fülle der Angebote und finden heraus, wer wir in der Tiefe unseres Wesens sind, was wir wirklich wollen und wo es uns hinzieht. Damit wir uns aber in die richtige Richtung bewegen können, müssen wir zunächst unseren Ausgangspunkt bestimmen. Betrachten wir deshalb vor der Reise durch die vier Grundfähigkeiten den Standort, von dem wir zur Zeit in unserer westlichen Gesellschaft aufbrechen: Wie steht es da um die Themen Lebenssinn, Liebe und Freiheit?

Sinnhaftigkeit

Der Mensch hat den seltsamen Drang, „zu etwas nütze" zu sein, er möchte eine sinnvolle Aufgabe erfüllen. Das Schlaraffenland, in dem die gebratenen Tauben in den Mund fliegen, ist nicht das Paradies. Im Gegenteil, unser Leben wird schnell öde oder sogar zur Hölle, wenn es nichts zu tun gibt. Inwieweit dieses Bedürfnis angeboren oder sozialisiert ist, lasse ich mal dahingestellt sein. So einiges spricht zumindest dafür: Weit über das angeblich preußisch-tüchtige Deutschland hinaus verursachen Arbeitslosigkeit und Rentenalter Stress; sie können krank machen, eben weil die Menschen „nicht gebraucht werden". Die Wenigsten wollen irgendwie die Zeit totschlagen mit Kreuzworträtseln und Kaffeefahrten, sondern etwas zum Gemeinschaftlichen beitragen – die vielen ehrenamtlich Engagierten sind der beste Beweis. Sie – wir – möchten, dass das Leben Sinn hat.

Über das Thema „Aufgabe" hinaus, scheint die Frage nach Sinn und seiner Relevanz in der westlichen Welt heute etwas aus der Mode gekommen zu sein. Zumindest ist sie weit weniger selbstverständlich als in früheren Zeiten: Den Philosophen war sie stetige Herausforderung, und der Lebensalltag des Volkes ordnete sich im Guten wie im Schlechten in ein Weltgefüge ein, das transzendenten Mächten, sei es Gott, Göttern, Kismet oder Karma, unterstand. Sinn bestand darin, den eigenen Platz in diesem Gefüge auszufüllen, ein anständiges Leben zu führen und auf Erlösung zu hoffen.

Das änderte sich mit der Zeit der Aufklärung. Das evolutionär-materialistische Welt- und Menschenbild erklärt das Leben zum Selbstzweck, das darüber hinaus keine sinnhafte Untermauerung oder Ausrichtung hat und braucht. Doch selbst wer rational hinter diesem evolutionären Verständnis steht, fühlt zuweilen, dass das Leben mehr ist als ein biologischer Entwicklungsprozess, in dem es nur um Selektion und Überlebenskampf geht: Kaum jemand wird sich widerspruchslos als zufälligen Zellhaufen mit hormongesteuerter Denkfunktion verstehen, die meisten Menschen empfinden sich als „mehr". Viele spüren darüber hinaus eine Ahnung von etwas Größerem, in das ihr Leben eingebunden ist – der zunehmende Zug zu transzendenten Themen und unterschiedlichsten Formen neuer Spiritualität trotzt aller wissenschaftlichen Rationalität. Ihnen reicht letztlich auch der therapeutische oder philosophische Rat nicht, sich selbst einen Sinn zu _schaffen_, dem Leben einen Sinn zu _geben_, ihre Werte und ihre Welt selbst zu _kreieren_. Sie folgen beharrlich einem inneren Impuls, der sich so gar nicht nach wissenschaftlichen Thesen richten will…

Offenbar ist dem Menschen die Sinnfrage nicht auszureden. Und auch diejenigen, die sich ganz dem evolutionär-materialistischen Weltbild anschließen, müssen sich fragen lassen: Wonach werden sie ihre Selbstschöpfung ausrichten? An welchen Werten werden sie sich orientieren, vor allem: Woher nehmen sie diese? Wonach entscheiden _Sie_ beispielsweise, wenn es um genmanipuliertes Gemüse, Steuerhinterziehung, militärische Einsätze der Bundeswehr, Aufnahme von Flüchtlingen oder einen Schwangerschaftsabbruch geht?
Es ist nicht zu übersehen: Die Frage nach Sinn ist eng geknüpft an unser Weltverständnis. Doch welche der diversen Weltsichten, die heute kursieren, ist nun wahr? Wonach können wir uns richten? Denn wenn unsere postmoderne Gesellschaft „subjektive Wahrheiten" propagiert, muss auch dieses Postulat sich gefallen lassen, als – nun ja, als eine von mehreren Möglichkeiten zu gelten. Wie wir es drehen und wenden, unsere Subjektivität besteht letztlich darin, uns in einer nicht voll beweisbaren objektiven Wahrheit zu positionieren. Um darin wiederum einen eigenen Standpunkt zu finden – und für ein tiefgründiges Leben versteht sich das von selbst –, wird jede und jeder für sich der Sinnfrage auf den Grund gehen müssen.

Wer irgendwann, sei es durch Krisen oder Nachdenken, das Bedürfnis nach sinnhafter Orientierung verspürt, dem fehlen oft Werkzeuge, dem praktisch nachzugehen. Etwas ratlos lässt man sich dann von einem Mainstream mitnehmen oder von dem, was sich gerade „gut anfühlt"; man hält undurchdacht an überlieferten Paradigmen fest oder lehnt sich pauschal gegen sie auf. Fundiert _selbst_ durchdacht ist unsere Sicht der Welt selten, meist verwabert sie in Beliebigkeit. Um dem eigenen Dasein jedoch auf die Spur zu kommen, braucht es mehr als eine oberflächlich abgenickte Übernahme von dem, was nahe zu liegen scheint:

Wir brauchen Wege und Mittel, einen Sinn – so es ihn denn gibt – zu *ergründen* (statt ihn uns zu basteln), darin unsere eigene Identität zu entdecken und ihr Kontur zu verleihen. Dies umso mehr, als jedes alltägliche Handeln letztlich auf diesem Fundament aufbaut, ebenso wie unsere Ausrichtung auf die beiden anderen Sehnsuchtsziele, Liebe und Freiheit, entscheidend von unserer grundsätzlichen Weltsicht abhängt. Diese Mittel und Wege werden uns in diesem Buch beschäftigen.

Liebe, Verbundenheit

Der Mensch ist ein Liebeswesen. Er hungert geradezu nach einem liebenden Miteinander, er sehnt sich danach, mit einzelnen Anderen tief und intim verbunden zu sein in Paarbeziehungen, Familie, Freundschaft; und er sucht erweiterte Gemeinschaft, der er angehört, ein Zuhause in Heimat, Gemeinde, Fanclub, Kleingartenverein. Diese Sehnsucht geht uns unmittelbar nahe, auf den ersten Blick wesentlich näher als die Frage nach Sinn. Und trotz aller alltäglicher Präsenz und Bemühungen, trotz aller Träume und Hoffnungen ist da so wenig Erfüllung. Jeder sehnt sich nach liebender Verbundenheit, viele bemühen sich um sie, und doch gelingt sie so selten. Wie viele Menschen wünschen sich vergeblich einen Lebensgefährten, oder sind auf der Suche durch ständig wechselnde Kontakte! Wie viele Menschen leiden innerhalb bestehender Beziehungen unter Liebesmangel, sei es zwischen Partnern oder in Familien oder sogar unter Freunden... Und wo trauen wir uns überhaupt noch den Schritt in die Verbindlichkeit?

Auch in der Sehnsucht nach Liebe ist uns – ähnlich wie in der Sinnfrage – oft gar nicht klar, *was* wir eigentlich suchen und was uns glücklich macht. Liegt das Ersehnte in erotischer Anziehung? – Oder in seelischer Nähe? – In Familienbanden, oder in Freundschaften? – Gibt es Liebe monogam oder nur in der Freizügigkeit wechselnder Partner? Ja, und was ist „erfüllende Liebe" überhaupt?

Selbst wo wir freiwillig Verbindungen eingegangen sind, geraten wir immer wieder zwischen die Fronten: Entweder tun wir alles, um eine Beziehung zu erhalten, bis zum Verrat der eigenen Persönlichkeit, oder wir versuchen unsere Wünsche und Vorstellungen durchzusetzen und verlieren die Verbundenheit zum Partner aus den Augen. Ähnliches gilt in unseren erweiterten Gemeinschaften: Wir ordnen uns entweder in Traditionen und Gewohnheiten ein, oder folgen aus Protest einer Gegenströmung, die meist ebenfalls schon breite Pfade ausgetreten hat. Oder wir versuchen den Eiertanz halbherziger Kompromisse, die uns am Ende weder mit den Anderen, noch mit uns selbst im Einklang bringen. Frieden entsteht so nicht, weder im kleinen Kreis persönlicher Beziehungen, noch im großen Weltgeschehen, noch in uns selbst...

Persönlich wie global ist unser Menschsein von Beziehungsstörungen durchsetzt – zu unseren Mitmenschen, zu unserer Umwelt, zum Urgrund des Lebens (dem „Sinn"), zu uns selbst. So groß die Sehnsucht ist, so weit sind wir in der Regel vom Sehnsuchtsziel Liebe entfernt. Wir leiden schmerzlich darunter, und zugleich tragen wir selbst kräftig zu dieser Störung bei. Um aus dieser Falle herauszukommen, müssen wir Wege finden, uns ohne Selbstverlust treu zu bleiben, frei und gleichermaßen beziehungsfähig zu werden.
Um diese Wege geht es in diesem Buch.

Freiheit: (echte) Selbstbestimmung

Wir wollen dazugehören – in aller Freiheit. Wir wollen die Freiheit, so zu sein, wie wir sind; so zu leben, wie es uns entspricht.

Na und? Wer hindert uns daran? Diejenigen, die sich dieses Buch aussuchen können, leben so frei wie nie zuvor in der Geschichte, und so frei wie kaum sonst irgendwo auf der Welt. Selbst wo wir in soziale und familiäre Konstellationen hineingeboren sind, binden uns diese letztlich ebenso wenig wie Traditionen, Standeszugehörigkeiten und dergleichen. Wir werden in Mitteleuropa nicht durch staatliche Gewalt zu systemkonformem Verhalten gezwungen, wir haben das Recht auf freie Meinungsäußerung, uns stehen unzählige Wahlmöglichkeiten zur Gestaltung unseres Lebens zur Verfügung. Wie nie zuvor in der Menschheitsgeschichte oder sonst irgendwo auf der Welt können wir selbst bestimmen und entscheiden – zwischen diversen Partnerschaften, Hunderten von Berufen, Jogurtsorten, Fernsehprogrammen, politischen Gesinnungen, Kleidungsstilen, Wohnorten, Religionszugehörigkeiten, Automodellen, sportlichen Aktivitäten, Lebensweisen, Reisezielen, Informationsmedien...

Aber sind wir deshalb _frei_? Wieso kommen uns dann auch hier und heute so viele Menschen schrecklich gestresst und unfrei vor?

Nun ja: Einen Großteil unserer Freiheit opfern wir bereits auf dem Altar all der Wahlmöglichkeiten... Schnäppchenjagd und Vergleichsodysseen beanspruchen unsere Energie, wenn uns nicht gerade die „Sachzwänge" durch ein gnadenloses Hamsterrad des Alltags hetzen: Wir machen Jobs, die wir nicht wollen, weil wir meinen, es gäbe keine Alternative. Wir fügen uns in Beruf, Familie und Freizeit einer vermeintlichen Realität, in der wir uns überfordert und getrieben fühlen – was bleibt da noch an Freiheit?!

Doch wer hat denn diese Lebensumstände für unvermeidlich erklärt, wenn nicht wir selbst? Und das, weil wir letztlich auf einer tieferen Ebene unfrei sind: Wir lassen unser Leben von den vier modernen K (Konto, Konsum, Karriere, Konkurrenz) diktieren und hasten damit Dingen hinterher, von denen wir uns – bewusst oder unbewusst – Glück und Erfüllung versprechen.

Eine Geschichte erzählt von einem reichen Großunternehmer, der eine Insel in der Südsee besucht. Am Strand liegt ein Fischer, friedlich träumend, unter einer Palme. Der Reiche spricht ihn an: „Was machst du hier am helllichten Tag? Anständige Menschen arbeiten jetzt für ihren Lebensunterhalt!" Antwortet der Fischer: „Was ich brauche, habe ich: Heute früh habe ich einige Fische gefangen und verkauft." „Ja, aber wenn du weiter fischen würdest, dann könntest du noch viel mehr verkaufen." – „Was hätte ich davon?" – „Dann könntest du dir ein größeres Boot leisten, und wenn du noch mehr verdienst, könntest du jemanden anstellen, der für dich arbeitet!" „Und was hätte ich davon?" fragt der Fischer. „Na ja, dann könntest du es dir leisten, einfach mal hier am Strand unter der Palme zu liegen..."

Wer von uns wäre wohl so frei, sich all unseren Vorgaben von Lebensstandard, Moden und Imagepflege zu widersetzen und nach ganz anderen Alternativen auszuschauen? Da reden wir uns doch lieber ein, die Multioptionalität unserer modernen Gesellschaft sei ein Ausdruck von Freiheit...

So bleibt unser Leben in vielerlei Hinsicht von den Interessen anderer Menschen, allem voran denen „des Marktes", beherrscht – oder nein, wir _lassen_ uns von ihnen beherrschen! Eher selten sind es heute die objektiven äußeren Umstände, die uns die Freiheit nehmen. Gefangen sind wir in uns selbst, indem wir uns nur allzu gern von vielen bunten Versprechungen verführen lassen. Um frei zu werden, müssen wir deshalb zunächst erkennen, was uns innerlich bindet: Von welchen Überzeugungen, von welchen Gefühlen und Vorstellungen mache ich mich abhängig? Woher nehme ich meine Entscheidung für eine bestimmte Lebensform, für einen Partner, für eine Automarke oder das Ziel einer Urlaubsreise? Inwieweit entspricht das, was ich wähle, wirklich meinem Wesen und Bedürfnis?

Diese inneren Leitinstanzen, die uns echte Freiheit von Scheinfreiheiten unterscheiden lassen, kennen wir offenbar gar nicht (mehr): Welche unserer Entscheidungen sind „echt", und wo folgen wir einer geschickten Bedarfsweckung? So meine ich vielleicht, frei zu sein, indem ich mir – durchaus freiwillig – im Multiple-Choice-Verfahren Identitäten aus Kopien-Mix und „Gefällt mir" bastele und je nach Belieben wieder austausche. Doch „bin" ich das wirklich, was ich da inszeniere? Macht mich das in der Tiefe meiner Seele aus? Oder bedeutet „zu sich kommen" genau das Gegenteil: Nicht sich _er_finden, sondern sich endlich _finden_? Sich selbst kennenlernen, den ganz persönlichen Wesenskern entdecken und entfalten lassen? „Erkenne dich selbst" rät schon das berühmte Orakel in Delphi – und nicht: „Kreiere dich selbst"...

Unser Seelennavigator, der uns zwischen „echt" und „aufgesetzt" unterscheiden lässt, ist offenbar defekt. Oder besser gesagt, so abgeschirmt, dass uns seine Ansagen nicht erreichen. Ständig mit Wahlangeboten überfüttert, stillen jeden momentanen Appetit und spüren dadurch nicht mehr, wonach wir wirklich hungern! **Wir haben heute eine nie gekannte äußere Freiheit, aber keine innere Orientierung, uns in dieser Freiheit zu bewegen.**

Wenn ich wirklich *zu mir kommen* will, muss ich das *Echte*, das Wesentliche in meinem Leben freilegen. Erst dann kann ich klären, worauf es mir grundsätzlich ankommt, womit ich mich bewusst identifizieren will, was meine eigentlichen Träume, Sehnsüchte und Werte sind, welche übernommenen Sichtweisen und Gewohnheiten ich beibehalten oder aufgeben möchte, was mich nährt und aufbaut oder was ich hinter mir lassen will.

Echte Selbst*bestimmung* führt demnach durch die Selbst*besinnung*. Erst diese öffnet die Abschirmungen um unseren inneren Kompass, damit er uns unabhängig von der blendenden Oberfläche leiten kann. Selbstbesinnung ist der Wegweiser zu uns selbst, ihre Quellen sind unsere vier Grundfähigkeiten, das Thema dieses Buches...

Einwurf *)
Doch lassen Sie uns hier noch einmal innehalten: Wenn ich die Sehnsuchtsziele als Zentrum eines erfüllenden Lebens darstelle, meldet sich da nicht ein leiser Einwand? Etwa in dem Sinne, es gäbe in Anbetracht der dramatischen Missstände in unserer Welt wahrhaftig Wichtigeres, als um die Erfüllung eigener Sehnsüchte zu kreisen?

Dem schließe ich mich uneingeschränkt an. Und zugleich bin ich überzeugt, dass der einzige Weg, all diese Missstände nachhaltig zu beheben, bei uns selbst beginnt. Ganz im Sinne Mahatma Gandhis, der forderte: „Du selbst musst die Veränderung sein, die du in der Welt sehen möchtest."

---

* Dieses Buch möchte mit Ihnen im Gespräch sein. Leider aber kann ich es nur monologisch schreiben. Deshalb werde ich hin und wieder einen „Dialog" einflechten, in dem ich vermutete Einwände oder zu erwartende Irritationen „vorweg nehme" und kurz darauf eingehe.

Erst durch Selbst-Entwicklung werden wir fähig, stimmig und effektiv in die Welt hineinzuwirken. Was zwangsläufig voraussetzt, uns um die eigenen Prozesse zu kümmern und zum Beispiel der Frage nachzugehen, woran wir uns ausrichten, welchen Werten und Zielen wir uns zuwenden wollen. Das wiederum lässt sich nicht davon trennen, unsere ganz individuellen Stärken, Begabungen und Bedürfnisse zu erforschen, und die drücken sich in großem Maße in unseren Sehnsuchtszielen und seelischen Zugkräften aus. Erst indem ich mich und meine Potenziale kenne, werde ich den Platz finden, an dem diese Kräfte bestmöglich gedeihen. **Somit ist Zu-sich-selbst-Kommen nicht ein Luxus für diejenigen, die schon alles haben, sondern notwendige Grundlage für jedes weitere Handeln.**

Um also bei uns selbst anzufangen, müssen wir erst einmal das Echte, das Wesentliche in uns frei putzen und unsere individuellen Potenziale klären. Erst dann können wir unsere Gaben und Begabungen selbstverantwortet und verantwortungsbewusst in einen größeren Kontext einbringen, der über eigene Belange hinausschaut. Die Werkzeuge, die wir dafür brauchen, stehen, wie nun schon mehrmals erwähnt, für jeden bereit: Denken, Fühlen, Kommunikation, Bereitschaft zur Selbstveränderung. Wie wir sie so entwickeln können, dass sie uns auf einen guten Weg leiten, wird das Herz dieses Buches ausmachen.

Zeit zur Selbstbesinnung –
Zu mir kommen – will ich das?:

Welche Situationen haben Sie veranlasst tiefer über Ihr Leben nachzudenken?

Gibt es Momente, die in Ihnen die Ahnung von etwas Größerem berührt haben?

Kennen Sie die Sehnsucht nach einem „wesentlicheren" Leben? Welche Wege sind Sie in dieser Richtung schon gegangen?

Das Herz eines authentischen Lebens

Mit den vier menschlichen Grundfähigkeiten Denken, Fühlen, Kommunikation und bereitwilliger Selbstveränderung sind wir bestens für einen
authentischen Lebensweg ausgerüstet. Vorausgesetzt, wie schon gesagt,
wir überlassen uns nicht ihrem „Wildwuchs", sondern kultivieren sie zur
Reife. Und sie reifen erst dann zu Tiefganginstrumenten, wenn sie sich
stetig gegenseitig anregen, prüfen, korrigieren – und zwar nicht nur
zwei oder drei von ihnen, sondern alle vier in einem ständig abgestimmten, gleichberechtigten Miteinander aller Partner des Quartetts. **„Zu uns
selbst" und zu einem lohnenden Leben kommen wir nicht durch ein
Konglomerat aus unseren Grundfähigkeiten, ebenso wenig durch deren
bloße Koexistenz, sondern ausschließlich durch deren Kooperation.**
Diese Kooperation gelingt letztendlich unangestrengt, indem alle vier
Grundfähigkeiten, wie ebenfalls schon angedeutet, *an den optimalen
Schaltstellen* zusammenarbeiten. Sie sind die oben genannten Umkehrpunkte, von denen aus die Reifungsprozesse wie selbstverständlich angestoßen und gelenkt werden.

Zu theoretisch? – Keine Sorge, es wird in den nächsten Kapiteln sehr
praktisch und praktikabel. Vorab mag vielleicht schon mal ein vertrau-
ter Vergleich anschaulich machen, wie ein letztlich komplexer und weit-
reichender Vorgang im Wechselspiel von vier Komponenten doch über-
schaubar und prinzipiell einfach wird:

Jeder von uns trägt eine solche „Schaltstelle" beziehungsweise die Verbindung solcher Umkehrpunkte in sich – es ist das menschliche Herz;
seine Funktionen lassen sich erstaunlich auf die Wechselwirkungen
unserer Grundfähigkeiten übertragen. Wie diese Analogie den Weg in
mein Buch fand, ist eine kleine Geschichte für sich, doch gerade durch
sie wurde mir selbst deutlich, worin eigentlich die entscheidenden
„Herzstücke" der einzelnen Grundfähigkeiten bestehen:

Im Jahr 2015 war ich als Referentin zur Tagung des Niederländischen
Kinesiologenverbandes eingeladen. Die Veranstalter baten mich, über
ein Thema zu sprechen, das mich aktuell beschäftigte beziehungsweise
mir besonders am Herzen lag. Und was war aktueller und lag mir mehr

am Herzen als dieses Buch, das ich allmählich abschließen wollte? Was für eine Chance, kurz vor der Fertigstellung durch einen Vortrag zu prüfen, ob meine Gedanken als relevant empfunden werden und inwieweit meine Darstellungen verständlich sind! So nutzte ich die Gelegenheit, die Wechselwirkungen der vier Grundfähigkeiten auszugsweise einem Publikum vorzustellen, für das ich mir ursprünglich überhaupt so viel Kopfzerbrechen gemacht hatte: Was können wir tun, um „gute Therapeuten" zu werden?

Wie aber sollte ich mein Thema in das Tagungsmotto „Das Herz der Kinesiologie" einfügen? Das hatte auf den ersten Blick doch so gar nichts mit den vier Grundfähigkeiten zu tun...

Unschlüssig spielte ich bei meinen Vorbereitungen mit Redewendungen rund ums Herz, suchte nach triftigen Sprüchen, die eine Verbindung herstellen konnten. Aber nichts wollte so richtig passen. So beschloss ich, die krampfhafte Suche nach einer Brücke aufzugeben und meinen Vortrag unabhängig vom Motto zu halten.

Wie so oft: Beim Loslassen tauchte die Lösung auf. Auf einmal war sie nicht mehr zu übersehen, die Brücke! Nicht über herzige Sprüche, sondern ganz greifbar über – die Anatomie des menschlichen Herzens. Mehr und mehr projizierten sich auf einmal Bilder übereinander: das Herz mit seinen vier Kammern und der „Knotenpunkt" unserer vier Grundfähigkeiten... Immer klarer zeichnete sich eine Analogie ab, die das Zusammenwirken der vier Grundfähigkeiten verständlich werden ließ (und am Ende lautete der Titel meines Vortrags „Das therapeutische Herz"...):

Das menschliche Herz als Zentrum des Lebens und Ausgangspunkt aller Versorgung in unserem Körper. Im stetigen Zusammenspiel seiner Kammern nimmt es das Blut aus dem einen Kreislauf auf, um es in den anderen einzuspeisen: vom großen Kreislauf in die Lunge, wo es von Kohlendioxid gereinigt und mit Sauerstoff angereichert wird, von dort aus wieder in den großen Kreislauf zur Versorgung aller Organe – und zurück. Dieser Ablauf erfolgt untrennbar ineinandergreifend, während zugleich jede Herzkammer ihre ganz eigene Funktion hat. Um als ganzes

Herz gesund und kraftvoll zu arbeiten, muss jede Kammer für sich eben-so wie jede Verbindung an den Herzklappen (den Verbindungsstellen) intakt sein. Und über alledem wacht der Taktgeber des Nervensystems, das alles koordiniert... Auf diese Weise arbeiten alle Anteile gleicher-maßen daran, den Lebensstrom durch den ganzen Organismus zu schi-cken, von wo er sich weiter auf das gesamte Leben auswirkt.

Und nun ist es nicht mehr allzu schwer, das, was beim anatomischen Herzen in _zwei_ Kreisläufen geschieht, auf die _vier_ Grundfähigkeiten zu übertragen – auf das „Herz" bewusster Selbstentwicklung als Ausgangs-punkt für ein selbstbestimmtes, erfülltes Leben. Wie das Herz aus Fleisch und Blut aus seinem Zentrum heraus den gesamten Körper ver-sorgt, so fließt das Ergebnis von Denken, Fühlen, Kommunikation und Bereitschaft zur Selbstveränderung in unsere Lebensgestaltung ein, und von dort aus wirkt es über uns hinaus in unsere Umwelt hinein. Wie beim Herzen zwischen den Kammern, so gibt es zwischen den einzel-nen Fähigkeiten Übergänge, an denen sie sich gegenseitig beeinflussen. Und ebenfalls einen „Taktgeber", der alles überwacht und lenkt: Der denkende Geist, der im nächsten Kapitel bewusster ins Spiel kommt...

So habe ich meinen Zuhörern im niederländischen Putten eine Art Herz-training vorgestellt, als Unterstützung auf dem Weg zum „guten Thera-peuten". Obwohl jede Analogie ihre Grenzen hat, so hat der Vergleich mit dem menschlichen Herzen sie sofort erfassen lassen, welch weitreichen-de Auswirkungen ein solches „punktuelles" Zusammenspiel nach sich zieht. Deshalb wird uns dieses Bild in den nächsten Absätzen noch ein wenig begleiten.

„Herzkrankheiten"...

Gehen wir also davon aus, dass unsere Grundfähigkeiten des Denkens, Fühlens, Kommunizierens und der Selbstveränderung stets am Werke sind, während wir uns allerdings selten bewusst machen, in welcher Weise sie aufeinander einwirken. Darüber müsste man sich, wenn alles gut liefe, auch keine Gedanken machen – wer untersucht schon ein ge-sundes Herz? Nichts wäre gegen Automatismen einzuwenden, solange sie uns auf einem segensreichen Weg voranbringen.

Doch das tun unsere gewohnten Mechanismen nicht oder nur unzulänglich. Wäre es so, dann wären wir längst angekommen – bei uns selbst, in einem authentischen Leben, auf dem Weg in eine lebenswerte Zukunft. Da der Autopilot uns offenbar nicht zu unserem gewünschten Ziel bringt, müssen wir ihn abschalten und das Steuer selbst – das heißt, bewusst – in die Hand nehmen. Oder anders gesagt: Wir müssen das Herz unserer Selbstentwicklung, das Zusammenwirken unserer vier Grundfähigkeiten, auf Schwachstellen untersuchen und heilsame Maßnahmen ergreifen. Dazu gehört es, zumindest in wesentlichen Bereichen, auch scheinbar vertraute Vorgänge neu zu durchdenken und sie absichtsvoll zu lenken. Das ist es, was ich unter der oft berufenen, selten jedoch greifbar gemachten Achtsamkeit verstehe: zu benennen, *worauf* wir konkret *achten* sollen und wollen. Denn um zu erkennen, was schief läuft, brauchen wir etwas *Fassbares*. Ein konkretes Objekt muss wahrgenommen, beurteilt und behandelt werden. Für den Internisten sind es unter anderem Herztöne, Ultraschall und EKG, auf die er achtet. In unserer Selbstentwicklung sind es die vier Grundfähigkeiten, auf deren gesundes Zusammenspiel wir achten müssen.

Und ähnlich wie es für Erkrankungen der Herzkammern und -klappen bezeichnende Symptome gibt, so finden wir überall im Alltag Symptome kränkelnder Grundfähigkeiten. Lassen Sie uns beispielhafte Auswirkungen anschauen, wo die eine oder andere Grundfähigkeit fehlt oder mangelhaft ausgebildet ist:

Arne ist ein brillanter Denker und zugleich ausgesprochen gefühlsbetont. Er leidet unter Beziehungsstörungen in Familie, Beruf und Freundeskreis, der sich mehr und mehr auflöst, weil niemand mit seiner ausschließlichen Selbstbezogenheit zurechtkommt: Er lässt nicht mit sich reden (ihm fehlt also die kommunikative Resonanz) und ist auch nicht bereit, sich zu verändern.
Also Denken ⊕, Fühlen ⊕, Kommunikation ⊖, Selbstveränderung ⊖

Britta ist ebenfalls eine scharfe Denkerin, und sie kommuniziert leidenschaftlich gern. Viele fürchten ihre Rechthabereien und die zumeist seelenlosen Wortgefechte: Ihr fehlt das (Selbst)Gefühl, um in der Kommu-

nikation auch menschlich beteiligt zu sein, und die mangelnde Bereitschaft zur Selbstveränderung macht sie zu einer selbstgerechten Besserwisserin.
Also Denken ⊕, Fühlen ⊖, Kommunikation ⊕, Selbstveränderung ⊖

Chris setzt ebenfalls ganz auf sein Denkvermögen, wobei er durchaus selbstkritisch ist mit der Bereitschaft, „an sich zu arbeiten". Er ist in sich verschlossen und lebt in ständiger Angst, etwas falsch zu machen, da er durch mangelndes Selbstgefühl seine eigenen Bedürfnisse nicht wahrnimmt und sich hierzu auch mit niemand Anderem austauscht.
Also Denken ⊕, Fühlen ⊖, Kommunikation ⊖, Selbstveränderung ⊕

Diese Angst, etwas falsch zu machen, kennt auch Daniela: Ihr Mangel an Selbstgefühl lässt sie ständig nach der Meinung der Anderen fragen, um von ihnen die „richtigen" Grundsätze zu übernehmen. Wenn sich deren Regeln ändern, ändert sie sich mit. Innerlich stetig unter Druck, ist sie nach außen beliebt, weil angepasst, wirkt aber blass und konturlos: Ihr fehlt der Zugang zu den eigenen Gefühlen, aus denen heraus sie sich selbst wahrnehmen und in ihrer Individualität ausbilden könnte.
Also Denken ⊕, Fühlen ⊖, Kommunikation ⊕, Selbstveränderung ⊕

Erwin hingegen hat ein recht gutes Selbstgefühl, verbunden mit Denkvermögen und der Bereitschaft zur Selbstveränderung. Doch auch er leidet unter Ängsten, da er einerseits seine empfundenen Bedürfnisse nicht gegenüber betroffenen Mitmenschen artikuliert, andererseits verschließt er sich gegenüber den Sichtweisen der Anderen aus Angst, dass sie ihn verletzen könnten.
Also Denken ⊕, Fühlen ⊕, Kommunikation ⊖, Selbstveränderung ⊕

Franziska wiederum bringt ihr Denkvermögen und Selbstgefühl gern in ihre Kommunikation ein. Allerdings verweigert sie sich der Selbstveränderung. Das macht sie zum selbstumkreisenden Dauergast in Selbsterfahrungsgruppen, wo sie mit immer denselben Problemen Aufmerksamkeit beansprucht. Zuhause arten ihre Beziehungen in stetige Machtkämpfe und Selbstrechtfertigungen aus.
Also Denken ⊕, Fühlen ⊕, Kommunikation ⊕, Selbstveränderung ⊖

Gerd hat einen guten Zugang zu einem ausgeprägten Gefühlsleben, und er spricht auch gern darüber. Da er das Denken weniger pflegt und Selbstveränderung nicht für nötig hält, geht er seinen Mitmenschen durch narzisstische Selbstbespiegelung und sein ständiges selbstbezogenes Problemewälzen auf die Nerven.
Also Denken ⊖, Fühlen ⊕, Kommunikation ⊕, Selbstveränderung ⊖

Hanna dagegen ist emotional getrieben, launisch, in ihrem Verhalten unstet. Sie richtet sich ganz nach ihrem Gefühl und will sich durchaus verändern. Doch sie denkt ungern nach und gleicht ihr Seelenleben auch nicht im Gespräch mit Anderen ab. So lebt sie wie ein Fähnchen im Wind der Umstände und Emotionen.
Also Denken ⊖, Fühlen ⊕, Kommunikation ⊖, Selbstveränderung ⊕

Ingo wiederum lässt sich, gefühlsbetont und veränderungsbereit, auch auf Kommunikation ein. Das weniger gepflegte Denkvermögen macht ihn offen für jede Art von Fremdbestimmung und gefühlsgeleiteter Manipulation. Ihm geht zunehmend jegliche Eigenkontur verloren.
Also Denken ⊖, Fühlen ⊕, Kommunikation ⊕, Selbstveränderung ⊕

Noch ausgeprägter erleben wir es bei Judith: Da sie auf Kommunikation hört und zu Selbstveränderung bereit ist, aber sowohl Denken wie Selbstgefühl eher gering ausgeprägt sind, wird sie ganz zum Spielball ihrer Umwelt.
Also Denken ⊖, Fühlen ⊖, Kommunikation ⊕, Selbstveränderung ⊕

Wie erfrischend, dann auf Karsten zu treffen: Er ist jemand, den alle gern um sich haben, er ruht in sich, er strahlt zugleich Stabilität wie Flexibilität aus. Er denkt wach und aufmerksam, hat ein gutes Gespür für sich und den Anderen, hört feinfühlig zu und teilt sich offen mit; und wo er Fehler erkennt, ist er bereit, daraus zu lernen und es anders zu machen. Ihm ist es gelungen, die vier Grundfähigkeiten in rechter Weise miteinander zu verbinden.
Also Denken ⊕, Fühlen ⊕, Kommunikation ⊕, Selbstveränderung ⊕!

Ich nehme mal an, dass Sie einige unserer hier vorgestellten Kandidaten kennen? Und erleben auch Sie es so, dass darunter eher wenige „Karstens" sind?

Die Negativ-Varianten kennen wir zur Genüge. Und meist sehen wir schnell, was es bräuchte, um „besser" zu werden, vielleicht sogar bei uns selbst. Ebenso schätzen wir durchaus solche gereiften Persönlichkeiten wie Karsten; doch wenn wir ihn fragen würden, was er selbst dazu beigetragen hat, würde er uns vermutlich ratlos ansehen. Eventuell schreibt er seine Entwicklung einer bestimmten Weltsicht zu, oder einem speziellen Naturell, einem guten Vorbild, einer besonderen Einstellung oder Haltung, und gewiss trifft das Eine oder Andere zu. Doch wenn wir selbst von einem Karsten lernen wollten und um eine konkrete Schulung bäten, fänden wir möglicherweise keine rechten Anhaltspunkte, an denen wir uns orientieren können.

... und ihre Heilung

Das dürfte sich ändern, indem wir uns dem bewussten Zusammenspiel der vier Grundfähigkeiten öffnen. Dazu wird keine bestimmte Weltanschauung vorausgesetzt (was ohnehin hieße, den zweiten Schritt vor dem ersten zu tun), sondern es gilt „nur", jede der Fähigkeiten jeweils mit Hilfe der drei anderen auszubauen. Dann wird, wie vorhin schon angedeutet, aus dem alleinigen Denkvermögen eine Denk-Kultur; dann kristallisiert sich aus wetterwendischen Stimmungen oder gar „Gefühlsduselei" ein gesundes Selbstgefühl und Gespür heraus. Dann klingt in der Kommunikation echte Resonanz an, aus der wir Bestärkung, Korrektur und Anregung erfahren; dann führt Selbstveränderung in einen heilsamen Prozess der Selbst-Werdung. Dann werden aus den Grundfähigkeiten Tiefganginstrumente...

Und so könnte schließlich ein konstruktives Zusammenspiel aussehen:

✤ Denken wird abgeglichen mit einem tieferen Gespür (also einer fühlenden Fähigkeit) auf Verständnis und Stimmigkeit; es wird lebendig und angeregt durch kommunikative Erweiterung des

Blickwinkels, und Einsichtsfähigkeit (= Bereitschaft zur Selbstveränderung) lässt uns gegebenenfalls umdenken und dazulernen. Das Herzstück der Denk-Kultur, von dem ein konstruktives Zusammenwirken mit den anderen Fähigkeiten abhängt, sind unsere Überzeugungen.

❖ Unser Fühlen in seinen verschiedensten Facetten braucht das Denken, um Impulse aus Gefühlen und Empfindungen angemessen umzusetzen beziehungsweise in Entscheidungen zu überführen – oder allein schon, um Gefühle in Worten auszudrücken. Kommunizierende Resonanz hilft, sich feinerer Empfindungen bewusst zu werden, mögliche Überlagerungen durch (emotionale) Projektion zu klären und Stimmigkeit abzugleichen. Die Bereitschaft zur Selbstveränderung brauchen wir, um mit den unterschiedlichen Gefühlsebenen angemessen umzugehen und uns aus unseren Empfindungen heraus (manchmal auf unerwartete Wege) leiten zu lassen. Das Herzstück unserer Gefühlspflege ist eine Differenzierung ihrer unterschiedlichen Ebenen und damit verbunden der Zugang zu unseren inneren Leitstimmen.

❖ Kommunikation benötigt kultiviertes Denken, um sich in Worten mitzuteilen und auszutauschen. Ein verlässliches Selbstgefühl sorgt dafür, im Kontakt mit Anderen eigene Bedürfnisse und Empfindungen zu artikulieren, aber ebenso, den Anderen verstehen zu können. Im Gegenzug muss abgeglichen werden, wie weit Kommuniziertes mit unserem Selbstgefühl in Resonanz geht. Durch die Bereitschaft zur Selbstveränderung öffnen wir uns aus der Selbstbezogenheit in das „Wir" einer Beziehung – wir lernen durch die Beziehung und für die Beziehung dazu. Das Herzstück gelingender Kommunikation ist Resonanzfähigkeit.

❖ Wo wir zu Selbstveränderung bereit sind beziehungsweise sie bewusst suchen, wird kluges Denken die richtungsgebenden Entscheidungen treffen. Das Selbstgefühl muss prüfen, inwieweit

eine Veränderung echt und freiwillig ist, also unseren wesentlichen Bedürfnissen gerecht wird. Kommunikation wiederum regt uns zu Selbstveränderung an, und ebenso brauchen wir sie in den Veränderungsprozessen zu konstruktiven Rückmeldungen.
Das Herzstück unserer Bereitschaft zur Selbstveränderung ist eine Art „Dehnbarkeitsfaktor", der die angemessene Schrittlänge für eine Veränderung festlegt.

Damit wäre alles auf den Punkt gebracht, was ich Ihnen vermitteln möchte – also eine ultrakurze Vorwegnahme der folgenden Kapitel. Wenn nun alles klar ist, könnte hier das Buch enden. Es sei denn, Sie teilen die Frage, die unsere Ausbildungsabsolventen ebenso beschäftigt wie viele meiner Klienten: Wie macht man das denn praktisch? Was ist zu bedenken, worauf zu achten, was könnte – an welcher Stelle – getan werden? Und: Wie können wir, wenn wir von einer stetigen Verwebung der vier Grundfähigkeiten ausgehen, ihre Wechselwirkungen betrachten, ohne dabei die Übersicht zu verlieren?

Das, was weitgehend zeitgleich geschieht, lässt sich schreibend nur darstellen, indem wir die einzelnen Stränge voneinander lösen und die Fäden einzeln untersuchen, um sie am Ende wieder in das komplexe Geflecht einfügen. Deshalb bekommt jedes der vier Tiefganginstrumente ein Kapitel für sich allein. Darin werden wir jeweils dem „Herzstück" die Hauptaufmerksamkeit schenken, nämlich den speziellen Eigenschaften und Aspekten, die sich entscheidend auf unsere Selbst-Entwicklung auswirken. Das sind zugleich die Nahtstellen, auf die es in der Wechselwirkung mit den anderen Fähigkeiten besonders ankommt.

Diese jeweiligen „Herzstücke" (und nun ist endlich genug mit den Herzanalogien!) wollen wir in den folgenden vier Kapiteln schwerpunktmäßig untersuchen. „Schwerpunktmäßig" heißt, dass es zu jeder einzelnen der Grundfähigkeiten unendlich viel mehr zu sagen gäbe, was ganze Bände füllen würde – da können Sie bei Interesse auf reichlich erweiternde Literatur zurückgreifen. Hier aber wollen wir nicht sämtliche Aspekte von Denken, Fühlen, Kommunizieren und Selbstveränderung ausleuchten, sondern mehr oder weniger gezielt Schlaglichter auf die Zusammenhänge werfen. „Mehr oder weniger" lässt den einen oder anderen gedanklichen Schlenker zu, um unsere Gesprächsbasis abzustimmen, dasVerständnis zu erleichtern oder die Prozesse anschaulich zu machen. Im Kern jedoch wollen wir uns darauf konzentrieren, wie wir diese menschlichen Grundfähigkeiten so weiter entwickeln, dass sie uns zu einem authentischen, erfüllenden Leben führen.

Und keine Sorge, Sie könnten sich im komplexen Geflecht der verschiedenen Stränge verirren! Sie müssen keinesfalls alle Zusammenhänge gleichzeitig im Blick behalten, das große Gefüge wird nur in kleinen Portionen „verdaut": Da reicht es schon, wenn der eine oder andere Gedanke bei Ihnen haften bleibt und Sie Entsprechungen in Ihrem Leben wiederfinden. Vielleicht erinnern Sie sich bei passender Gelegenheit daran und beginnen, eine der Anregungen auszuprobieren. Durch das Wissen, ebenso wie durch einzelne erste Erfahrungen, dringt mal der eine, mal der andere Aspekt ins Bewusstsein, wo Sie ihn aufgreifen und wiederum beobachten können, was sich daraus ergibt. Allmählich wird einiges zur Gewohnheit, womit der Weg frei wird für einen nächsten Schritt. So müssen Sie auf diesem Weg nichts erzwingen, sondern Sie werden erleben, wie allein schon im Licht der Aufmerksamkeit diese Fähigkeiten wachsen und reifen. Und vielleicht freuen Sie sich daran, sogar das Eine oder Andere ganz bewusst und gezielt zu deren Gedeihen beitragen zu können...

Kommen wir nun also zu den einzelnen Grundfähigkeiten. Lassen Sie uns dabei mit dem Denken beginnen: Sie tun es ohnehin schon, indem Sie diese Zeilen lesen, denn Lesen macht nur durch Denken Sinn. Zudem ist Denken die führende Kraft, mit der wir uns letztlich auch durch die anderen drei Grundfähigkeiten bewegen werden. Mit Herz, Leib und Seele leben, Mensch sein, „Ich" sein beginnt – mit Denken.

Zeit zur Selbstbesinnung –
Zu mir kommen – heraus aus den Schieflagen:

Haben Sie bei den einzelnen beschriebenen „Schieflagen
konkrete Situationen vor Augen?
Woran erkennen Sie gegebenenfalls, dass es sich um eine
Schieflage handelt?

Was gehört zu deren typischen Verhaltensweisen?
Können Sie benennen, was Sie den jeweiligen Menschen in
ihrer Schieflage zur Aufrichtung empfehlen möchten?
Haben Sie eine Idee, wie Ihnen selbst dieses Prinzip nützlich wer-
den könnte?

Vom Denkvermögen zur Denk-Kultur

Der rote Faden: Nur denkend können wir uns bewusst durchs Leben bewegen. Nicht nur Denkinhalte bestimmen unseren Weg, sondern auch
unsere Denkweise. Um Denken zu lenken, brauchen wir die Fähigkeit
einer höheren Denkkategorie, die des Geist-Denkens. Mit seiner Hilfe
können wir „selbst denken", Gedankenstress abbauen, Denkmuster und
Denkfallen durchschauen und verändern.

Denken – genau genommen eine bestimmte Kategorie des Denkens – ist
Voraussetzung, um einen bewussten Willen zu entwickeln. Das heißt,
sich frei entscheiden und selbstbestimmt handeln zu können, ist auf
Denkvermögen angewiesen. Erst dies erlaubt uns, verschiedene Möglichkeiten zu erkennen, zu *unter*scheiden, abzuwägen und uns aufgrund
dessen zu *ent*scheiden. Damit ist Denken die Keimzelle für vieles
Weitere, was wir in unserem Leben bewusst = willentlich beeinflussen
können:

„Achte auf deine Gedanken, denn sie werden Worte. Achte auf deine
Worte, denn sie werden Handlungen. Achte auf deine Handlungen,
denn sie werden Gewohnheit. Achte auf deine Gewohnheiten, denn sie
werden dein Charakter. Achte auf deinen Charakter, denn er wird dein
Schicksal." So rät eine altchinesische Weisheit, und ähnlich spricht Marc
Aurel, ein römischer Kaiser des 2. Jahrhunderts, davon, dass die Seele
die Farbe unserer Gedanken annimmt. In solchen Weisheiten klingt an,
wie sehr vom Denken jede weitere Gestaltung unseres Lebens ausgeht.
Denken spielt eine *entscheidende*, eine *führende* Rolle. Dies umso mehr,
wenn wir herausfinden wollen, wer wir wirklich sind und was für uns
ein gelingendes Leben bedeutet.

Doch wenn das nur so einfach wäre! _Welche_ Gedanken sollen uns denn führen im Wust all dessen, was so im Laufe des Tages durch unsere Köpfe rauscht? Wie sollen wir darin eine Linie finden, während unser Denken meist wie eine Herde junger Pferde durcheinander tobt?

Offenbar müssen die Gedanken-Pferde zugeritten werden, damit sie uns auf einem guten Lebensweg voranbringen: Wie junge Pferde, braucht ebenso unser Denken „Erziehung". Dem schreibt das Erfindergenie Thomas Alva Edison sogar vorrangige Bedeutung zu: „Die wichtigste Aufgabe der Zivilisation besteht darin, den Menschen das Denken zu lehren". Und diese Pflicht scheint ihm keineswegs lästig, ganz im Gegenteil: „Der Mensch, der sich nicht entschließen kann, die Gewohnheit des Denkens zu kultivieren, bringt sich um das größte Vergnügen des Lebens"...

Dieses herausfordernde Vergnügen ist zur Zeit ziemlich verbreitet. Glaubt man den Bestsellerlisten des Büchermarktes, dann steht Denken beziehungsweise Selbst-Denken hoch im Kurs. In all der anregenden Vielfalt möchte ich hier allerdings vor allem einer Frage folgen, die nicht durchgängig Beachtung findet: Was macht überhaupt ein fundiertes, eigenständiges Denken aus? Und auf welche Weise können wir es aktiv entwickeln?

Diese Fragen lösen oft Erstaunen aus, wenn ich mit Freunden, Patienten oder Ausbildungsteilnehmern darauf zu sprechen komme. Denn zum Thema Gedankenpflege fällt ihnen vor allem das „positive Denken" ein: Mit klugem Denken verbinden sie meist oder sogar ausschließlich die _Inhalte_ von Gedanken – positive und negative, „richtige" und „falsche", während sie selten darauf schauen, wie sie überhaupt zu ihren Schlüssen von „gut" und „schlecht" gekommen sind. Dabei von Gedanken_hygiene_ zu sprechen, was ebenfalls mehr verbreitet ist, macht den Unterschied zum Begriff der Denk-_Kultur_ nur noch deutlicher:

„Hygiene" assoziiert Sauberkeit – eine „Bereinigung" gilt dann naheliegenderweise den Denk_inhalten_. Bei „Denk-Kultur" hingegen schwingt die „Kultivierung" mit, die aktive Pflege eines Gutes, das in kleinen

Schritten stetig optimiert wird. Was uns in Landwirtschaft und Gesellschaft geläufig ist, hieße dann aufs Denken angewendet, einen bewussten Umgang mit der Fähigkeit des Denkens zu pflegen, es zu schulen und zu verbessern.

So unterscheidet Denk-Kultur nicht zwischen positiven und negativen, „richtigen" und „falschen" Gedanken (was hieße, die Pferde auszusortieren statt sie zu zähmen), sondern zwischen aktivem und passivem, bewusstem beziehungsweise nicht-bewusstem Denken: Gedankenhygiene betrifft Denk*inhalte*, Denk-Kultur meint Denk*abläufe*, die sich ihrerseits natürlich mit Denk*inhalten* befassen – nur vielleicht auf andere Weise als bislang gewohnt.

Denk-Kultur führt uns im Ergebnis zu Gedanken, mit denen wir selbst bis in die Tiefe einig sind. Ein authentisches Leben erfordert also, unser Denken zu kennen, Gedankeninhalte eigenständig zu prüfen und darin bewusst Stellung zu beziehen.

Und diese Fähigkeit, Gedanken wahrzunehmen, zu prüfen und gegebenenfalls zu lenken, ist größtenteils ebenfalls – eine denkende. Ich nenne sie Geist-Denken. Dieses Geist-Denken, ein bewusster Denkakt, wird uns durch den weiteren Verlauf des Kapitels und des gesamten Buches führen. Ich möchte es Ihnen nun näher vorstellen, insbesondere in seiner Beziehung zu anderen Denkformen.

Wer denkt denn da?

Denken ist an unser Gehirn und seine gesunden Funktionen gebunden. Damit liegt zunächst einmal nahe, das Gehirn auch als alleinigen *Produzenten* unserer Gedanken zu verstehen, letztlich als Ergebnis chemischer und elektrischer Prozesse der Nervenzellen. Diese Fähigkeit hat sich nach der These von Neurowissenschaftlern im Laufe der Evolution aus dem Organ heraus entwickelt. Ihre Schlussfolgerungen ziehen sie unter anderem aus der Beobachtung, dass sich durch Stimulation bestimmter Gehirnareale Gedankenreaktionen auslösen lassen. Zudem wurde in Experimenten nachgewiesen, dass bei einer „bewussten" Entscheidung zu einer Handlung bereits _vor_ dem Bewusstwerden die entsprechende Gehirnregion aktiv ist – unser Wille wäre dann eine _Folge_ physiologischer Vorgänge. Krass gesprochen, hieße das: Wir Menschen sind wie lebendige Computer, die allein von Genen und Umwelt programmiert wurden und nun gezwungen sind, innerhalb dieser Laufspuren zu reagieren... Diese Sichtweise ist durchaus verbreitet und wird untermauert von dem wissenschaftlichen Postulat, dass ohnehin nichts jenseits der Materie existiert – folglich _müssen_ Gedanken ein Produkt des Organs Gehirn und seiner Stoffwechselvorgänge sein.

Dazu gibt es einiges zu bedenken – doch zunächst einmal die Frage an Sie: Schließen Sie sich ausnahmslos diesen Argumenten an, oder kennen Sie Erfahrungen, die damit nicht so recht zu vereinbaren sind?

Aus meiner wissenschaftlich laienhaften Sicht stellen sich an den rein materialistischen Ursprung des Denkens einige Fragen, die hier natürlich nur beispielhaft angerissen werden können:

❖ Wie kommt es rein chemisch-physikalisch dazu, dass wir nicht einfach nur denken, sondern unser Denken als solches bewusst (was ist das: „bewusst"?) wahrnehmen und beurteilen können?

❖ Wie verhält es sich mit Willen und Verantwortlichkeit? – Sobald „ich" ja nicht denke, sondern alles ein Produkt von chemischen Verbindungen und elektrischen Reizen ist, wie kann ich da zur Rechenschaft gezogen werden für Handlungen, die sich aus meinem Denkprogramm ergeben? – Wer ist dann überhaupt „Ich"? Und was befähigt die Chemie der Richter, über meine neurophysiologischen Prozesse zu urteilen?

❖ Wie lassen sich Geistesblitze und Genialität erklären? Welche Instanz kann, wenn sie selbst nur ein Produkt synaptischer Verschaltung ist, eine zuvor noch nie gedachte Inspiration haben, zum Beispiel für eine revolutionäre Erfindung?

❧ Und schon ganz alltäglich: Wie erklärt sich, sofern alles Denken
und Handeln in programmierten Bahnen verläuft, der Wunsch
und die Chance, _Veränderungen_ im Programm zu wollen und
umzusetzen?

Für diese und weitere Beobachtungen, wie zum Beispiel Telepathie, empfinde nicht nur ich die gängigen wissenschaftlichen Hypothesen als
unbefriedigend. Deshalb wird auch um andere mögliche Erklärungen
für das Funktionieren unseres komplexen menschlichen Denkens ge-
rungen. Ein alternatives Modell sieht zwar ebenfalls das Gehirn als dessen organische Voraussetzung an, jedoch nicht in der Rolle als primärer
Erzeuger von Gedanken, sondern als _Arbeitsplatz_ für das Denken, dessen Bedienung nicht im physiologischen Mechanismus eingeschlossen
ist – also eher ein Verhältnis, wie es zwischen Computer und „User"
besteht.

Mit diesem Modell lassen sich sämtliche Erscheinungen vereinbaren,
die ich mit meinen Bedenken angesprochen habe, ebenso wie die Telepathie – ein gedankliches Phänomen, das keinesfalls auf chemisch-phy-
sikalischer Übertragung beruhen kann, aber zu glaubwürdigen menschlichen Erfahrungen gehört und sogar ersten Experimenten standhält.
Immerhin folgt dieses Modell dann gewissermaßen doch einem wissenschaftlichen Grundsatz: Er fordert, eine gute Hypothese müsse in sich
widerspruchsfrei sein und zugleich alle auftretenden Phänomene möglichst einfach erklären. Das erfüllt die Idee eines „Bedieners" jenseits
des Gehirns allemal. Inzwischen bekommt dieser Ansatz sogar Beistand
aus der Wissenschaft, seit die Quantenphysik festgestellt hat, dass allein
durch menschliche _Beobachtung_ – also ohne materielles Eingreifen –
ein primär physikalisches Experiment beeinflusst wird...

Telepathie und Quantenphysik lassen sich nicht wegdiskutieren, und
in beiden Fällen bestimmt das Subjektive das Objekt, der Geist die Materie. Mit der Quantenphysik stehen die Physiker, wie ich hörte, vor
einem Rätsel, weil sie sich (bislang) nicht mit der Relativitätstheorie vereinbaren lässt. Das wiederum ermutigt mich, auch mir eine Sichtweise zu-
zugestehen, für die letztendliche wissenschaftliche Beweise noch offen

sind: Ich gehe davon aus, dass unser Geist „mehr" ist als chemisch-physikalische Reaktionen unseres Gehirns. Indem er nicht in der Physiologie aufgeht, sondern in Beziehung zu ihr treten kann, lässt sich am einfachsten erklären, dass wir denkend unser Denken wahrnehmen und lenken können.

Und so bitte ich auch Sie, bevor wir dem Denken konkreter nachgehen, Ihren eigenen Standpunkt zum Thema „wer denkt denn da?" zu finden. Sofern Sie sich ganz dem materialistischen Verständnis anschließen, möchte ich Sie einladen, zumindest probeweise jenseits der reinen Physiologie einen „Bediener" für möglich zu halten – und sei es nur für den Durchlauf dieses Buches. Einen Bediener, der die übergeordnete Denkqualität vertritt und über das Denken nachdenken kann:
Das Geist-Denken.

Unter seiner Leitung können wir uns nun die unterschiedlichen Funktionen des Denkens noch genauer ansehen und herausfinden, wann eher automatisiertes – physiologisches – Denken und wann das Geist-Denken in Aktion ist und wie wir beides in Beziehung setzen.

Die Vielfältigkeit des Denkens

Denken ist ein seltsam mehrspuriger Prozess. Einerseits können wir bewusst denken und nachdenken, andererseits „passiert" es ohne unseren Willen, manchmal sogar gegen ihn. Den größten Teil der Zeit „gehen uns Gedanken durch den Kopf", selbst wenn wir nicht bewusst merken, dass wir „in Gedanken sind". Wir können ein gewisses denkerisches Grundrauschen nicht abschalten: Ständig reihen sich lose Gedankenfetzen aneinander, meist ausgelöst durch mehr oder weniger bewusste Wahrnehmung eines Reizes. Die anregenden Reize kommen aus der Umwelt wie auch aus der Innenwelt des Körpers, sie erreichen über die Sinnesorgane tiefere Hirnschichten sowie das denkende Großhirn. Außerdem sind uns wiederkehrende Gedankenschleifen vertraut, ebenso wie ein halbbewusstes Vor-sich-hin-Denken. All solche und ähnliche Vorgänge können wir gut der Physiologie des Gehirns zuschreiben.

Ebenso lassen sich recht einfach noch manche Formen des Nachdenkens physiologisch erklären, solange es sich mit Speichern, Abrufen und Neuverknüpfung schon angelegter Informationen verbindet: Wenn ich eine Kreisfläche berechne, Kreuzworträtsel ausfülle oder den verlegten Schlüssel suche, dürfte ich mich noch ganz in der Physiologie bewegen.

Doch schon die Entscheidung, worüber ich eigentlich nachdenken will, lässt sich nicht so leicht physiologisch abtun. Was hält mich denn bei der trockenen Berechnung einer Kreisfläche, während im Fernsehen mein Lieblings-Tatort läuft?

Gehen wir also davon aus, dass sich unser Denken auf zwei unterschiedlichen Ebenen abspielt. Die eine Ebene entspricht dem rein physiologischen Denken, die höhere dem bewussten Denken. Oder etwas plakativer: Ich unterscheide zwischen „Computer-Denken" und „Geist-Denken". Das Geist-Denken gehört zur übergeordneten Kategorie, weil wir nur die Erfahrung kennen, dass Geist Materielles schaffen kann, aber nicht umgekehrt, dass Materie Geist hervorbringt (Roboter, die ein Selbstbewusstsein und damit ein Eigenleben entwickeln, „leben" bis jetzt nur in Science-fiction-Phantasien und sind außerdem von Wesen einer höheren Kategorie geschaffen worden...).

Offenbar kam in der Entwicklung des Menschen auf der Stufe des Homo sapiens die Fähigkeit eines bewussten Denkens hinzu, das sich vom durchaus beobachteten Denken intelligenter Tiere unterscheidet. Dabei ist es unerheblich, ob wir uns das evolutionär-zufällig vorstellen oder Geist-gegeben. Auch die Übergänge mögen fließend sein, und doch bringt diese weiterentwickelte, typisch menschliche Denkfähigkeit eine neue Dimension ins Denken: die Fähigkeit zu einer differenzierten Sprache, die uns Worte gibt, um Zusammenhänge herzustellen, zu abstrahieren, etwas zu begründen, Allgemeingültiges zu folgern, Alternativen zu entwerfen, etwas in Aussicht zu stellen – oder ganz praktisch die Gedanken dieses Buches zu entwickeln, zu formulieren, zu lesen, zu prüfen und nachzuvollziehen... Insbesondere aber ist es erst das Geist-Denken, das uns ermöglicht, über uns selbst nachzudenken, Erklärungen für unser Dasein zu suchen – und vielleicht sogar zu finden. Bei genau dieser Fähigkeit hat schon der schwedische Natur-forscher Carl von Linné im 18. Jahrhundert den Schnitt gemacht: Nach seiner Definition beginnt das, was den Menschen als besondere Spezies ausmacht, mit der Fähigkeit zur Selbsterkenntnis. Diese setzt den den-kenden Geist voraus, von dem Mahatma Gandhi sagt: „Im wilden Tier liegt der Geist in tiefem Schlaf, es kennt kein anderes Gesetz als das der rohen Kraft. Die Menschenwürde fordert Gehorsam gegenüber einem höheren Gesetz – dem der Geisteskraft." Wenn diese Geisteskraft eben-falls denkend agiert, kann sie nicht identisch sein mit unseren physiolo-gisch angelegten Denkabläufen, sie muss davon – zumindest teilweise – unabhängig sein.

Diese Unabhängigkeit begabt uns zur Selbstreflexion. Denn Reflexion erfordert, schon rein physikalisch gesehen, einen Abstand zum Objekt, eine Nicht-Identifikation. In der Selbstbesinnung und Selbsterkenntnis können wir kraft des Geistes – konkreter: des Geist-Denkens – auf Di-stanz gehen zu unserer Physiologie und Psychologie. Das ist ein erster Schritt zu freiem Willen und zu Selbst-Beherrschung, das heißt, zur Fä-higkeit, sich selbst zu führen: Wir können uns ein Stück von Trieben, Reizeinwirkungen, Konditionierungen, Automatismen und sogar von Gefühlen und Gedanken lösen. Darin liegt eine Freiheit, die vom Tier nicht bekannt ist.

Dieses Geist-Denken ist Voraussetzung, um „zu uns selbst zu kommen". Selbstbesinnung, auf die wir immer wieder zurückgreifen werden, ist nur auf dieser Ebene des Denkens möglich.

Einwurf

Der Eine oder die Andere mag sich an dieser Stelle fragen, weshalb ich nicht von „Bewusstsein" spreche, sondern den Begriff „Geist" bevor-zuge:

In meinem Verständnis drückt Bewusstsein eher einen wahrnehmen-den Zustand aus und verbleibt damit einerseits in einer gewissen Dif-fusität, andererseits fehlt ihm der handelnde Aspekt (ich zumindest kann mir Bewusstsein nicht handelnd vorstellen). Geist hingegen „ver-dichtet" sich trotz aller Unfassbarkeit zu einer personalen Kontur –

wenn man das so sagen darf. Damit wird der Geist zu einem „Jemand", der konkret in unserem Leben handeln kann. Seine Aufgabe ist es nämlich, unsere Prozesse der Selbstentwicklung zu begleiten, indem er beobachtet, beurteilt und entscheidet.
Vielleicht könnte man es so auf den Punkt bringen:

Der Hauptakteur auf dem Weg zu uns selbst und zu Lebenstiefe ist der Geist.
Er bewegt sich im Medium des Bewusstseins und sein Instrument ist das Geist-Denken.

Die Bedeutung des Geist-Denkens herauszustellen, degradiert keineswegs das „Computer-Denken". Am rechten Platz leistet es wertvolle Dienste – ja, wir können unseren Alltag gar nicht ohne seine denkerischen Automatismen bewältigen: Unser Gehirn ist großartig darauf eingerichtet, routiniert den überwiegenden Teil unseres Lebens zu meistern. Computer-Denken ist ein hervorragender Diener; wäre es jedoch Herr, so würden unsere Handlungen instinktiv, reizgesteuert, reaktiv, konditioniert oder „programmiert" bleiben – und somit nicht von unserem bewussten Willen, von uns selbst gelenkt. Dann würden wir trotz ununterbrochener Gedankenflut geradezu gedankenlos durchs Leben gehen... Erst unser bewusster Geist beziehungsweise das Geist-Denken ist in der Lage, sich über die neuronalen Schaltkreise zu stellen durch seine Fähigkeit zum Nachdenken, Infragestellen, zu logischer Prüfung von Argumenten und absichtlicher Gedankenlenkung. Damit liegt die „Herrschaft" dann doch beim Denken – allerdings beim Geist-Denken.

Vielleicht ergeht es Ihnen bei der Betrachtung dieses „Zwitterwesens" Denken ähnlich wie so manchen meiner Patienten oder Ausbildungsteilnehmer: Sie fanden das alles schlüssig und „eigentlich nicht neu", und zugleich waren sie verblüfft, weil sie so noch nie daran gegangen waren. Wenn aber die Differenzierung von Computer-Denken und Geist-Denken im Prinzip gar nicht fremd ist und in ihrer Aufgabenverteilung einleuchtend klingt, wie kommt es dann, dass ein entsprechend „geistvoller" Umgang mit dem Denken so wenig verbreitet ist?

Die Hürden

Das (Geist)Denken hat es aus drei Gründen schwer: Wir haben nicht gelernt, so zu denken; das Denken hat kein durchgängig positives Image – erscheint einigen Menschen also nicht sonderlich erstrebenswert; darüber hinaus meinen wir, die dafür nötige Zeit nicht zu haben. Wollen wir unsere persönlichen Hindernisse überwinden, sollten wir diese Hürden genauer kennen:

Recht schnell abgehandelt ist der Aspekt, wie wenig wir Denk-Kultur gelernt haben. Wir wurden üblicherweise nicht so erzogen, Denkprozesse bewusst zu machen und sie weiterzuentwickeln. Das ist auf den ersten Blick nicht unbedingt offensichtlich, weil wir ja von klein auf zum „Lernen" angehalten werden. Wem fällt da schon auf, dass wir damit weitgehend nur das physiologische Denken füttern? Wir werden trainiert, Daten und Fakten zu speichern und abzurufen – Multiple-Choice-Examen, Kreuzworträtsel und Quiz-Shows leben davon. Wo hingegen lernen wir, tiefer gehende Fragen zu stellen und selbst-denkend zu verfolgen, Prinzipien und Zusammenhänge zu erfassen? Das wird in Elternhaus, Schule und Ausbildung kaum vermittelt, und in der Erwachsenenwelt wird es, sei es in Beziehungen, Medien, Politik, Gemeinwesen und Wirtschaft, so gut wie nie vorgelebt.

Da das Denken wiederum auch ohne Nachdenken ganz gut funktioniert, gibt es wenig Anlass, sich darüber Gedanken zu machen; und wenn, dann eher im Sinne der Gedankenhygiene, bei der ein Gedanke gegen einen anderen vorgefertigten ausgetauscht wird, weil er möglicherweise einen Vorteil verspricht. Wollen wir aber keine halbbewussten Gedankenkonsumenten bleiben, dann müssen wir dem einen neuen Umgang gegenüberstellen, das heißt, wo nötig, das Nicht-Gelernte nachholen – sofern wir das für erstrebenswert halten. Denn dieser Wunsch ist keineswegs selbstverständlich. Gerade bei Menschen, die sich mehr von ihrer Herzenssehnsucht gezogen fühlen, dürfte oft ein anderes Hindernis schwerer wiegen: Ein unterschwellig negatives Image des Denkens beziehungsweise des Verstandes.

Zwar wird Denken auch heute, wie in Philosophie und Wissenschaft, hoch gehalten. Doch schon allein deren Absolutheitsanspruch macht es für viele Suchende eher suspekt, und aus schlechter Erfahrung mit Besserwissern widersetzen sie sich einem überhöhten Status des Denkens, das ihre noch vagen Fragen oder Empfindungen wegargumentieren will. Sie misstrauen der Verstandesherrschaft und tendieren folglich dazu, nun das Denken pauschal abzuwerten: Das oben angedeutete Zitat vom guten Diener, aber schlechten Herrn weist den Verstand in Schranken, als „Verstandesmensch" zu gelten, ist heute kein allgemein anerkanntes Wertprädikat, und eine „Kopfgeburt" ist ebenfalls kein Kompliment. Auch andere Tendenzen sprechen dafür, dass das Denken immer häufiger in Frage gestellt wird, zum Beispiel das wachsende Bedürfnis nach „gedankenfreien Zonen" wie in der Meditation, oder die Wiederbelebung von Gefühlskultur und Sinnlichkeit.

Dass Denken-Können eher selten zu den erstrebten Fähigkeiten gehört, habe ich in meiner Tätigkeit als Ausbilderin etwas befremdet registrieren müssen: Ich bitte die Therapeuten, die sich zu einer Ausbildung bei mir entschließen, vorab einen Fragebogen auszufüllen. Dieser enthielt anfangs eine Skala, auf der die Interessenten verschiedene Voraussetzungen für die therapeutische Arbeit mit dem Muskeltest in ihrer Wertigkeit einschätzen und in eine Rangfolge bringen sollten, wie Kenntnis der untersuchten Materie, Intuition, logisches Denken, Einfühlungsvermögen, Selbstsicherheit und Ähnliches. Damit wollte ich einen Eindruck gewinnen, bei welcher Voraussetzung ich die Interessenten „abholen" konnte. Bei den Antworten kursierten Intuition und Empathie überwiegend an erster Stelle, aber zu meinem Erschrecken landete das logische Denken fast immer auf einem der letzten Plätze, während ich selbst ihm für die Arbeit mit dem Muskeltest den ersten Rang einräume!
Sobald ich dieselben Therapeuten dann im Unterricht kennenlernte, wirkten sie auf mich klug und logisch in ihren Denkprozessen, und wann immer ich sie auf diese Diskrepanz ansprach, stellte sich heraus, dass sie ein bestimmtes Image des „Verkopften" damit ablehnten. Mit niemandem von ihnen hatte ich ein Problem, ihr (logisches) Denken für den Unterricht in Anspruch zu nehmen...

Doch was steckt hinter dieser Abwertung des Denkens? Wie ist es dazu gekommen, die Fähigkeit des Denkens, die über Jahrtausende hoch geschätzt wurde, neuerdings mit kalter Theorie, Gefühllosigkeit, fehlender Lebendigkeit, Mangel an Empathie oder gar an Menschlichkeit gleichzusetzen? Ein Blick in die Vergangenheit, die unser Verhältnis zum Denken ambivalent gemacht hat, könnte helfen, die Entwicklung dorthin zu verstehen und aus alten Fehlern zu lernen.

Während kluge Denker zu allen Zeiten der Menschheitsgeschichte verehrt wurden, entglitt die Betonung des Denkens in den letzten beiden Jahrhunderten in ein Extrem: Seit dem Zeitalter der Aufklärung wollte ein radikaler Rationalismus einen Gegenpol setzen zu Auswüchsen mittelalterlicher Geschichte, die gekennzeichnet waren durch Aberglauben und angstbesetzte Weltbilder. „Vernunft" bekam höchste Priorität, bis hin zur Geringschätzung und dem Leugnen von allem, was nicht durch physikalische Messgrößen, Doppelblindversuche, Beweisführung und logische Denkschritte erfasst werden kann. Dieser Absolutheitsanspruch klingt in unserer heutigen westlichen Gesellschaft noch fort, besonders in manchen wissenschaftlichen Maßstäben – siehe oben – und droht zum Verhängnis zu werden:

Der „böse" Verstand und die „guten" Gefühle

Da besonders Gefühle nicht zu den messbaren Größen gehören, sondern unberechenbar und irrational sind und oft genug auch den Menschen das Leben schwer machen, fielen sie der Versachlichung des Rationalismus weitgehend zum Opfer. Mit Worten und Argumenten wurden und werden nicht selten Gefühle „verboten", lächerlich gemacht oder diffamiert. Gleich mit über Bord geworfen wurden empfindende Qualitäten wie die Intuition oder rational schwer fassbare Bedürfnisse wie Sinnsuche, Mystik, Spiritualität.

Wir *sind* aber fühlende Wesen, Fühlen ist wesentlich und notwendig für unser Leben. Wo Denken diesen Teil des Seins ignoriert oder degradiert, wird er sich mit Recht zur Wehr setzen. Das geschah besonders in den letzten Jahrzehnten des 20. Jahrhunderts, manchmal in einer heftigen Gegenreaktion: Wie der Rationalismus die fühlende Seite des Menschen ausgegrenzt hatte, so wird seitdem das Recht auf Gefühle eingefordert und gelebt, im Gegenzug wird am Verstandesdenken kein gutes Haar mehr gelassen. Weil jetzt das Denken als Feind des Fühlens betrachtet wird (und nicht als sein notwendiger Partner), halten manche Menschen eine Beschäftigung mit dem Denken für kontraproduktiv und machen sich gar daran, endlich „die Herrschaft des Kopfes" zu stürzen.

Offenbar fallen wir immer wieder wenn nicht auf der einen, dann auf der anderen Seite vom Pferd... Doch würden wir uns schon durch irgendein Sowohl-als-Auch einigermaßen im Sattel halten und (um bei diesem Bild zu bleiben) damit unser Ross in eine gewünschte Richtung lenken können? Wer oder was entscheidet dann, wann Hü oder Hott, wann Gefühl und wann Verstand angesagt ist? Wer oder was gleicht die Wertigkeiten ab, und nach welchen Kriterien?

Die einzige Instanz, die diese Aufgabe übernehmen kann, ist der bewusste Geist mit seiner Fähigkeit des Geist-Denkens. Nur sein etwas distanzierter Blick kann abwägen und wählen, seien es Wertigkeiten von Gefühl und Vernunft, seien es Gedankeninhalte und Denkweisen. Und denjenigen, die sich stark machen wollen für unsere fühlende Seite, sei zugesichert: Gerade sie wird am Ende einen wichtigen Beitrag leisten zur Prüfung unserer Gedanken, bis in der Tiefe unseres Seins Denken und Fühlen eins werden. Den Weg dorthin aber leitet das Geist-Denken, nur mit seiner Hilfe lassen sich unsere (physiologischen) Denkabläufe kultivieren.

Um diese Aufgabe gut zu machen, braucht unser Geist-Denken zunächst einmal zwei Voraussetzungen:

❖ Freiräume – innerlich und äußerlich;
❖ Bereitschaft, zu lernen und zu üben.

Der innere Freiraum fragt, wie weit wir den Mut haben, notfalls „gegen den Mainstream zu schwimmen". Wer sich da unsicher ist, könnte im Kapitel „Sich aufmachen – Bereitschaft zur Selbstveränderung" Anregungen finden, neue Schritte angemessen zu dosieren – ebenso für den zweiten Punkt, das eigene Maß fürs Üben festzulegen.

„Äußerer Freiraum" dagegen bedeutet nichts Anderes, als sich Zeit zum Denken zu nehmen (die dritte der oben erwähnten Hürden, die einer Denk-Kultur im Wege stehen). Das tut unser alltägliches Denken nämlich nicht – eher sind wir stolz darauf, Schnelldenker zu sein. Schnelldenker surfen elegant auf Oberflächengedanken; das bringt sie flott voran und lässt sie vieles schaffen, aber nicht bis in die Tiefe durchdringen. Wo wir jedoch Gedanken, Dinge oder uns selbst er*gründ*en wollen, müssen wir – zumindest zeitweise – vom Schnelldenker zum Tiefdenker werden. Tiefdenker sind keine Surfer, sondern Taucher, und Tauchen ist bekanntlich ein langsamer Vorgang[*]. Ausschließlich surfend, werden wir weder zu selbs*t-d*urchdachten, be*gründet*en Meinungen kommen, noch uns aus destruktiven Gefühlen lösen können, die durch unreflektierte Denkweisen genährt werden (was uns unter anderem im nächsten Kapitel beschäftigen wird). Vielerlei Denkautomatismen stehen einem authentischen Leben im Weg, und nur unser „tauchendes" Geist-Denken kann ihnen *auf den Grund gehen*, sie an die Oberfläche des Bewusstseins tragen, sie durchleuchten und gegebenenfalls neu ausrichten. Dafür braucht es – Zeit.

Platz für kluges Denken!

Ausgerechnet Zeit – woher sollen wir sie nehmen? Unsere Zeitreserven sind erschöpft, unser zerebrales Verarbeitungssystem überlastet. Innehalten ist uns fremd geworden: Was Arbeit, Familie und Hobby vielleicht noch offen lassen, pflastern wir zu mit Events, Sport, Internet, TV, Radio, Bücher und Zeitschriften – millionenfach täglich, wöchentlich oder spätestens monatlich neu... Die Festplatte unseres Gehirncomputers wird kontinuierlich „zugemüllt"; selbst während wir uns bei der

---

[*] Wie wichtig Zeit beziehungsweise Verlangsamung ist, um „tiefer" zu denken, betont auch der Psychologe Daniel Kahnemann in seinem Buch „Schnelles Denken, langsames Denken"; dort werden Sie sicherlich wertvolle Anregungen über mein Buch hinaus finden

Fernsehshow oder beim Computerspiel entspannen wollen, wird unser Gehirn mit weiteren Reizeindrücken aufgeladen. Wann aber nehmen wir uns Zeit für eine „Datenbereinigung"? Unsere Coffee-to-go-Lebensart nimmt dann auch das Denken nur noch als schnelles Konsumgut mit auf den Weg, während unser Lebenszug auf Gleisen dahin rast, die Andere gelegt haben...

Manche verspüren immerhin noch das Bedürfnis, zum Beispiel durch Sport einfach mal den Kopf frei zu kriegen; oder es zieht sie in eine Gedankenleere des „Nichts" in der Meditation.
Solche gedankenfreien (oder realistischer: gedanken*armen*) Tätigkeiten sind ein erholsamer Gegenpart zum Tagesstress und gehören zur gesunden Balance jedes Lebens. Joggen, ein Waldspaziergang oder Spielen mit den Kindern, Tanzen, Gartenarbeit, Singen im Chor oder auch schweigende Versenkung „lüften" unser Gehirn. Doch mit dem zeitweiligen Abschalten unseres überhitzten Denkcomputers stellt sich längst nicht von allein ein bewusster Umgang mit dem Denken und unserem Leben an sich ein. Das wird erst in regelmäßigen Zeiten der Selbstbesinnung möglich – also nicht durch „gedankenfreie Zonen", sondern durch Zeiten der (Selbst-)Reflexion und „Inspektion". Das heißt: **Für ein *selbstbewusstes* Leben brauchen wir nicht nur Pausen *vom* Denken, sondern ebenso Pausen *zum* Denken.**

Solche Besinnungspausen entstehen selten von allein, also müssen wir sie bewusst einplanen: Wie jede hochwertige Arbeit, so kostet auch die Kultivierung des Denkens wie überhaupt die Pflege unserer vier Grundfähigkeiten etwas Hinwendung und Einsatz. Qualität hat ihren Preis – Selbst-Entwicklung wird in Zeitwährung bezahlt.

Und solche Zeiten zu finden, ist keineswegs so schwer, wie es mit Blick auf den übervollen Alltag scheinen mag. Mit etwas Geschick eingerichtet, werden sie unseren Aufgaben nichts streitig machen – im Gegenteil, selbst sie dürften davon profitieren, indem wir durch wiederholte Selbstbesinnung mehr „bei uns sind" und damit konzentrierter und entspannter an unsere Aufgaben herangehen. Vermutlich sind wir dann sogar schneller fertig...

Darauf wollen wir in einem Exkurs konkreter eingehen. Was wir jetzt etwas ausführlicher entwickeln, haben wir dann im Rahmen der anderen Grundfähigkeiten schon griffbereit, wo wir nur noch kurz daran zu erinnern und hier und da ein bisschen anzupassen brauchen.

Schieben wir also die Denk-Kultur, das Thema dieses Kapitels, vorübergehend beiseite und überlegen, wie wir geschickt Zeiten zur Selbstreflexion gewinnen.

„Zeitschöpfung"

Ich möchte Ihnen eine Art Grundrezept vorstellen, das je nach Geschmack übernommen und unkompliziert individuell variiert werden kann. Seine einzig unverzichtbare Grundzutat ist, das Alltägliche immer wieder zu unterbrechen, und zwar indem wir möglichst häufig kurze Reflexionspausen einhalten und etwas längere in größeren Abständen.

Auch das ist nichts Neues, haben uns doch Natur und Kultur gewisse Zyklen schon vorgegeben, die Unterbrechungen und Besinnungen nahelegen. Nun können wir uns wieder bewusst erinnern, diese Rhythmen zu nutzen – eben auch und besonders für unsere Zeiten der Selbstbesinnung: Tage, Wochen, Monate und Jahre sind vertraute Abschnitte mit jeweils unterschiedlichem Blickwinkel auf den normalen Alltag ebenso wie auf unsere Selbstentwicklung. Indem wir diesen Rhythmen folgen, wird es einfach, sogar in einem vollen Tageslauf Besinnungszeiten einzuplanen – und einzuhalten.

Beginnen wir mit dem, was uns ohnehin als Anlass zur Besinnung vertraut ist – dem Jahresrückblick. Der ist allerorten üblich, in Dutzenden von Fernsehshows und Tageszeitungen werden noch einmal die Ereignisse des Jahres präsentiert, und die meisten Menschen pflegen in ähnlicher Weise ihre ganz persönliche Rückschau. Während hierbei der Blick meist bei der Sammlung von Fakten hängen bleibt, könnte Selbstbesinnung weiter und tiefer gehen; sie sollte der Standortbestimmung dienen, Entwicklungen auswerten, Perspektiven entwerfen: Was ist mir im vergangenen Jahr gelungen, wofür bin ich dankbar? Was musste ich aufgeben, verabschieden? Was ist mir schwer gefallen? Was habe ich im letzten Jahr vermisst? Wenn es einschneidende Ereignisse gab: Wie geht es mir damit und was bedeuten sie für meinen Lebensweg? Was habe ich dazugelernt? Was möchte ich beibehalten, was möchte ich verändern, und wie könnte es weitergehen?

Wie viel Zeit wir dieser Besinnung zum Jahreswechsel (oder an Geburtstagen, oder im jährlichen Urlaub) widmen, mag sehr unterschiedlich sein. Aber ein ganzer Tag sollte es schon mal sein, möglichst mehr – vielleicht verbunden mit einem Rückzug aus dem Alltag beim Wandern in den Bergen, bei Einkehrtagen im Kloster, beim Besuch eines Freundes (oder, wie vielerorts üblich, an den freien Tagen „zwischen den Jahren" zuhause auf dem Sofa).

Jahresbesinnungen sind schon mal ein Anfang, und ein Jahr ist eine gute Spanne für eine generelle Standortbestimmung und Entwicklung von längerfristigen Perspektiven. Um größere Richtungen zu bedenken, ist die Jahresbilanz gut geeignet; um alltäglich „am Ball zu bleiben", reicht sie natürlich nicht aus. Viele Lebensbereiche, wie vor allem Beziehungen zu unseren Mitmenschen oder auch unsere eigenen Verhaltensweisen, brauchen häufiger einen ordnenden Blick, und da bietet sich der Zeitraum eines Monats oder einer Woche an. Ein Monat ist ein guter Bogen, um abzugleichen, ob wir weiterhin in der Spur unterwegs sind, die wir in unserer Jahresbetrachtung gelegt haben. Darüber hinaus bieten sich monatliche Auszeiten an, vielleicht ein halber oder ganzer Tag, uns selbst besser kennenzulernen. Wir könnten mal Zeit mit uns selbst oder einem guten Freund in anderer Weise verbringen, als wir es sonst gewohnt sind, können uns vielleicht in einem ungewohnten Umfeld wahrnehmen, bewusst Neues ausprobieren: Nicht um Events zu konsumieren oder gar „die Zeit totzuschlagen", sondern um zu erleben, wie die einen oder die anderen Eindrücke auf uns wirken, was uns entspricht oder was keine Resonanz in uns findet.

Ursprünglich war es der Sonntag (beziehungsweise der Sabbat), der den Menschen der jüdisch-christlichen Kultur eine Unterbrechung vom Alltag schenkte. Dieser Tag diente dem bewussten Gedenken, der Besinnung.

Wenn wir daran wieder anknüpfen, rücken unsere Besinnungspunkte noch näher zueinander, erlauben den Blick auf die planbare Etappe einer Arbeitswoche. Leider haben wir heutzutage weitgehend verlernt, am freie Wochenende wieder zu uns zu kommen – lieber zerstreuen wir uns, als dass wir auf die Idee kämen, uns zu sammeln. Aber könnte nicht wenigstens eine bewusste Stunde der Sammlung und Besinnung an jedem Wochenende Platz finden? Das kann mit einem Spaziergang verbunden sein, oder in ein Gespräch mit Weggefährten eingebettet. Und wem das Schreiben liegt, der hat mit einem Tagebuch ein geradezu ideales Reflexionsinstrument in der Hand: Was bewegt mich zur Zeit? Womit bin ich zufrieden? Gibt es etwas, das mir zu schaffen macht, oder etwas, das ich klären sollte? Schreiben führt uns in der Regel tiefer, als es alleiniges Nachdenken vermag; indem es durch die manuelle Umsetzung der Gedanken deren Ablauf verlangsamt und zugleich durch die motorische Komponente mehr Hirnareale aktiviert, öffnet sich der Kopf für neue „Einfälle". Und ganz nebenbei können wir in solchen Dokumenten rückblickend verfolgen, welche Schritte wir geschafft haben oder was noch Zuwendung braucht – allesamt gute Bausteine für unseren Prozess.

Wöchentliche Besinnungszeiten sind besonders geeignet, um Dinge zu reflektieren, die wir im Alltag unnötig mitschleppen, das heißt, sie sind ideal, um Ordnung zu schaffen. Sie passen auf, dass Unerledigtes sich nicht so lange hinzieht, bis wichtige Termine versäumt sind oder der Staudamm durch die Flut von Anforderungen bricht: Was habe ich letzte Woche vergessen (den Anruf beim Steuerberater?), was lastet noch auf mir (der Streit mit Frank?), was müsste geklärt oder angegangen werden? Wie könnte ich das in den nächsten Tagen konkret tun?

Manches sollte wiederum nicht eine ganze Woche aufgeschoben werden, sondern braucht eine _tägliche_ Entscheidung (bei mir könnte das ein unangenehmer Anruf sein, den ich vor mir herschiebe...). Dringendes und Drängendes zu durchdenken und dann möglichst „abhaken" zu können, macht uns wieder ein Stück freier für Wesentliches – nämlich für die Pflege unseres Innenlebens und den Weg zu uns selbst. Wie wäre es zum Beispiel mit zehn Minuten vor dem Schlafengehen, um sich bewusst zu machen, was gut war, was offen geblieben ist, was Sie bei nächster Gelegenheit gern anders machen würden? Und selbst wenn Sie an manchen Abenden nur drei bis fünf Minuten den Tag bedenken, werden Sie bald merken, wie diese Besinnungen wohltuend in Ihren praktischen Alltag hineinwirken.

Sich zu Beginn oder Abschluss jeden Tages eine Besinnungspause zu gönnen, ist schon ein großer Schritt zu mehr Selbstbewusstheit. Damit sie aber von der Ausnahme zur Gewohnheit wird, sollten unsere Momente der Besinnung noch näher zueinander rücken: Erst in möglichst häufigen oder zumindest mehreren kurzen Unterbrechungen des üblichen Tagesgeschehens werden wir mit uns selbst in Kontakt *bleiben*. In diesem Innehalten können wir kurz durchatmen und wahrnehmen: Wie geht es mir gerade? Womit fühle ich mich richtig, was stimmt für mich, und wo reibt es? Entweder kann ich dann schon sofort etwas wieder neu ausrichten (zum Beispiel meine Haltung entkrampfen), oder ich kann Eindrücke sammeln, um sie in meinen längeren Besinnungszeiten auszuwerten.

Selbst solche wiederholten Augenblicke der Selbstbesinnung gelingen ohne nennenswerten Aufwand. Sie könnten beispielsweise beim Übergang von einer Tätigkeit zu einer anderen einen Moment verweilen oder wiederkehrende Handlungen zum Innehalten nutzen: Nehmen Sie jedesmal, wenn Sie Kaffee kochen, zur Toilette gehen, die Schuhe anziehen oder in den Spiegel schauen, kurz Kontakt mit sich selbst auf!

Wem ein solches Konzept vieler Besinnungspausen zu verwirrend scheint, mag vielleicht stattdessen regelmäßig zweimal täglich zwei Minuten fest einplanen, um aus dem gewohnten Ablauf herauszutreten. Der Zeitaufwand kommt auf dasselbe raus: Vier Minuten Selbstwahrnehmung in zwei Portionen, oder zwanzig Mal am Tag eine Selbstbesinnung von zehn bis fünfzehn Sekunden zwischen verschiedenen Arbeitsgängen (also insgesamt auch um die vier Minuten): Gibt es da wirklich Gründe, sich das nicht leisten zu können?

Solche Unterbrechungen beginnen unser Lebenstempo zu drosseln und schaffen Raum für Wahrnehmungen aus Außen- und Innenwelt, die nur in Langsamkeit möglich sind: Die Frische der Morgenluft aufsaugen, einem Akkord nachlauschen, sich ein Bonbon oder ein Bonmot auf der Zunge zergehen lassen – das geht ebenso wenig im Zeitraffer wie die Selbst-Wahrnehmung unseres Denkens und Fühlens. So werden wir nur in genereller Verlangsamung oder solchen immer wieder unterbrechenden Momenten den Zugang zu uns selbst öffnen, werden neue Wahrnehmungen in uns entdecken – und zunehmend bewusster durch unser Leben gehen.

Bringen wir abschließend unser Grundrezept zur Selbstbesinnung noch einmal auf den Punkt. Sie braucht

- ❖ mehrmals täglich – möglichst häufig – kurzes Innehalten
- ❖ regelmäßige Tagesreflexion
- ❖ Wochen- oder Monatsbetrachtung
- ❖ eine Jahresbilanz – eventuell verbunden mit einer etwas längeren Besinnungsauszeit

Wie ein solches Besinnungsmanagement selbst in einem voll verplanten Alltag praktisch aussehen könnte, haben mir einige meiner Klienten gezeigt, die sich zu dieser Grundvorgabe etwas haben einfallen lassen:

Andreas, der als Geschäftsführer eines Großunternehmens „nie" Zeit hatte, stellte sich den Wecker seines Mobiltelefons auf zwei zweiminütige Erinnerungszeiten ein. Zunächst folgte er dem diskreten Vibrationsalarm nur dann, wenn er allein in seinem Büro war. Dann stand er vom Schreibtisch auf, trat ans Fenster, ließ den Blick in die Weite streifen, atmete bewusst ein paarmal durch und besann sich dessen, was er an diesem Tag bislang getan hatte, nahm sein seelisches und sein körperliches Befinden sowie die Gedanken wahr, die ihn beschäftigten. Er kam für einen Moment „zu sich", er fühlte sich danach ruhiger, erfrischt und konzentrierter. Dies genoss er im Laufe der Zeit so, dass ihm diese Auszeit fehlte, wenn sie durch Besucher oder Konferenzen verhindert war. Ja, es fehlte ihm irgendwann so sehr, dass er bei „Besinnungsalarm" oft einen Vorwand suchte, den Raum kurz zu verlassen – und seine Präsenz, seine Aufmerksamkeit, seine Gesprächsführung profitierten dermaßen davon, dass aus den „zweimal täglich zwei Minuten" größere

Selbstbesinnungspausen entstanden, aus denen nach und nach etliche kreative Prozesse entsprangen.
Die tägliche Rückbesinnung legte Andreas in die Zeit kurz vorm Schlafengehen. Dann überlegte er gemeinsam mit seiner Frau oder für sich allein, was an dem Tag gelungen oder missglückt war, was er gern anders gemacht hätte und wie er diese Erkenntnis bei nächster Gelegenheit umsetzen konnte.
Eine wöchentliche Freizeit hatte er ohnehin eingeplant, um Senioren-Fußball zu spielen. Es war für ihn einfach, auf eines der gemeinsamen Biere nach dem Training zu verzichten, etwas früher nachhause zu gehen und sich nochmal ein bisschen Zeit mit sich allein zu gönnen.
Die „große" jährliche Auszeit verband er mit seinem Jahresurlaub, wo er sich dann ein paar Tage vor dem Familienurlaub zu einem Schweigeseminar im Kloster einmietete – nicht nur er, sondern auch seine Familie profitierte im nachfolgenden Urlaub davon, dass Andreas schon bei Urlaubsantritt „umgeschaltet" hatte!

Petra, eine berufstätige Ärztin und Mutter von zwei Kleinkindern (also doppelter Fulltimejob), entschied sich nicht für fixe Uhrzeiten, sondern für die Anbindung an wiederkehrende Abläufe: Nach jeder längeren Patientenbegegnung im Sprechzimmer legt sie eine Besinnungspause von 10-20 Sekunden ein – und obwohl sie sich nach wie vor ganz auf ihr Gegenüber einließ, wurde sie am Ende auch nicht später mit der Sprechstunde fertig, als wenn sie durch die Praxis hetzte. Die letzten zehn Minuten ihrer Praxiszeit nutzte sie zum Sammeln, Sichten und Reflektieren des Arbeitstages und ging so weitgehend ohne Nachlast nachhause. Auf dem Heimweg setzte sie sich zwei- bis dreimal in der Woche kurz auf einen Espresso in ein Café, um erst einmal „bei sich anzukommen", sich selbst nachzuspüren und bewusst umzuschalten, bevor sie von Ehemann und Kindern empfangen wurde. Die scheinbar fehlenden Minuten zahlten sich schnell aus, indem sie sich danach viel freier auf ihre Familie einstellen konnte und viel öfter mit sich selbst im Einklang war.
Entgegen Petras ersten Befürchtungen, ließen sich sogar längere Auszeiten problemlos einrichten: Einmal im Monat genoss ihr Mann einen Tag Vaterzeit mit den Kindern, während sie mit einer Freundin ausgie-

big über „Gott und die Welt" reden konnte oder sich mit ihrem Tage-
buch zurückzog.

Andere Menschen haben gute Erfahrungen gemacht, in Frühstücks- oder
Zigarettenpausen bewusst kurz innezuhalten und sich zu sammeln.
Wieder andere nahmen eine bestimmte Tätigkeit zum Anlass, sich in
ihrem Sein, in ihrer Stimmung, in ihren Gedanken wahrzunehmen: Beim
Kochen, beim Zähneputzen, oder jedesmal beim Öffnen der Wohnungs-
tür. Entscheidend ist nur, eine solche Situation bewusst mit dem Moment der Selbstbesinnung zu koppeln – das will ein wenig eingeübt
sein, bald aber werden wir diese Rituale nicht mehr missen wollen.

Darüber hinaus können wir jede Lücke, die sich im Alltag auftut, spontan zur Selbstwahrnehmung nutzen: Den Verkehrsstau, das Warten an
der Supermarktkasse, die Verspätung eines Zuges oder einer Verabredung, den Nachhauseweg. Wir werden viele freie Zeitfetzen finden,
wenn wir danach Ausschau halten.

Sie sehen, Möglichkeiten zur Selbstbesinnung gibt es reichlich. Es ist
tatsächlich nicht die objektiv knappe Zeit, die uns hindern könnte; die
ganz praktische Berechnung lässt keine Ausreden zu. Eher ist es die
Frage nach der Motivation. Und um herauszufinden, wie ernst es Ihnen
wirklich ist mit dem Aufbruch in ein authentisches Leben, könnten Sie
diesen Weg mal ein Stück probehalber gehen (womit ich auf den Aspekt
„Bereitschaft zur Selbstveränderung vorgreife): Planen Sie zunächst,
wie Sie Besinnungspausen in Ihren persönlichen Alltag integrieren können – lieber zu Beginn etwas weniger, dafür aber verbindlich. Geben
Sie sich dann eine Probezeit von etwa sechs Wochen, in der Sie konsequent diese Zeiten einhalten. (Was es dann in diesen Zeiten konkret
wahrzunehmen oder zu bedenken gibt, wird sich im weiteren Verlauf
dieses Kapitels und in den folgenden Kapiteln ergeben.) Am Ende dieses
Probelaufs bedenken Sie, wie es Ihnen damit ergangen ist: Was hat sich
bewährt und wodurch? Was ließ sich nicht einhalten oder lag Ihnen
nicht? Was möchten Sie beibehalten, vielleicht sogar ausbauen?
Dazu noch ein erleichternder Tipp: Planen Sie erfolgversprechend. Erfolg bestärkt Motivation, und er liegt am nächsten, wenn etwas entwe-

der einfach ist oder in besonders wichtigen Momenten gelingt – wir werden auf dieses Prinzip noch öfter zurückkommen. Einfach ist es, ohnehin vorhandene Strukturen zu nutzen (Wege zur Arbeit, Zähneputzen, vorm Schlafengehen zwei Seiten Nachtlektüre durch Besinnung ersetzen). Besonders wichtig dagegen ist es in unseren Problemzonen: Ein einzelner Ehestreit könnte schon erheblich von einer Selbstbesinnung profitieren und damit Mut machen, es öfter zu versuchen. Entscheiden Sie, worauf Sie sich konzentrieren wollen!

Denk-Zeit

Damit zurück von unserem Exkurs in Sachen „Zeitschöpfung" – wenden wir uns wieder unserem Ausgangsthema Denk-Kultur zu. Was gibt es hierfür nun in unseren frisch gewonnenen Besinnungszeiten zu tun? Wo und wie sollten wir in unseren Gedanken aufräumen oder Klarheit schaffen, um wirklich zu uns zu finden? Welche Denk-Probleme warten hier auf gute Lösungen?

Es sind vor allem zwei Arten von Denkfallen, die ein Zu-uns-Kommen blockieren:

✤ Gedanken, die uns erkennbar und spürbar bedrängen
  (Gedankenkreise)
✤ Gedanken, die eher unauffällig, aber entscheidend über unser
  Leben bestimmen (Überzeugungen)

Die Wildpferde zügeln – Gedankenkreise klären

Gedanken, die uns spürbar zu schaffen machen, zeigen sich überwiegend als gleichermaßen aufdringliches wie unergiebiges Gedankenkreisen. Entweder beißen sie sich an einem Thema fest, oder sie springen in wilden Assoziationen von einem zum anderen. Sie drehen sich um Tausenderlei, belagern uns unaufhörlich und rauben Kraft; sie lassen uns nicht zur Ruhe und schon gar nicht zu uns selbst kommen.
Was da passiert, möchte ich in einem vergleichenden Bild ausdrücken: Abgesehen von einigen oberflächlichen „Ohrwürmern", die sich schon

mal in unseren Köpfen festfressen, haben all die kreisenden Gedanken letztendlich ein mehr oder weniger berechtigtes Anliegen. Im Bemühen des Gehirns, nichts Wichtiges aus dem Blick zu verlieren, sind stetig kreisende Gedanken ähnlich wie geöffnete Dateien beim Computer: Ständig präsent, aber zugleich Konzentrationsräuber. Denn so wenig wie der Computer, kann unser Computer-_Denken_ aus sich selbst heraus die Wertigkeit von Themen abschätzen oder eigenmächtig offene Dateien schließen.

Die Tatsache, dass kreisende Gedanken eigentlich etwas Wichtiges wollen, erklärt dann auch, weshalb so etliche originelle Empfehlungen gegen lästige Gedanken nicht nachhaltig greifen: Da werden Gedanken bildlich in Päckchen gepackt und auf Reisen geschickt, oder wie Wolken am Himmel sollen sie fortziehen; sie werden mit einem Weitwinkelobjektiv in unerkennbare Ferne gezoomt; ihnen wird ein Stoppschild entgegengehalten, oder sie werden gegen positive Affirmationen ausgetauscht... Wenn es mit diesen Tricks klappt – wunderbar. Doch meist fängt sehr schnell dieselbe Denkerei von vorn an. Und das aus gutem Grund, denn das, worum die Gedanken kreisen, erledigt sich nun mal nicht durch Wegschieben. Sie haben ein Anliegen, und dem werden wir nicht gerecht, wenn wir sie nur loszuwerden versuchen. Umgekehrt werden wir uns selbst nicht gerecht, wo wir uns in ihr Dauerkreisen einspannen lassen. Letztendlich können wir unserer Gedanken nur Herr werden, indem wir sie genauer kennenlernen und herausfinden, auf welchen Umgang sie positiv reagieren.

Und eine besonders praxisnahe Vorlage für einen erfolgreichen Umgang mit gedanklichen Quälgeistern bekommt unser denkender Geist aus Erfahrungen mit – menschlichen Quälgeistern:

Zwei Männer an der Theke. Sagt der eine: „Meine Frau geht mir sowas von auf die Nerven. Mindestens zweimal am Tag fordert sie Haushaltsgeld!" Meint der andere: „Das finde ich aber echt unverschämt, was bildet die sich denn ein, du bist doch kein Goldesel! Wie viel gibst du ihr denn?" – „Nichts natürlich, ich sag ihr jedesmal, sie soll mich gefälligst in Ruhe lassen!"

Was diese Ehefrau beruhigt hätte, beruhigt ebenso quengelnde Kinder, und gleichermaßen auch lästige Gedanken: Sie wollen gehört werden, sie wollen, dass wir auf sie eingehen. Wie berechtigt ihr Anliegen dann ist, werden wir zu gegebener Zeit herausfinden müssen. Und „zu gegebener Zeit" heißt nicht, mir am Gemüsestand auf dem Markt den Kopf zu zerbrechen, wie es beruflich nächstes Jahr weitergeht, oder beim Doppelkopf mit Freunden ständig darum zu kreisen, ob diese Woche wohl der Brief vom Rechtsanwalt kommt.

Demnach ist es weniger die Frage, _ob_ bedrängende Gedanken angebracht sind, sondern _wann_ sie unsere Aufmerksamkeit bekommen sollten – und in welcher Weise. In der Frage nach dem „Wann" liegt dann gleich schon die Antwort, wie wir klug mit unergiebigen Gedankenkreisen umgehen können: Nicht durch generellen Platzverweis, sondern indem wir den **Grundgedanken ernst nehmen und auf einen angemessenen Zeitpunkt vertagen.**

Dabei kommt uns ganz die Erfahrung mit quengelnden Kindern zugute: Das Erste, was es (beim Kind wie in der Gedankenpflege) immer unmittelbar zu klären gilt, ist die Dringlichkeit. „Mama, ich muss mal!" – muss sofort, „Mama, ich möchte ein Eis!" – kann warten. Aber wie reagiert das Kind, wenn ich ihm darauf nur antworte: „Lass mich doch in Ruhe!" Damit hat sich beides nicht erledigt. Manchmal reicht ein „Heute nicht!" (analog einem „Gedankenstopp" oder Wolkenbildern, wem es so liegt). Manchmal gelingt es auch, Ersatz anzubieten – bei Kindern Apfel statt Eis, bei Gedanken Affirmationen oder Urlaubsplanung statt Arbeitsstress. Beides klappt erfahrungsgemäß eher selten...

Leichter kehrt Entspannung ein, indem wir das Anliegen ernsthaft aufgreifen und es gegebenenfalls konkret vertagen. Das machen wir mit einem Geschäftspartner so, auf den wir jetzt gerade nicht eingehen können, das klappt bei Kindern meistens, und ebenso bei Gedanken. Wenn ich dem Kind zusichere, dass es das Eis nach dem Besuch bei Tante Charlotte bekommt, wird es meist Ruhe geben. Vorausgesetzt, es erlebt mich dann als verlässlich in meinem Versprechen – ansonsten beginnt das Quengeln und Drängeln heftiger als zuvor.

Gedanken reagieren da sehr ähnlich. Manchmal – und das ist die Ausnahme – bedrängen sie uns hier und jetzt aus gutem Grund: Wenn mir nicht aus dem Kopf geht, ob ich die Herdplatte ausgeschaltet habe, dann sollte ich schnell noch einmal nachschauen, bevor ich drei Wochen verreise...

Der erste Schritt im Umgang mit kreisenden Gedanken ist also die Prüfung: Ist es jetzt an dieser Stelle nötig oder nützlich, dem Gedanken zu folgen? Wenn das der Fall ist, beende ich das Kreisen, indem ich das tue, woran er mich erinnern will. Doch die meisten Gedanken, die mich in ihr Dauerkreisen ziehen, sind kein unmittelbarer Warnruf. Sie sorgen sich um „hätte, wäre, könnte, sollte", sie beißen sich an Dingen fest, auf die ich *in diesem Moment* keinen Einfluss habe („Wäre ich nicht glücklicher, wenn ich Dieter geheiratet hätte?" – „Warum hab ich mir bloß ein Auto gekauft, das jetzt durch den Abgasskandal an Wert verliert?").

Solche Gedankenkreise sind im Augenblick nicht nur lästig, sondern völlig ineffektiv, es ist sinnlos, weiter in ihrem Karussell mitzulaufen. Hier entlasten wir uns durch „Vertagen". Das bedeutet, die Themen nicht zu beseitigen, zu verdrängen oder zu ignorieren, sondern ihnen ganz bewusst einen Zeitpunkt zuzusichern, an dem wir uns um sie kümmern werden. Dieses „Terminangebot" muss natürlich dem Thema angemessen sein (um nochmal die quengelnden Kinder zu bemühen: Ein Jahr ist bei der Zusage, den Führerschein machen zu dürfen, realistisch, für das Versprechen auf ein Eis ziemlich absurd), und die passende Frist finden wir am besten heraus, indem wir kurz innehalten, uns dem nervenden Gedanken zuwenden und gleichermaßen nach*denken* und nach*spüren* (da greifen wir schon auf das nächste Kapitel vor), was rational vertretbar ist, zugleich aber auch die Gefühle schont. Das könnte vielleicht so aussehen: „Den Anruf bei Firma XY mache ich morgen gleich nach dem Frühstück – jetzt kannst du, lieber Kopf, dazu Pause machen." Oder: „Der Finanzplan für dieses Jahr steht recht gut, es reicht, einmal im Monat die Entwicklung zu überschlagen" (und nicht jeden Tag aufs Neue bange die Zahlen zu wälzen). Oder: „Wenn ich gerade mit Manfred nicht glücklich bin, dann werde ich als Erstes mit meiner Therapeutin darüber sprechen; bis zu dem Termin lasse ich das Thema ruhen." Sie

werden sehen, auf diese Weise lassen Gedanken durchaus mit sich reden... Anfangs mögen sie sich noch etwas sträuben, weil ihnen solch
ein Verhalten fremd ist. Aber mehr und mehr werden Sie erleben, dass
Ihre Gedanken Ihrem Willen gehorchen, sofern Sie sie nicht zu zwingen
versuchen, sondern aufmerksam mit ihnen umgehen – und, wie ver-
sprochen, dann wirklich auf sie eingehen.

Kurz und knapp heißt das: Um Gedanken erfolgreich zu vertagen,
* muss der gewählte Termin _realistisch_ sein in Bezug auf das
  Anliegen (siehe Eis und Führerschein);
* muss die Terminzusage _verbindlich_ eingehalten werden;
* sollte zwischenzeitliches Quengeln _konsequent_ zurückgewie-
  sen werden mit dem Hinweis auf den vereinbarten Zeitpunkt.

Gedanken klären

Zum versprochenen Zeitpunkt werden wir uns also den vertagten Gedanken konkret zuwenden – dem Finanzplan, der Klärung einer Beziehung, der Erledigung einer Aufgabe, einschließlich so manchem „Hätte"
und „Wäre" (falls sie dann noch aktuell sind). Das bedeutet, endlich das
zu tun, was die Gedankenkreise nicht gewagt oder nicht geschafft haben: **Die Themen, die uns immer wieder durch den Kopf gehen, müssen
zu Ende gedacht werden.** Denn erst daraus entstehen Gedankenkreise:
Die Dateien können nicht geschlossen werden, weil sie nicht bis ins
Letzte gesichtet, nicht abschließend bearbeitet sind. Gedankenkreise
drehen sich immer auf derselben relativ oberflächlichen Ebene, eben
weil wir nicht genauer und tiefer hinschauen. Indem wir aber wagen,
das kreisende Problem bis ins Letzte zu sichten, entziehen wir ihnen
den Treibstoff, der sie immer wieder durch unser Gehirn jagt.

Wie aber geht „Zu-Ende-Denken"?

Auch dazu finden Sie vermutlich vielerorts hilfreiche Tipps – ich stelle
Ihnen hier mal meinen bewährten Leitfaden vor:

❖ Habe ich auf das, worum ich kreise, überhaupt einen Einfluss? Ein Weiterdenken ist nur dort sinnvoll, wo ich eine Wahl habe und auf die Zukunft einwirken kann. Wenn heute ein Schnäppchen verkauft ist, bei dem ich gestern zu lange gezögert habe, was nützen da „hätte" und „wäre"?

❖ Lassen die Gedankenkreise trotz einer solchen Erkenntnis nicht locker, muss vielleicht in eine andere Richtung weitergedacht werden: Liegt eine tiefere seelische Not *dahinter*, wenn ich etwas Unabänderliches nicht loslassen kann?

❖ Wo ich einen Einfluss in die Zukunft hinein habe, mache ich mir als nächstes klar, was genau mich drückt. Indem ich es möglichst präzise definiere, schrumpft das Problem oft schon auf eine handliche Größe („Ich muss mal mit dem Chef reden, wie wir die Überstunden reduzieren können.")

❖ Erweist sich das Problem als grundlegender, erinnere ich mich im nächsten Schritt bewusst daran, was mich ursprünglich auf den Weg gebracht hat, den ich jetzt mit Hätte und Wäre in Frage stelle (den Job, die Partnerschaft, die Wohnung…). Das kann die früher vorhandene Motivation wieder wecken, und es hilft zu klären, wofür es sich lohnen könnte, die Situation zu „retten".

❖ Komme ich zu dem Schluss, dass ich grundsätzlich weiterhin zu meiner früheren Entscheidung stehe, dann überlege ich, wie ich konkret meine Unzufriedenheit ausräumen kann (Gespräch mit dem Chef, Eheberatung mit dem Partner, Neugestaltung der Wohnung…)

❖ Komme ich zu dem Schluss, dass ich definitiv nicht mehr zu meiner Wahl stehe, dann verfolge ich ab jetzt praktische Schritte, die mich aus dieser Situation herausführen (Bewerbung an neuen Stellen, mit dem Partner über Scheidung sprechen, Wohnungsanzeigen studieren)

Solch ein „Leitfaden" ist kein Pauschalrezept, und solch ein Vorgehen schafft sicher nicht alle Sorgen aus der Welt. Doch sehen Sie selbst, wie viele Hätte-und-wäre-Themen tatsächlich aus Ihrem Kopf verschwinden, wo Sie sie auf diese Weise durchdenken! Allein durch Zu-Ende-Denken werden Sie schon etliche Schwierigkeiten in den Griff bekommen und

Ihren Kopf entlasten, der sich dann um die wirklich wichtigen Dinge kümmern kann.

Wie um die eine oder andere reale Not, die uns ebenfalls – und hier offenbar berechtigt – in unermüdliches Gedankenkreisen zieht. Wer zum Beispiel mit einer ernsten Krankheit oder dem Verlust des Arbeitsplatzes konfrontiert wird, kann die Sorge um die Zukunft nicht vertagen. Doch lösen sich auch große Probleme nicht durch kreisende Gedanken, sondern ebenfalls nur durch ein Zu-Ende-Denken. Gerade wo es wirklich kritisch wird, vermeiden wir es aber besonders – aus Angst, dem Bedrohlichen ins Auge zu sehen. Nur: Bewältigt werden muss die Situation ohnehin, und loslassen oder wenigstens ihren Griff lockern werden die quälenden Gedanken erst, indem wir uns ihnen tatsächlich zuwenden. Oft wird das einfacher – und aussichtsreicher! – im Gespräch mit Anderen (ein erster Vorgriff auf unsere Grundfähigkeit Nr. 3, die Kommunikation). Gemeinsam lässt es sich dann sogar leichter „bis zum bitteren Ende" denken: Was ist, realistisch gesehen, das schlimmste Ergebnis, vor dem ich mich fürchte? Was bleibt mir noch, wenn es tatsächlich eintreten sollte? Was könnte mir dann helfen, wer könnte mir beistehen? – Sobald wir bereit sind, selbst das Schlimmste nicht auszublenden, erkennen wir in der Regel selbst darin noch Möglichkeiten, wie es weitergehen kann. Das beruhigt die quälenden Gedanken – und es stärkt die Hoffnung, dass vor dem schlimmsten aller Fälle noch andere Chancen offen sind.

Dasselbe Instrument, das uns durch eine Wendeschleife bei wirklich schwerwiegenden Themen führt (das heißt, der Mut zum „Worst-Case"-Szenario), kann uns ebenso aus dem genauen Gegenteil heraushelfen, nämlich aus Gedankenkreisen, die unser Geist längst als unsinnig erkennt, sie dennoch nicht klärend bändigen kann. „Habe ich mich vorhin mit meiner Bemerkung nicht schrecklich blamiert?" „Ich darf auf keinen Fall meinen Chef auf die Überstunden ansprechen, dann riskiere ich meinen Job!" Es ist gut, Gedanken ernst zu nehmen – doch wie ernst sie wirklich sind, erkenne ich manchmal erst in der Überzeichnung. Bleibt die Sorge bestehen, wenn ich sie bewusst bis zum gedanklichen Super-GAU dramatisiere? „Wenn ich meinen Chef auf die Überstunden anspreche, dann wird mir GANZ BESTIMMT gekündigt. Wenn ich diesen Job verliere, dann werde ich NIE WIEDER eine neue Stelle finden. Wenn ich arbeitslos werde, werde ich GARANTIERT auf der Straße landen!" Oder: „Wegen meiner Bemerkung vorhin werde mich ALLE MEINE FREUNDE FÜR ALLE ZEITEN auslachen!" Spätestens jetzt wird sich zeigen, ob wir die kreisenden Befürchtungen praktisch weiter verfolgen müssen, ob wir dahinter verborgene irrationale Ängste klären sollten – oder ob sie sich nun doch ins Lächerliche auflösen und uns in Ruhe lassen...

Probieren Sie es aus: Vertagen Sie kreisende Gedanken, gehen Sie ihnen aber zum versprochenen Zeitpunkt auf den Grund, zum Beispiel in Anlehnung an das vorgeschlagene Schema. Hier entscheidet sich, wie ernst sie genommen werden müssen, und hier können Sie Weichen stellen zu tatkräftigen Veränderungen oder zu inneren Klärungen. Mehr und mehr werden Sie auf diese Weise in eine entspannte und selbstbestimmte Beziehung zu Ihrem Denken hineinwachsen, vielleicht überrascht, wozu solch ein Geist-voller Umgang mit dem Computer-Denken unseres Gehirns in der Lage ist!

Trojaner entlarven – Überzeugungen prüfen

Quengelnde Gedanken zu vertagen und konkrete Situationen zu durchdenken, gehört noch weitgehend zu den „Aufräumarbeiten", die Ordnung schaffen und den Kopf entlasten. Das macht unseren Alltag übersichtlicher und führt schon zu der einen oder anderen praktischen Lösung. Doch selten sind wir damit schon am Kern dessen, was unser Leben bestimmt. Denn was grundlegend auf all unser Tun einwirkt, läuft eher unterschwellig mit: unsere mehr oder weniger bewussten Überzeugungen. Sie zu klären, zu prüfen und eventuell neu zu formulieren, ist das Herzstück unserer Grundfähigkeit des Denkens und ein entscheidender Ausgangspunkt für unsere Selbst-Entwicklung.
Die jeweiligen Herzstücke sind es, wie ich schon betont hatte, in denen sich die vier Grundfähigkeiten besonders nahe kommen und gegenseitig stören, aber auch befruchten können. Doch mehr als das sind sie unentbehrliche Pflastersteine auf dem Weg zu unseren Sehnsuchtszielen Freiheit, Sinnfindung und liebende Beziehungen. Der Beitrag des Den-

kens auf diesem Weg sind unsere Überzeugungen. Indem wir von etwas überzeugt sind, halten wir es für wahr und damit für verlässlich; dementsprechend handeln wir, im tagtäglichen Allerlei ebenso wie in der grundsätzlichen Ausrichtung unseres Lebens. Erst dieses Für-Wahr-Halten motiviert uns oder macht uns handlungsfähig: Wäre ich nicht überzeugt vom konstruktiven Zusammenspiel der vier Grundfähigkeiten, dann würde ich mir niemals die Mühe machen, darüber zu schreiben. Und wäre Christopher Columbus nicht überzeugt gewesen, dass die Erde eine Kugel ist, dann wäre er nie Richtung Westen nach Indien aufgebrochen (selbst wenn am Ende Amerika daraus wurde...).

Nun können Überzeugungen richtig sein (wie gut für Columbus, dass die Erde tatsächlich eine Kugel ist!), sie können aber auch falsch sein (bis zu seinem Tod war er davon überzeugt, er sei wirklich in Indien gelandet).

Unser Leben ist vollgepflastert mit Überzeugungen, mit richtigen und mit falschen, mit wichtigen und irrelevanten. Wir haben Überzeugungen zu politischen Systemen, zur Existenz außerirdischen Lebens, zur Verlässlichkeit unseres Ehepartners, zu unserer eigenen Person. Wir sind überzeugt von einer bestimmten Ernährungsform, von Homöopathie oder Impfprophylaxe. Wir sind überzeugt davon, dass wir bei Vollmond schlechter schlafen und dass der Chef die Kollegin bevorzugt.

Dabei ist uns in vielen Fällen gar nicht bewusst, wie sehr wir aus Überzeugungen heraus handeln. Wir sind so mit ihnen verwachsen, dass wir nicht auf die Idee kämen, daran etwas in Frage zu stellen oder für veränderbar zu halten: Überzeugungen sind unlösbar an das Denken gebunden; Denken wiederum geht mit Sprache einher, und Sprache übernehmen wir von unseren Mitmenschen. Darin verpackt, haben wir automatisch und unfreiwillig zugleich das Gedankengut derer übernommen, die uns sprechen lehrten. Viele Überzeugungen waren längst vor uns da, und wir sind im Laufe unserer Sozialisation in sie hineingewachsen: Eltern, Lehrer und Ausbilder, Bücher, Medien und Meinungsmacher bis hin zum Anlageberater vermitteln uns ihre „Wahrheiten", die wir weitgehend als selbstverständlich hinnehmen. Folglich denken wir über die so eingeschmuggelten trojanischen Pferde nicht mehr genauer nach und lassen sie „undercover" unser Leben bestimmen.

So war ich bis ins Erwachsenenalter davon überzeugt, dass Katzen „falsch" sind, sie waren mir unheimlich, ich machte einen weiten Bogen um sie. Kein Wunder, denn genau das hatten mir meine Eltern vorgelebt. Solange ich Katzen aus dem Weg gehen konnte, war diese Überzeugung kein Problem. Erst als ich mit einem Freund in eine gemeinsame Wohnung ziehen wollte, brachte mich meine Überzeugung in Bedrängnis: Zusammenleben mit seiner Katze, oder aus Angst vor diesem Untier lieber weiter allein wohnen?
Sie ahnen wohl, wie es ausging: Die Liebe besiegte die Angst und wir zogen zusammen. Inzwischen ist der Freund mit einer Anderen verheiratet, Katzen habe ich immer noch...

Genau damit, dass wir Überzeugungen übernehmen (müssen), geraten wir in eine Zwickmühle: Die Menschheit hätte keine Kulturen, keine Zivilisation, keine Flugzeuge und Medikamente entwickelt, wenn Wissenschaftler und Forscher nicht Zug um Zug hätten aufbauen können auf dem, was Andere aus ihren Überzeugungen heraus weitergegeben hatten. Sie hielten ihre Überzeugungen für Wahrheit, und oft bekamen sie Recht und schufen so die Grundlage für weitere Entwicklungen. Andererseits sind Überzeugungen *nicht identisch* mit der Wahrheit – wie sonst hätte die Menschheitsgeschichte ein ganzes Lexikon der Irrtümer füllen können, die sich hartnäckig gehalten haben. Wir lachen heute über die Irrwege unserer Vorgänger und sehen dabei nicht, wo wir selbst genauso in Überzeugungsfallen feststecken...

Ich möchte es noch drastischer formulieren: **Zu glauben, dass wir selbst denken, nur weil wir eine „eigene Meinung" haben oder „gegen" etwas sind, ist ein Trugschluss.** Denn woher wissen wir, was wahr ist, oder auch nur, was uns selbst wirklich entspricht? Das mag für etliche unserer Meinungen und Überzeugungen letztlich unerheblich sein: Ob es Leben auf dem Mars gibt, ist mir persönlich ehrlich gesagt völlig egal, und ob ich Katzen mag, spielt für ein erfülltes Leben vermutlich ebenfalls nicht die entscheidende Rolle (obwohl das manche Menschen anders sehen!).

Wer jedoch nach Freiheit strebt, Liebe sucht oder nach Sinn fragt, wird mit Antworten aus zweiter und dritter Hand kaum zu sich selbst finden, selbst wenn sie von der Chefin und dem besten Freund kommen. Um bewusst und authentisch zu leben, muss er deshalb seine bisherigen Überzeugungen kennenlernen – zumindest in relevanten Fragen; und er muss wissen, wie er unreflektiert übernommene Überzeugungen enttarnen und grundlegend für sich prüfen kann.

Für diese Aufgabe steht uns ein ausgezeichneter Ratgeber zur Verfügung – der Zweifel. Zweifel wurde von Denkern aller Zeitalter hoch geschätzt: „In der Tat werden wir durch Zweifeln zur Suche angeregt; durch Suchen erfassen wir die Wahrheit" sagt Abaelardus, ein Philosoph des Mittelalters. Dem stehen Einsichten aus dem fernen Osten in nichts nach: „Tiefe Weisheit wächst aus starken Zweifeln", heißt es in China.

Lob des Zweifels

Doch wie kann uns der Zweifel weiterführen, möglichst eben in Richtung Wahrheit?
Indem wir ihn überhaupt erst einmal entdecken, indem wir ihn ernst nehmen, und indem wir von nun an unsere Überzeugungen nicht mehr eingleisig, sondern mehrspurig bis in die Tiefe verfolgen.
Entdecken werden wir den Zweifel aus irgendeinem Anlass, der immer von einer unserer vier Grundfähigkeiten ausgeht: Er kann intellektuell entstehen (also innerhalb der Fähigkeit des Denkens selbst), zum Beispiel durch widersprüchliche Aussagen oder eine Gleichung, die nicht aufgeht. Oder etwas, das ich höre beziehungsweise lese (Kommunikation), passt nicht in das Bild, das ich bisher von einer Sache hatte. Oder ich mache eine Erfahrung (Bereitschaft zur Selbstveränderung), die sich nicht mit der Überzeugung deckt. Besonders oft aber meldet Zweifel sich durch ein Empfinden, also eine fühlende Qualität, die uns im nächsten Kapitel genauer beschäftigen wird.

Kurz gesagt, durch eine unserer Grundfähigkeiten kommt dort, wo zunächst nur Eines existierte, plötzlich ein Anderes hinzu, das damit nicht zu vereinbaren ist. Was zuvor _ein_deutig schien, gerät in einen _Zwie-_

spalt. Oft merke ich nicht einmal, eine feststehende Sichtweise zu haben, solange nicht etwas Widersprechendes an ihr rüttelt. So öffnet sich in der Regel erst mit dem Zweifel die Chance, überhaupt der Wahrheit unserer Überzeugungen nachzugehen.

Das allerdings ist nicht jedem jederzeit willkommen. Gerade wo wir durch Infragestellen bisheriger Überzeugungen Nachteile riskieren könnten, ignorieren wir den Zweifel gern schon mal. Niemand dürfte dagegen immun sein, unliebsame Widersprüche zu verdrängen, aber wir erkennen das natürlich leichter bei Politikern oder Wissenschaftlern, die einen offensichtlichen Irrtum bis hin zur Lächerlichkeit verteidigen.

In anderen Fällen reagieren wir genau entgegengesetzt, indem ein Zweifel unsere gesamte bisherige Sicht über den Haufen wirft (eine einzelne SMS auf dem Handy meines Geliebten erklärt mit einem Schlag generell seine Treue und die ganze Beziehung für hinfällig). Wo wir den Zweifel von vornherein gewinnen lassen, tauschen wir letztlich nur die eine nicht durchdachte Überzeugung gegen eine neue aus, der Wahrheit kommen wir damit kein Stück näher. Erst indem uns der Zweifel zu konstruktiver *Auseinandersetzung* anhält, werden wir einen klaren Standpunkt finden können. Der Weg dorthin führt auch hier über – das Zu-Ende-Denken.

Und das sieht bei den Überzeugungen etwas anders aus als bei den oberflächlichen Gedankenkreisen:
Zunächst einmal gilt es möglichst genau zu definieren, wie unsere bisherige Überzeugung lautet; wir müssen uns bewusst machen, was wir zu einer Sache denken und worauf diese Ansicht beruht. Dazu gehört auch, die Quelle unserer bisherigen Überzeugung einzuschätzen: Es macht einen Unterschied, ob mir ein Nahrungsergänzungsmittel von meinem Zahnarzt, in der Fernsehwerbung oder an der Kneipentheke empfohlen wird. Im zweiten Schritt sollten wir konkret benennen, was dem bisherigen Denken widerspricht (und ebenso dazu die Glaubwürdigkeit der Quelle berücksichtigen). Schon wo es einzelne Gegenbelege gibt, muss die Absolutheit einer Überzeugung infrage gestellt werden. Dies wiederum macht nur Sinn, wenn wir schlussendlich bereit sind, uns von Sichtweisen zu distanzieren – egal, wie lieb wir sie gewonnen haben.

Und wie können wir nun aus der Erschütterung des Zweifels heraus wieder einen möglichst gesicherten Standpunkt finden?
Wir sind nur wenige prüfende Schritte vom festen Boden entfernt:

❖ Greifen Sie den Anlass einer Irritation oder eines Widerspruchs auf.
❖ Machen Sie Bestandsaufnahme: Wie denken Sie bislang, und worauf basiert Ihre Ansicht?
❖ Woher haben Sie diese Denkweise, wer hat sie vermittelt, welche Autorität billigen Sie dem zu?
❖ Was ist die alternative Spur, die durch den Zweifel eröffnet wurde? Welche Erfahrungen oder Behauptungen sind mit Ihrer ursprünglichen Überzeugung nicht zu vereinbaren?
❖ Welche Auswirkungen sehen Sie in der ursprünglichen wie der alternativen Sichtweise?
❖ Wie lässt sich der Gehalt beider Aussagen prüfend verfolgen, bis Sie sich eine Sichtweise fundiert „zu eigen machen" können? Und welchen Schluss ziehen Sie vorläufig für Ihr Handeln daraus?

Diese Schrittfolge lässt sich je nach Bedarf abwandeln. Ergänzende Unterpunkte könnten hinzukommen, zum Beispiel den Aufwand abzuwägen, den wir auf uns nehmen müssten, um eine Überzeugung zu klären. Dabei kann uns wieder die Frage nach der Relevanz leiten: Eine tiefgehende Auseinandersetzung erübrigt sich sofort, wenn ich ohnehin kein Interesse habe an speziellen Diäten, am Funktionieren des Aktienmarktes oder an der Existenz von UFOs, da spare ich meine Energie lieber und enthalte mich bewusst jeder Art innerer oder äußerer Diskussion. Zu einer Menge Dinge im Leben erlaube ich mir inzwischen, keine Meinung zu haben, weil sie mein Leben und meinen Einflussrahmen nicht tangieren. Nicht überall mitreden zu müssen, befreit ungemein!

Relevant hingegen sind Fragen, die mich direkt betreffen, sei es in meinem persönlichen Leben, in der Auswirkung auf mein soziales Umfeld oder in meinen Aufgaben, meiner politischen, sozialen oder beruflichen Verantwortung. Darin umso mehr, wo meine Überzeugungen Konsequenzen für Menschen haben, die sich mir (in meinem Fall zum Beispiel als Ärztin, und natürlich auch als Mutter...) anvertrauen; dann potenziert sich meine Verantwortung durch die Überzeugungen, die ich direkt oder indirekt weitergebe.

Gerade bei Therapeuten gibt es vielfältige und weitreichende Auswirkungen von Überzeugungen. In der Medizin geht das von Abtreibungsindikationen über Impfprophylaxe bis zu Organspende und Sterbehilfe, und jede Überzeugung des behandelnden Arztes wirkt sich unmittelbar auf seine Patienten aus. Das Gleiche gilt in der zunächst harmlos erscheinenden alternativen Heilkunde, auch da kursieren Überzeugungen, die für die Kranken tiefgreifende Folgen haben können, heilsame wie problematische.

Beispielhaft durchgespielt

Eine solche Überzeugung möchte ich beispielhaft mit Ihnen gemeinsam durchspielen; anders als in der klinischen Medizin, setzt ihre Überprüfung keine Fachkenntnisse voraus. Sie können im Anschluss an die jeweilige Frage jeden Schritt für sich selbst durchdenken und danach auch meine Überlegungen nachlesen.

Nehmen wir das sogenannte „Gesetz der Anziehung", auf das sich vor allem alternative Therapeuten oft berufen. Es besagt: Alles, was uns geschieht, bewirken wir durch irgendetwas in uns selbst, also Glück und Unglück, Lottogewinn und Autounfall gleichermaßen. Das heißt schlussendlich, ausnahmslos alles in unserem Leben ist auf irgendeine Weise selbst verursacht. Womit sich zugleich die Konsequenz verbindet, herauszufinden und ändern zu müssen, wodurch wir unerfreuliche Situationen anziehen; dann würde uns das nicht mehr passieren beziehungsweise alles würde sich zum Guten wenden.

Welche **Argumente** sprechen aus Ihrer Sicht für diese Behauptung? Und wie beurteilen Sie die Autorität, die hinter dieser Behauptung steht? ...

Einige meiner Beobachtungen bestätigen dieses „Gesetz": Je nachdem, wie ich mich Anderen gegenüber verhalte, gehen sie ihrerseits unterschiedlich mit mir um. Und wo ich mich durch schädliche Gewohnheiten selbst gefährde, muss ich die gesundheitlichen Konsequenzen tragen. Beides würde meine Quellen bestätigen. Zu ihnen gehören Lehrer im Bereich der Heilkunde, unter anderem renommierte Buchautoren, die ich für durchaus kompetent halte.

Welche **Gegenargumente** fallen Ihnen ein? Kennen Sie Erfahrungen, die dem zu widersprechen scheinen? ...

Mir fallen dazu Menschen ein, die wegen ihrer Hautfarbe, ihres Glaubens oder Geschlechts verfolgt, gefoltert oder getötet werden. Wodurch ziehen sie das an? – Was ist mit Kindern, die sexuell oder als Arbeitssklaven missbraucht werden? Was ist mit schweren körperlichen Behinderungen, mit denen ein Mensch geboren wird, oder mit Menschen, die im Südsudan verhungern? Und hat tatsächlich der Verbund von Tausenden von Menschen den Tsunami angezogen, dem sie dann zum Opfer gefallen sind? Lassen sich solche Situationen schlüssig mit dem „Gesetz der Anziehung" erklären? – Ich zumindest kann mich dem nicht anschließen.

Betrachten Sie die **Auswirkungen**, die dieses „Gesetz der Anziehung" auf die Betroffenen hat, insbesondere unter dem Aspekt: Was macht es mit diesen Menschen? Inwieweit ist es eine konstruktive Grundlage, inwieweit könnte es auch problematisch sein? ...

Konstruktiv empfinde ich, wenn damit Betroffene zu Eigenverantwortung angehalten werden und dementsprechend etwas in ihrem Verhalten ändern. Mehr als das aber beobachte ich, dass dieses „Gesetz" Menschen, die ohnehin in einer Not stecken, noch zusätzlich belastet: zum Einen machen sie sich Selbstvorwürfe, die Not selbst verursacht zu haben; zum Anderen suchen sie fortwährend verzweifelt nach der richtigen Schaltstelle, um den „Fehler" rückgängig zu machen. So quälen sie sich mehr, als dass sie sich auf Lösungen konzentrieren können. Insofern finde ich es kontraproduktiv bis destruktiv (manchmal geradezu unbarmherzig), Leidende beharrlich auf dieses „Gesetz" zu verweisen. Zuletzt: Welchen Schluss ziehen Sie für sich daraus? Wie stellen Sie sich zu dieser Behauptung, wie würden Sie eine Alternative formulieren? Welche **Handlungskonsequenz** ist für Sie damit verbunden? ...

Ich ziehe für mich den Schluss, die Sache mit der Anziehung keinesfalls als Gesetz zu verstehen, sondern als eine Option für spezielle Situationen. Ich entscheide mich, in nächster Zeit noch bewusster hinzuschauen und diese wie auch ähnliche Aussagen zu prüfen. Ich will generell sorgfältig darauf achten, dass therapeutische Statements menschenfreundlich und heilsam sind.

Ein letztes Mal möchte ich für das Thema Überzeugungen ebenso wie für alle weiteren Anregungen in folgenden Kapiteln betonen, dass ich damit keine Patentrezepte verteile. So nützlich solche Strukturen sind, sind sie nie dazu gedacht, das Leben (oder das Denken, um das es in diesem Kapitel geht) in die Enge eines Schemas zu zwingen, zu simplifizieren oder Anspruch zu erheben, der allein richtige Weg zu sein. Solche Empfehlungen sind kein Käfig, sondern „Rankhilfen": Sie sind für den Prozess unserer Selbstentwicklung eine gute Stütze, an der wir uns entlang bewegen können.

Von der „Pflicht" zur Kür

Weiter oben habe ich dafür plädiert, sich in der Entwicklung von Denk-Kultur (und damit auch in der Überprüfung von Überzeugungen) entweder auf relevante Bereiche zu konzentrieren, oder in einfachen Situationen zu „üben". Die Frage nach „therapeutischen Gesetzen" ist für mich relevant – für Sie ist es vielleicht eher ein Gedankenspiel. In ähnlicher Weise könnten Sie hin und wieder „nur so zum Spaß" allerlei Überzeugungen, Meinungen, Behauptungen, Paradigmen, Dogmen und Gegendogmen selbst auf den Grund gehen. So werden Sie sich ganz nebenbei in Gedankenpflege trainieren, auf die Sie dann im Ernstfall zurückgreifen können.

Probieren Sie es doch einfach mal mit ein paar Anregungen aus (wenn Sie meine persönlichen Gedankengänge zu den Aussagen interessieren, finden Sie sie in einer Fußnote am Ende des Kapitels):

Gesundheit* – ist sie wirklich unser _höchstes_ Gut*?
Bedeutet mehr Licht zwangsläufig mehr Schatten?
Die Tatsache, dass Entwicklungsprozesse schrittweise ablaufen, wird gern mit dem „Zwiebelmodell" veranschaulicht. Das will sagen, etwas muss „Schale für Schale abgetragen werden". In welcher Gedankenfolge würden Sie prüfen, ob Sie diese Analogie übernehmen möchten?

Während Sie diesen Aussagen nachgehen (oder auch anderen Behauptungen aus Zeitung, Fernsehen und Gesprächen), achten Sie bitte mal darauf, wie sich bei Ihnen Zweifel melden: Wodurch werden Sie auf den Zweifel aufmerksam? – Und wenn Sie unterschiedliche Argumente und Sichtweisen hören: Wie geht es Ihnen damit, wenn Sie die eine oder andere Seite auf sich wirken lassen? Woran merken Sie schließlich, Ihren eigenen Standpunkt gefunden zu haben?

Es ist wohl kaum zu übersehen, wir sind gerade dabei, die intellektuelle Ebene zu verlassen. Während wir eben noch von einer rein gedanklichen Prüfung ausgegangen sind, mischt sich, je näher wir unserer Wahrheit kommen, eine fühlende Komponente ein: Schon indem wir eine Aussage oder einen Gedanken auf uns _wirken lassen_, gehen wir über eine intellektuelle Aktion hinaus. „Wirken lassen" stößt in der Tiefe nicht auf weitere Gedanken, sondern auf ein _Gefühl_, ein Empfinden: Ich _fühlte_ mich unbehaglich mit der These der Anziehung, ich _spürte_ Zweifel an manchen Behauptungen, die ich Ihnen zu überdenken gegeben habe. Und ebenso _spüre_ ich, wenn eine Antwort für mich stimmt.

Erwin, der an einem Kreativitätsseminar für Führungspersonal teilnahm, wehrte sich gegen den Rat, Entscheidungen „ganz aus dem Bauch heraus" zu fällen. Auf die Frage nach dem Grund antwortete er: „Wenn ich nicht auch meinen Verstand gebrauchen kann, würde ich mich damit nicht gut _fühlen_!"

Ja, es gibt sogar Situationen, in denen wir meinen: „Das muss es sein!", es scheint auf einmal alles so stimmig. Aufgrund gewisser Überzeugungen und daraus resultierenden Erwartungen sind wir zum Beispiel sicher, etwas lange Gesuchtes gefunden zu haben – eine Antwort, eine Gelegenheit, oder sogar einen Mann fürs Leben:

Silke war geschieden und sehnte sich nach einem neuen Partner. Neugierig auf ihre Chancen, holte sie sich Rat bei einem Astrologen. Der kündigte ihr an, dass sie „den Mann fürs Leben" innerhalb der nächsten drei Monate kennenlernen würde. Zweieinhalb Monate geschah nichts. Während dieser Zeit bemühte sich Christian, einer ihrer Arbeitskollegen, intensiv um sie. Sie hatte ihn bis dahin von sich aus nicht als „Kandidaten" wahrgenommen. Als die drei Monate sich dem Ende zuneigten, war sie sich plötzlich „ganz sicher", in Christian den Richtigen gefunden zu haben. Sie ging auf sein Werben ein, und schon zwei Monate später heirateten sie mit einem großen Fest. Ein halbes Jahr später waren sie wieder getrennt. Silke sagte nach der Scheidung, „eigentlich habe ich es tief in mir gespürt, dass das nicht gut geht, aber es schien doch alles so genial zu passen!"
Zwei Jahre später lernte sie Markus kennen, mit dem sie inzwischen seit einigen Jahren glücklich verheiratet ist.

Silke entschied sich für den falschen Mann aus einer Überzeugung heraus, die der Astrologe gelegt hatte. Hätte sie allerdings ihr vages Empfinden ernst genommen, das sie anfangs noch gespürt hatte, dann wäre sie vermutlich dieser Unstimmigkeit gefolgt – und ihr wäre viel emotionales Lehrgeld erspart geblieben...

---

* Meine persönlichen Sichtweisen zu den Redewendungen und Sprachbildern:

„Gesundheit, unser höchstes Gut"?
Ich bestreite nicht, dass Gesundheit kostbar und erstrebenswert ist. Doch wäre es das Höchste in unserem Leben, was hieße es dann für Menschen, die sie niemals erreichen können? Hätten dann nicht Menschen wie zum Beispiel Ludwig van Beethoven oder Stephen Hawkins am Leben verzweifeln müssen? Stattdessen haben

gerade sie Großes und Unvergessliches geschaffen. Wie auch Nick Vujicic, der quasi ohne Arme und Beine geboren wurde, der dennoch Surfen lernte und in seinen Vorträgen und Büchern (zum Beispiel „Mein Leben ohne Limits") anderen Menschen Mut und Hoffnung schenkt. Und wie viele Menschen, die chronisch krank sind, strahlen dennoch Lebensfreude und Zuversicht aus – wie kann das sein, wenn ihnen doch „das höchste Gut" fehlt?

Wenn Sie es bis zu Ende denken: Was würden Sie als Ihr „höchstes Gut" benennen?

„Wo viel Licht ist, da ist auch viel Schatten"

Stimmt das, rein physikalisch betrachtet? Ist es nicht eher so, dass Licht von mehreren Seiten (also _mehr_ Licht) die Schatten auflöst? Selbst bei einer einzelnen starken Beleuchtungsquelle: Wo sie direkt von oben scheint, wird der Schattenkreis sehr klein – allerdings wirft _tiefstehendes_ Licht lange Schatten...

Welches Weltbild soll mit dieser Metapher ausgedrückt werden? Und wie klug sind Sprachbilder, die sich bei genauerem Nachdenken selbst ad absurdum führen?

Zwiebelmodell:

Diese gängige Therapeuten-Metapher löste bei mir Unbehagen aus. Dem folgend, fragte ich mich, was denn bleibt, nachdem Schicht für Schicht abgetragen ist? Dann hat man nichts mehr in der Hand – aber Tränen in den Augen... Mein Bild ist das nicht, um den Weg in unser Innerstes zu beschreiben. Ich bevorzuge dafür Vergleiche, die plastischer sind als die gleichförmigen Zwiebelschalen und bei denen nach all der Mühe mit dem Abtragen noch etwas Lohnendes zum Vorschein kommt (ein Beispiel dazu später im Kapitel „Das Ich wird am Du").

Denken steht nicht für sich allein

Denken und Fühlen haben also mehr Berührungspunkte, als wir üblicherweise im Blick haben. Wie überhaupt das Denken nicht für sich allein steht, obwohl es zunächst den Eindruck erweckt, Gedanken zu bedenken sei eine recht interne Angelegenheit: Wer bereit ist, über das eigene Denken nachzudenken, bewegt sich schon im Element der „Bereitschaft zur Selbstveränderung" (sonst würde sich jedes Nachdenken erübrigen). Und der Anstoß, eine Überzeugung kritisch zu prüfen, kommt wiederum aus der Grundfähigkeit zur Kommunikation: Sie hat nicht nur in der Vergangenheit weitgehend unsere Meinungen geprägt, sondern sie speist unsere Sicht der Dinge fortlaufend durch Informationen aus Gesprächen, Unterricht, Medien. Dabei werden uns hin und wieder kontroverse Sichtweisen begegnen, die manche Überzeugungen in Frage stellen – die also Zweifel in uns auslösen. Und Zweifel werden, wie gesagt, überwiegend _gespürt_ und nicht gedacht.

Damit beginnt sich nun der Faden unserer nächsten Grundfähigkeit einzuweben, das Fühlen. Beziehungsweise im Sinne aktiver _Fähigkeiten_ sollten wir besser von einem bewussten _Umgang_ mit Gefühlen sprechen, oder sogar von einer Gefühlskultur. Kultivierung ist nötig, weil wir ein Gebiet betreten, auf dem wir uns schnell in einem verwirrenden Dschungel verlaufen können... Kultivierung heißt im Gefühlsleben, den wechselseitigen Einfluss von Denken und Fühlen zu verstehen, einen wohltuenden Umgang mit unseren diversen Gefühlen zu finden und den Einfluss unterschiedlicher Gefühlsebenen in unserem Prozess der Selbst-Entwicklung zu erkennen und zu nutzen.

Doch bevor wir uns aufmachen, den Dschungel zu durchdringen, lade ich Sie zum Abschluss unseres _denk-würdigen_ Kapitels zu einem Zwischenstopp ein.

Zeit zur Selbstbesinnung – Zu mir kommen – nachdenkend:

Welche Art zu denken haben Sie gelernt, in Ihrem Elternhaus, in Schule und Ausbildung, in den Medien?
Welche Bedeutung haben für Sie Denken, Vernunft und Verstand in Ihrem beruflichen und persönlichen Leben?
Welche bewussten Gedanken haben Sie sich zu Ihrem Verständnis von Liebe, Freiheit, Lebenssinn, Welt- und Menschenbild gemacht, mit welchem Resultat?

Dem Fühlen auf der Spur

Der rote Faden: Gefühle begleiten uns ständig, und sie bestimmen durchdringend unser Leben. Nicht jedes Fühlen jedoch ist ein kluger Lebensnavigator; verschiedene Gefühlsebenen haben unterschiedliche Funktionen, und wir können lernen, jeder ihren Platz zu geben. Dadurch entspannt sich mancher Gefühlsstress, und zugleich wird es uns gelingen, durch intensivere Gefühle hindurch unsere inneren Leitstimmen deutlicher zu vernehmen.

„Achte auf Deine Gefühle, denn sie werden zu Gedanken. Achte auf Deine Gedanken, denn sie werden zu Worten. Achte auf Deine Worte, denn sie werden zu Handlungen. Achte auf Deine Handlungen, denn sie werden zu Gewohnheiten. Achte auf Deine Gewohnheiten, denn sie werden Dein Charakter. Achte auf Deinen Charakter, denn er wird Dein Schicksal."

Moment mal – kommt Ihnen das vielleicht bekannt vor? Stimmt, so in etwa stand das auch am Anfang des vorigen Kapitels, allerdings mit dem „Startknopf" beim Denken. Aber wie kann das sein? Was von beidem stimmt denn nun?

Beides. Allerdings war ich erst einmal geschockt, als ich beim Recherchieren nach dem genauen Wortlaut des Zitates für das Kapitel Denk-Kultur über die zweite (seltener gebrauchte) Variante stolperte. Mein erster Impuls: „Das bringt jetzt alles durcheinander, das habe ich besser nicht gesehen – oder ich lasse lieber gleich beide Zitate weg…" Doch wie war das mit dem Zweifel? Wurde ich da etwa meinen eigenen Worten untreu?

Also durfte ich mich aus so einer Irritation nicht klammheimlich davon-stehlen, zumal sie ja relevant mit unserem Thema zu tun hat: Was bestimmt nun unseren Lebensweg, das Denken oder das Fühlen?

Spannend war, wie nach dem ersten Schreck und tieferem Nachdenken immer deutlicher wurde, wie Recht beide Varianten haben. Es lohnt sich also, die beiden unterschiedlichen „Startknöpfe" gleich als Ausgangs-punkt zu nehmen für einige Betrachtungen, in welchem Verhältnis – oder eher: in welchen Verhältnissen – Denken und Fühlen zueinander stehen. Doch bevor ich Sie in meine Gedankengänge mitnehme, möch-te ich die Frage an Sie weitergeben: Wenn Sie die beiden Weisheiten der Alten Chinesen auf sich wirken lassen, wo finden Sie dann die erste Instanz für Ihr Handeln, im Denken oder im Fühlen?

Wenn Sie „im Denken" antworten, dann haben Sie die Mehrheit auf Ihrer Seite. Doch diese denkende Mehrheit möchte ich dann gern ein-mal fragen, wie sie so viele un-sinnige, undurchdachte Handlungen der Menschen erklärt? Wie, nur mal als eher harmloses Beispiel, den exorbitanten Erfolg von Werbung? Der Verstand glaubt doch nicht im Ernst all den phantastischen Szenen, die uns vorgegaukelt werden, von Margarine fürs Familienglück bis zu „sexy" Eissorten und betörenden Automarken... Wenn wir aber mit Sinn und Verstand hierbei kaum zu kriegen sind, worin investiert dann die Werbebranche allein in Deutschland Jahr für Jahr etwa 30 Milliarden (!) Euro? Und das, obwohl sich so ziemlich jeder für immun halten dürfte gegenüber den Tausenden von Anzeigen in Zeitschriften, Plakaten an Straßenecken, Laufbanden am Fußballfeld und penetranten Werbespots im Fernsehen? Es sind immer die Anderen, die naiv genug sind, sich werbend verführen zu lassen – denkt der Kopf. Doch was lässt dann die Füße für das neueste Smartphone Schlange stehen?

Es müssen also andere Sensoren als der Verstand sein, die mit diesen 30 Milliarden angefunkt werden, und diese Sensoren sind das Sesamöffne-Dich, um uns ununterbrochen Geld aus dem Portemonnaie zu locken. Abgesehen von manchen monoton eingebläuten Namen und Slogans, die uns ein Produkt scheinbar vertraut machen, sind es fast immer unsere Gefühle, bei denen uns die Werbung packt: Ihre Produkte versprechen uns Selbstbewusstsein, Glück, Sicherheit, Wohlbefinden, Spaß, Ansehen, Fitness, Bequemlichkeit, Erfolg, Gesundheit, Attraktivität – Gefühle, denen wir nur allzu gerne folgen. Und wenn uns dann ein frustrierter Kater zum Kauf eines bestimmten Schmerzgels anhält, dann doch nur, weil wir ihn sympathisch und erheiternd finden...

Das gibt nun ganz der zweiten Variante des Zitates Recht: Über unsere Gefühle sind wir am leichtesten zu beeinflussen – was im Klartext heißt: zu manipulieren. Wir sind viel stärker unseren Gefühlen ausgesetzt, als uns bewusst ist, vielleicht auch, als wir wahrhaben wollen. Und das hat gute Gründe:

Fühlen ist Leben, alles Lebendige fühlt, _muss_ fühlen. Das Fühlen teilen wir mit allen Lebewesen als Sensor (was ja nichts Anderes als „Fühler" heißt) zur Lebenserhaltung: Wir _fühlen_ körperliche Bedürfnisse und Regungen, die unser Überleben sichern (wie Durst, Müdigkeit, Schmerz, sexuelle Lust). So werden wir instinktiv geleitet, unangenehme Gefühle zu vermeiden und Wohlbefinden zu suchen. Uns „gut fühlen" zu wollen, ist demnach ein gesundes Bestreben.

Leider mit eingebautem Irrtumsfaktor: **Nicht jede Art von Gefühl ist als Verhaltenskompass geeignet** – was jedes Kleinkind beweist, dessen Welt gerade in Tränen ertrinkt, weil es den Lutscher an der Supermarktkasse nicht bekommt. Oder auch ganz physiologisch: Hunger wie Appetit _fühlen_ wir, beide veranlassen uns zum Essen. Während Hunger zum Aufbau und Erhalt unseres Körpers notwendig ist, muss Appetit keineswegs unserer Gesunderhaltung dienen: Wo der Appetit den Hunger übersteigt, wo die Lust auf Cola, Chips und Champagner gewinnt, wird der Körper auf Dauer eher Schaden nehmen.

Ausschließlich unserem Fühlen überlassen, würden wir vermutlich nur nach unserem Appetit leben – Appetit fühlt sich nun mal lustvoller an als Hunger. Wo wir aber allein nach einer jeweiligen Lust entscheiden, verselbständigen sich Gefühle um ihrer selbst willen und verlieren ihre Fähigkeit, uns gesund zu leiten.

Auch für die Verselbständigung unseres Gefühlslebens gibt es Gründe: Gefühle machen lebendig; nicht zu fühlen, lässt uns erstarren. Bewusst oder unbewusst werden wir alles daransetzen, das Gefühl der Lebendigkeit (wieder) zu erlangen, oft durch stetige Steigerung der Reizintensität. Dann werden die Horrorfilme immer blutrünstiger, die Dschungelcamps toppen sich in Absurditäten; schlimmstenfalls verletzen Menschen sich selbst, nur um überhaupt etwas zu fühlen. Und weshalb werden in manchen Filmen Engel oder intelligente Roboter von der großen Sehnsucht getrieben, Mensch zu sein? Immer wieder wegen der Gefühle (wobei, genau genommen, deren Sehnsucht ja schon eine empfindende, also fühlende, Fähigkeit _voraussetzt_)...

Kein Zweifel, ein lohnendes Leben schließt die Lebendigkeit von Herz, Leib und Seele ein, die sich im _Fühlen_ ausdrückt. Aber wie weit kann unser Gefühlsleben die Antwort auf unsere Seelensehnsüchte geben? Schon der Unterschied zwischen Hunger und Appetit macht da doch nachdenklich, ebenso wie das einträgliche Geschäft mit der Werbung.

Gefühle leiten uns, und sie können uns durchaus verleiten, auch in der Gestaltung unseres Lebensweges. Im Sinne der zweiten Variante des Zitats kommt dann das Denken erst an zweiter Stelle: Es ordnet sich den Gefühlen unter und sucht dementsprechend Gründe, ihnen zu folgen, sei es beim Autokauf oder beim Urlaubsflirt. Zumindest, solange wir nur unser _Computer_-Denken dazuschalten...

Was in der Werbung eher offensichtlich ist, wirkt noch subtiler und zugleich durchdringender in allerlei tagtäglichen Botschaften von politischer Meinungsmache über Moden und Mainstreams bis hin zu Gesundheitsmarkt und Weltanschauungen, und es reicht bis in unsere persönlichen Beziehungen hinein: Wir folgen – oft wider besseres Wissen – dem Gängelband anderer Menschen, nur weil wir unangenehme Gefühle (wie Angst, Schuldgefühl, Scham) vermeiden wollen oder weil wir uns angenehme Gefühle (wie Zuwendung, Anerkennung, Liebe, Harmonie) erhoffen. Wo uns die suggerierte Vorliebe für ein bestimmtes Haarshampoo wohl kaum einen bleibenden Schaden zufügen dürfte, sind manche _grundlegenden_ Fremdeinflüsse der denkbar schlechteste Weg, zu uns selbst und einem authentischen Leben zu kommen.

Wollen wir uns aus den heimlichen Fesseln der Gefühlsmanipulation befreien, muss wieder das Denken ins Spiel kommen. Logischerweise nicht das Computer-Denken, das gern als Erfüllungsgehilfe die Gefühle rationalisiert (wie es die Psychologie nennt), sondern das _Geist_-Denken, das sich souverän außerhalb des Geschehens stellen kann. Im Bild gesprochen: Unsere Gefühle lenken unser Lebensschiff aus einer nicht unmittelbar zu erkennenden Tiefe heraus auf ihrem Kurs, und sie holen das (physiologische) Denken gleich mit an Bord. Dann zieht uns die Macht ihrer Unterströmung, die überall und alle Tage wirkt, stetig von unserem eigentlichen Wesenskern und Seelenziel weiter fort, besonders wo andere Menschen unsere Gefühle benutzen, um eigene Ziele zu erreichen. Wollen wir jedoch unseren Lebenskurs bewusst (mit) bestimmen, dürfen wir uns nicht auf Strömungen treiben lassen, sondern müssen den Lotsen an Bord holen, der die Unterströmungen und Stromschnellen unserer Gefühle ebenso kennt wie die Schwächen der „Crew": Nur unser Geist-Denken kann auf all dies achten und zugleich denkend die Richtung bestimmen. Ohne seine Regie bestimmen die Gefühle die Richtung, und ihnen untergeordnet zieht das automatisierte Denken mit.

Und damit geht die Führung wieder an die erste Variante des Zitates: **Letztlich hängt das, was wir in unserem Leben aktiv gestalten können, dann doch entscheidend vom Denken ab – vom Geist-Denken.** Allein das Geist-Denken ist in der Lage, uns von fremden Gängelbändern zu lösen. Dazu muss es nicht nur die Strategien der Verführer durchschauen, sondern vor allem herausfinden, wo sie uns in unserer Gefühlswelt packen – dann aber kann der denkende Geist auf gutem Kurs „gegensteuern".

Das wollen wir uns noch näher ansehen.

Verdrängen oder Ausleben?

Das Erste, woran wir üblicherweise bei „Anfälligkeit für Fremdbestimmung" denken, sind Erkenntnisse der Psychologie, wie viel Macht verdrängte oder unterdrückte Gefühle über uns haben. Sie machen uns manipulierbar, weil Verdrängtes keineswegs verschwunden ist, sondern aus dem Unterbewusstsein heraus unser Wahrnehmen filtert und unser Handeln mitbestimmt. Dann wird schon mal ein Sportauto zum Trostpflaster für die unterschwellige Unzufriedenheit, ansonsten im Leben nicht recht voranzukommen...

Bei allem Respekt für die Macht unbewusster Gefühle, halte ich es für einen Trugschluss daraus abzuleiten, wir könnten uns der Manipulation entziehen, indem wir nun im Gegenteil unsere Gefühle ungehemmt ausleben. Ich befürchte sogar, dass gerade eine starke Betonung von Gefühlen für Manipulation anfällig macht: Wir orientieren uns dann schlichtweg an einer falschen Instanz (am Appetit statt am Hunger). Mit anderen Worten, egal, ob wir von verdrängten Gefühlen geleitet werden oder ob wir unsere Gefühle bewusst zur Richtschnur machen („richtig ist, was sich gut anfühlt!"), mit ihnen kann man uns ausgesprochen lukrativ dorthin locken, wo Andere uns haben wollen.

Um verständlicher zu machen, wie wir in diese Falle hineingeraten, lassen Sie mich kurz an eine Passage aus dem Kapitel „Denk-Kultur" anknüpfen. Die Meisten von uns sind, wie ich dort schon andeutete, in der Bewertung von Gefühlen mitten in einen gesellschaftlichen Umbruch geraten. Berechtigter Protest richtet sich gegen eine lange Geschichte der Unterdrückung von Gefühlen: Die Unterbewertung des Einzelnen innerhalb seiner sozialen Gemeinschaft, politische Machtinteressen, falsch verstandene Religiosität, später ein rein materialistisch-rationalistisches Menschenbild hatten über Jahrhunderte emotionale Gefängnisse gebaut, deren Mauern teilweise heute noch bewohnt werden. Die Gegenbewegung, die Geburt von Psychologie und Psychotherapie Anfang des 20. Jahrhunderts, wurde durch die beiden großen Weltkriege ausgebremst und erreichte längst noch nicht all diejenigen Menschen, die diese Schreckenszeiten miterlebt hatten. Denen blieb, gefangen in den alten Weltbildern, kaum eine andere Wahl, als ihre schweren seelischen Verwundungen hilflos in sich selbst zu vergraben. Ihre Gefühlsstarre, mit der sie das Erlittene zu vergessen suchten, vererbten sie dann fast zwangsläufig an die folgende Generation weiter. Bis sich schließlich die Spannung ab Ende der 1960er Jahre geradezu explosionsartig Luft machte, mit Protest gegen „alten Muff" und moralische Enge, mit Hippie-Bewegung, sexueller „Befreiung", intensiver Beschäftigung mit dem Menschen als Gefühlswesen auf verschiedenen Ebenen und neu entdeckten spirituellen Bedürfnissen – Sinn und Sinnlichkeit rückten ins Zentrum einer aufbrechenden Generation.

Diese beiden Strömungen spiegeln sich heute in meiner Praxis in zwei Menschengruppen wider: Die Einen schleppen die Hypothek der Elterngeneration mit und finden immer noch schwer Zugang zu ihren Gefühlen; die Anderen wurden vom Aufbruch mitgerissen und drehen sich nun permanent um die Achse ihrer eigenen Befindlichkeit. Das Ergebnis allerdings bleibt bei beiden das gleiche: Beide werden letztlich von ihren Gefühlen dirigiert – die Einen von verborgenen Kräften, die Anderen von spür- und sichtbaren. Doch sind diejenigen, die freiwillig und mit offenen Augen stets ihren Gefühlen folgen, summa summarum die Glücklicheren? – Ich erlebe die Einen wie die Anderen als ruhelos, gestresst, unzufrieden, orientierungslos und unerfüllt. Was bei denen, die ihren Kummer verdrängt haben, verständlich scheint, wirkt bei denen, die ihre Gefühle ausleben, auf den ersten Blick irritierend. Sind sie denn damit nicht jederzeit ganz so, „wie sie sind"? Doch der zweite Blick versteht ihre darunter liegende Getriebenheit: Sie suchen verzweifelt etwas, das sie auf diesem Weg nicht finden können – sich selbst. Nur soviel schon mal an dieser Stelle: Vom alleinigen Ausleben der Gefühle scheint das Glück nicht abzuhängen – mehr dazu später.

Es geht also nicht um „Gefühle verdrängen" oder „Gefühle ausleben", sondern darum, inwieweit wir sie zum Orientierungsmaßstab machen. Das heißt, zu entscheiden welcher Art von Gefühlen wir folgen wollen. Dies wiederum setzt voraus, dass es unterschiedliche Gefühlsebenen gibt, die unseren Seelenbedürfnissen näher oder ferner stehen.

Lebenswegweiser: Psyche oder Seele?

Da gerade dieses Unterscheiden innerhalb unserer Gefühlswelt zu einem klugen Lebenswegweiser wird, ja genau das Herzstück ist in unserer Grundfähigkeit des Fühlens, sollten wir uns damit etwas ausführlicher beschäftigen. Beginnen möchte ich mit einer kleinen Nebenbetrachtung, nämlich was wir uns unter Seelenbedürfnissen vorstellen sollen:

Einwurf: Ego, Psyche und Seele

In meiner Praxis behandle ich viele Patienten mit sogenannten psychosomatischen Erkrankungen. Oft bin ich in Erstgesprächen auf Abwehr gestoßen, die Menschen wollten nicht, dass ihr Leiden „psychisch" ist – damit assoziierten sie, irgendwie nicht in Ordnung zu sein. Da mir das selbst ähnlich ging, überdachte ich meine Wortwahl und sprach stattdessen öfter mal von einer seelischen Not, die sich hinter einer körperlichen Erkrankung verbergen kann – und sofort öffneten sich die Türen. „Psychische Ursache" hatte auf Nachfragen bei den Patienten, warum auch immer, eher einen negativen Beigeschmack, „seelischer Hilferuf" hatte eine durchweg positive Note.

Das machte mich nachdenklich: Ist nicht Psyche und Seele dasselbe (zumal „Psyche" nichts Anderes ist als das griechische Wort für Seele)?

Aber in diversen Gesprächen verdichtete sich mein Eindruck, dass die meisten Menschen unter Seele etwas verstehen, was ihrem eigentlichen Wesenskern entspricht und essenzieller ist als das, was sie mit Psyche verbinden. Daraus keimte allmählich die Idee, ähnlich wie beim physiologischen Denken und Geist-Denken, zwischen zwei Gefühlskategorien zu unterscheiden: „Psyche" und „Seele". Die Seele als die uns (fühlend) leitende Lebenskraft, als das, was uns in der Tiefe unseres Wesens ausmacht. Und die Psyche als Ausdruck unseres Befindens mit Stimmungen, Launen und emotionalen Reaktionen.

In dieser Betrachtungsweise ist es dann natürlich die Seele, die langfristig der Sehnsucht nach einem nachhaltig erfüllten Leben folgen kann (und dafür momentan schon mal einen Verzicht auf sich nimmt), während die Psyche unmittelbarer, aus dem Augenblick heraus, reagiert (und damit den Spaß von heute vorzieht). In diesem Sinne kann die Psyche unserem eigentlichen Seelenhunger tatsächlich in die Quere kommen.

Wenn Sie jetzt einwerfen, ob wir dafür nicht längst den Begriff „Ego" verwenden und wo denn das Unterbewusstsein bleibt, möchte ich folgendermaßen differenzieren: Psyche betont den Bezug zum Fühlen, während das Ego ebenso Denkmuster, Überzeugungen und Haltungen einschließt. In meinem Verständnis könnte man die Psyche dann als fühlenden Teil des Egos bezeichnen. Im Unterbewusstsein wiederum laufen alle „Programme" zusammen, die uns unterschwellig leiten – dazu können Aspekte des Egos gehören sowie diverse Automatismen, aber auch Leitkräfte der Seele. Ich benutze diesen Begriff in unserem Prozess der Selbst-Entwicklung ungern, weil er zu unkonkret bleibt.

Mit der Unterscheidung zwischen Psyche und Seele hat unser bewusster Geist nun schon mal Kriterien an der Hand, welcher Instanz er folgen will: dem tollen Gefühl, mir heute eine Edeljeans zu leisten, oder dem ganz anderen tollen Gefühl, das Geld stattdessen für Erdbebenopfer zu spenden. Dabei ist das „psychische Fühlen" keineswegs zweitrangig oder schlechter (wie wir auch das physiologische Denken gegenüber dem Geist-Denken nicht abgewertet haben), es hat nur andere Funktionen.

Indem wir das verstehen, das heißt, indem wir die unterschiedlichen Rollen und Ebenen unseres Fühlens kennen, werden wir uns leichter in unserer Gefühlswelt zurechtzufinden, entspannter mit ihrer verwirrenden Komplexität umgehen und eindeutiger durchdringen zu den leisen Tönen, die aus der Tiefe unserer Seele sprechen – aus der Instanz, in der sich schließlich Geist und Seele im Denken und Fühlen widerspruchslos vereinigen.

In manchen Ohren klingt dieser Vorschlag fremd. „Wie sollen sich Gefühlsebenen unterscheiden lassen, und welchen Sinn macht das?" höre ich immer wieder in Gesprächen, sei es mit Patienten, sei es mit Kollegen und in Ausbildungsgruppen. Doch spüren Sie mal genauer hin: Würden Sie eine hochschäumende Wut tatsächlich in denselben Topf werfen wie das leise Empfinden Ihres Gewissens? Mit anderen Worten, finden Sie nicht in sich einen Widerhall, an der Unterscheidung könnte etwas dran sein?

Nehmen wir, quasi als Hintergrund für die dann folgende Darstellung der Ebenen, ein Bild und zwei praktische Beispiele:

Gefühle hatte ich weiter oben schon mit Wasserströmungen verglichen, und generell werden sie oft mit dem Element des Wassers assoziiert. So ist es wohl nicht weit hergeholt, sich unsere verschiedenen Gefühlsebenen wie das Meer vorzustellen: Seine Oberfläche kann ruhig vor sich hin plätschern, ein andermal schlagen die Wellen hoch – aufgewühlt wie die Ebene unserer Emotionen. Tauchen wir unter diese heftig bewegte Oberfläche, wird es ruhiger, während wir dennoch merklich oder unmerklich von Strömungen – Stimmungen und Befinden – gezogen werden. Und tief unten auf dem Meeresboden treffen wir auf den „Grund unseres Seins", auf die ruhigen Empfindungen und Leitimpulse unserer Seele.

Ähnlich können wir durch ein alltägliches Beispiel „durch tauchen": Sie sind wütend auf Ihren Chef, der Ihnen ständig Zusatzaufgaben abverlangt, ohne auf Ihre Einwände einzugehen. Erst nachdem die Wut (= gröbere Emotion) sich gelegt hat, können Sie dem nachgehen, was Sie darunter _fühlen_: Vielleicht sind Sie _enttäuscht_, weil er Ihren Einsatz nicht würdigt? – Vielleicht fühlen Sie sich _beschämt_, weil Sie offenbar weniger leisten als andere Kollegen? Vielleicht haben Sie _Angst_, schikaniert zu werden? Vielleicht fühlen Sie sich _ohnmächtig_, weil Sie nicht wissen, wie sie ihn überzeugen können? – Und nach noch tieferem Wirkenlassen _spüren_ Sie möglicherweise, dass Sie nicht wirklich zu sich selbst stehen, sich überfahren lassen, Ihren eigenen Weg verleugnen – und schon sind Sie ganz bei Ihrer Seelenstimme...

Oder die immer wieder berufenen „Bauchgefühle":
Dirk, ein Teilnehmer unsere Ausbildungen, ließ uns an einer sehr persönlichen Erfahrung teilhaben: Er war mit seinem Geschäftspartner in eine prekäre finanzielle Situation geraten, aus der es mehrere Auswege zu geben schien. Seinem „Bauchgefühl" folgend, kaufte er spontan den Firmenanteil des Partners auf. Schon Wochen später kam die „Bauchlandung" eines Bankrotts, der Dirk einen riesigen Schuldenberg hinterließ... Dabei war er sich ganz sicher gewesen, einer guten Intuition zu folgen.
Es dauerte nicht lange, bis Dirk durchschaute, dass sein Bauchgefühl nicht intuitiv, sondern schlicht habgierig gewesen war: Er hatte insgeheim auf ein gewinnbringendes Schnäppchen spekuliert. In kritischer Selbstreflexion bezeichnete er diese Entscheidung als egoistisch, weit entfernt von jeglicher Intuition. Doch gerade durch diese Bereitschaft zu Einsicht lernte er zunehmend zwischen den verschiedenen Gefühlsebenen zu unterscheiden und entwickelte umso mehr Sensibilität für seine wirklichen intuitiven Fähigkeiten.

Es geschieht nicht selten, dass jegliches „Bauchgefühl" mit Intuition gleichgesetzt wird, Dirk ist sicherlich keine Ausnahme. Aber in unseren Bäuchen grummelt vielerlei vor sich hin, das nicht zwangsläufig dieselbe Qualität hat wie eine intuitive Eingebung. Wenn wir allerdings Intuition als den kostbaren – gefühlten – Impuls verstehen, der sich im Nachhinein als erstaunlich richtig herausstellt, dann werden wir uns gern darum bemühen, diese Quelle nicht mit ungenießbaren Beimengungen zu verschmutzen.

Fühlen ist kein Einheitsbrei

Vieles spricht also dafür, Gefühlsebenen voneinander zu unterscheiden, um zu entscheiden, woran wir uns orientieren wollen. Orientieren innerhalb der Riesenspannbreite all dessen, was wir fühlend wahrnehmen: Von physiologischen Körpersignalen (Hunger, Schmerz, Erschöpfung, Durst, sexuelle Erregung, Schwindel, Müdigkeit, Druck auf der Blase, die Gräte im Mund...) über emotionale Reaktionen, Stimmungen und Befinden bis hin zu instinktiven Impulsen und intuitivem Gespür gibt es etliche Abstufungen, die alle gemeinsam haben, *gefühlt* zu werden. Manchmal sind diese Abstufungen fast unmerklich (Übelkeit – Ekel); und generell lassen sich keine scharfen Trennlinien ziehen. Dennoch lassen sich durchaus Gewichtungen in der Vielheit unseres Fühlens ausmachen:

(Körperwahrnehmungen)
(primäre Physiologie äußert sich in Gefühl)

EMOTIONEN
(lösen sekundär physiologische Reaktionen aus)

Stimmungen / Befinden
(begleiten uns fortlaufend)

Empfindungen: .
Gespür
Intuition
Seelenstimme

Zu erkennen, aus welcher Gefühlsebene heraus wir handeln, und mit jeder dieser Ebenen sinnvoll umzugehen, ist das Herzstück unserer Grundfähigkeit „Fühlen". Hiervon hängt es ab, ob Gefühle sich konstruktiv auf die anderen Grundfähigkeiten und damit auf die Verwirklichung unserer Sehnsuchtsziele auswirken, oder ob sie das Eine wie das Andere boykottieren. Da wir es im Alltagsgebrauch, wie schon gesagt, kaum gewohnt sind, die verschiedenen Aspekte unserer Gefühlswelt zu unterscheiden, wollen wir sie hier möglichst genau ansehen. Das werde ich in zwei Schritten tun: Im ersten Durchgang werde ich die Ebenen kurz skizzieren, um ihre wesentlichen Merkmale und die Unterschiede zu den anderen Ebenen herauszustellen. Nach diesem grob umrissenen Überblick gehe ich auf jede von ihnen ausführlicher ein mit Überlegungen, wie wir unsere Gefühle in allen ihren Facetten kennenlernen, auskosten, pflegen – und sogar lenken können.

Gefühlsdschungel im Überblick...

Beginnen wir, wie in der obigen Übersicht, mit den physiologischen Körperwahrnehmungen – und lassen sie gleich hinter uns. Denn bis auf Ausnahmen sind sie eindeutig ihrer Funktion zuzuordnen und vermischen sich nicht so leicht mit dem Rest der Gefühlswelt. Wie bei allen „Regeln", gibt es Ausnahmen: Die Triebkraft sexueller Gefühle mag schon mal ein Verlieben vorgaukeln, und eine körperliche Erschöpfung könnte mit einer Depression verwechselt werden. Doch meist macht es keine Probleme, physiologische Gefühle als solche zu erkennen.

Ebenfalls recht eindeutig scheint die Ebene der Emotionen: Sie sind heftig, sie _überfallen_ uns von einem Moment auf den anderen und „haben uns im Griff", zumindest vorübergehend. Hierzu gehören auch Reaktionen, die die Psychologie als Affekte bezeichnet; doch Emotionen gehen nach meinem Verständnis über affektives Verhalten hinaus, das unmittelbar – impulshaft – auf einen Reiz oder ein Ereignis reagiert: Emotionen können auch unabhängig von realen Ereignissen in uns „hochkochen" oder „geschürt werden", insbesondere durch Denkmuster (darauf kommen wir später zurück).

Wie der Name schon sagt, sind Emotionen bewegt (motio lat. = Bewegung); sie gehen einher mit vegetativen Körperreaktionen (wie Blutdruckerhöhung, Beschleunigung des Herzschlages, Anspannung oder Erschlaffung der Muskulatur, Veränderung der Durchblutung) und drücken sich deutlich in Mimik und Gestik aus. Wut, Entsetzen, Ärger, Schrecken, Verzweiflung, Euphorie, Panik, Hass, Eifersucht lassen sich auch in jedem Stummfilm auf Anhieb erkennen.

Bei dem, was ich auf der nächst tieferen Ebene als Stimmung oder Befinden bezeichne, muss man schon näher hinschauen, sie drängen sich weniger auf, sowohl demjenigen, der sie empfindet, wie demjenigen, der beobachtet. Sie „überfallen" uns weniger, sondern _breiten sich in uns aus_. Freude, Kummer, Neid, Traurigkeit, Mitleid, Unglücklichsein, Zufriedenheit gehen zwar ebenfalls in Haltung und Mimik ein, aber weniger augenfällig, ebenso sind die vegetativen Reaktionen subtiler. Zu dieser Ebene gehören auch sehr differenzierte gefühlte Selbstwahrnehmungen: Ob wir uns berührt, ernst genommen, mürrisch, verstanden, irritiert, verlegen, gereizt, dankbar, geborgen, verunsichert oder entspannt fühlen, bleibt ebenfalls ein eher ruhiger Ausdruck, der sich insbesondere einem Außenstehenden nicht auf Anhieb mitteilt.

Diese Gefühlsebene begleitet uns mehr oder weniger kontinuierlich wie die oben beschriebene Unterströmung: „Irgendwie" fühlen wir uns immer, während Emotionen jeweils kurzzeitig „Wellen schlagen".

Vom _Befinden_ tauchen wir in die nächst tiefere Ebene hinab, zum _Empfinden_. Im Befinden fühlt man noch „sich selbst" (zum Beispiel unsicher oder verlegen), das Empfinden hingegen reagiert fühlend auf „etwas": Es „spürt" beispielsweise, wo „etwas nicht stimmt". Dieses Gespür gehört zum tiefen, ruhenden Grund unseres Seins, aus dem unsere „inneren Stimmen" sprechen. Zu ihnen gehören, neben dem Gespür, auch Intuition und Seelenstimme. Wobei ich diese drei folgendermaßen unterscheide:
Gespür reagiert auf eine (meist unbewusste) äußere Wahrnehmung.
Intuition weckt einen momentanen Impuls, eine Regung, die hier und jetzt zu einem bestimmten Handeln veranlasst.
Die Seelenstimme gibt langfristige und grundlegende Orientierung; sie leitet uns in eine Richtung, bewirkt Motivation, zieht uns zu einem Ziel. Diese drei inneren Leitstimmen, die sich zu einem großartigen Lebensnavigator zusammenfinden, _steigen in uns auf_, und mit ihnen geht keine äußere Regung mehr einher.

Es mag sein, dass Sie sich nicht jeder meiner Differenzierungen anschließen – das ist auch nicht der Zweck dieser Unterteilungen. Gefühle sind nie exakt zu katalogisieren und ebenso wenig eins zu eins in Gedanken zu überführen. Außerdem können verschiedene Menschen mit ein und demselben Begriff durchaus Unterschiedliches verbinden; ja manchmal ist uns selbst gar nicht recht klar, was wir konkret damit ausdrücken wollen. Doch um über Gefühle reden zu können, müssen wir wissen, was jede und jeder von uns damit meint, sonst sind Missverständnisse vorprogrammiert. In diesem Sinne biete ich Ihnen mit meiner Differenzierung eine gemeinsame Sprache an, zumindest als Verständigungsgrundlage auf dem Weg durch dieses Buch.

Diese Sprache wiederum verleiht uns der denkende Geist. Mit seiner Hilfe haben wir die beiden Kategorien (Psyche und Seele) und die unterschiedlichen Ebenen der Gefühle definiert – und mit seiner Hilfe werden wir in unseren Zeiten der Selbstbesinnung, die wir inzwischen in unseren Alltag eingepflegt haben, nicht nur unser Denken reflektieren und lenken, sondern ganz besonders auch unsere Gefühle wahrnehmen. Das Geist-Denken wird in uns eine entlastende Ordnung schaffen, indem es mit uns durch die diversen Ebenen hindurchgeht und darauf achtet, dass wir uns nicht im Gewirr der Gefühle verstricken.

… und ausführlicher:

Die Aufgabe des denkenden Geistes im Umgang mit den einzelnen Gefühlsebenen wollen wir nun konkreter betrachten, in derselben Abfolge wie oben im Überblick:

Emotionen

Von Emotionen habe ich gesagt, dass sie uns „überfallen"; man kann sie nicht übersehen oder „überfühlen": Ein Autofahrer missachtet meine Vorfahrt, ich kann gerade noch haarscharf bremsen – und zu meinem eigenen Erschrecken brülle ich ihm sehr Unhöfliches hinterher; die Lottozentrale informiert mich über den Gewinn des Jackpots, und ich raste aus, mache Luftsprünge, juble und tanze euphorisch durchs Zimmer; entsetzt werde ich von Panik ergriffen, als ich am Schalter meiner Hausbank plötzlich in eine Pistolenmündung blicke; und als ich den Brief des

Finanzamtes über eine unerwartete Steuerforderung öffne, kocht Ärger in mir hoch. Jeder kennt diese Erfahrung, dass unser Körper ganz unabhängig von unserem Wollen auf ein Ereignis hin heftig reagiert.

Solche Erstreaktionen sind spontan, unvermeidbar und geradezu (physio)logisch; sie sind quasi Blitzableiter beim Einschlag unerwarteter Ereignisse. Die Frage ist nur, ob es klug ist, ihnen auch spontan und unvermeidbar zu _folgen_ oder sie gar zur generellen Leitinstanz zu machen. Denn egal, ob unerwünschte Wut oder freudige Euphorie, in diesem Zustand ist man „von Sinnen" – und wer „außer sich" ist, kann zwangsläufig nicht „bei sich" sein.

Diese unumgängliche Spontanreaktion verebbt schon binnen weniger Sekunden. Dann können wir unser Bewusstsein einschalten und wieder die Kontrolle übernehmen – beziehungsweise uns zumindest darauf zu bewegen. Jetzt kann ich entscheiden, ob ich den Zorn schüren und im Finanzamt Amok laufen will (mich also der Emotion überlasse), oder ihn lieber bei einer Joggingrunde um den See verrauchen lasse, um danach ein Gespräch mit dem Steuerberater zu verabreden.

Wer diese Möglichkeit einer Selbst-Besinnung und Selbst-Beherrschung nicht nutzt, kann sich von der Wut – ebenso wie von Euphorie – mitreißen lassen. Und wie oft geschieht es, dass wir uns dann _hin_reißen lassen, vielleicht sogar zu Handlungen, die wir später bitterlich bereuen. Denn unkontrollierte Emotionen, selbst die positiv empfundenen, können uns und Anderen gefährlich werden: Auch in sprühender Euphorie würde ich niemandem empfehlen, aufs Dach zu klettern. Und selbst dort, wo wir uns und andere nicht unmittelbar gefährden, werden wir kaum zu uns kommen, solange wir ständig „in Emotionen baden": Emotionen überlagern Feingefühl und stehen damit jeder subtileren Wahrnehmung im Wege. Sie sind wie ein fauler Fisch, der dem Hund unmöglich macht, seinem feinen Spürsinn zu folgen.

Hier übernimmt unser Geist die Aufgabe, denkend Distanz herzustellen zu der emotionalen Erschütterung. Er könnte zu Beginn auf bewährte Erste-Hilfe-Maßnahmen zurückgreifen, wie dreimal tief durchatmen oder langsam bis zehn zählen oder ein Stoßgebet sprechen (oder was auch immer Ihre Rettungsleine ist). So wird er dafür sorgen, dass wir wieder „zu uns kommen", um dann mit seiner Hilfe über die recht undifferenzierte Erstreaktion genauer nachzudenken. Und als erstes wird er darüber entscheiden, was mit der Emotion zu tun ist: abhaken oder verfolgen?

Die Entscheidung wird erleichtert, indem wir uns wieder, wie schon im Umgang mit Gedanken, die Frage nach der Relevanz stellen. Der Ärger über einen rücksichtslosen Autofahrer kann spätestens am Abend begraben werden, der über den Steuerbescheid nicht.

Entscheiden wir uns, einer emotionalen Reaktion tiefer nachzugehen, dann könnten uns einige Überlegungen weiterbringen: Welches meiner Interessen ist verletzt worden? Welches meiner tieferen Gefühle müsste ich genauer anschauen (wie im obigen Beispiel, die Wut auf den Chef wegen der Zusatzaufgaben)? Hin und wieder wird mich eine Selbstreflexion vielleicht sogar veranlassen, nicht nur für die aktuelle Situation, sondern grundsätzlich zu klären, wieso ich bei ähnlichen Anlässen öfter aus der Haut fahre oder in Panik gerate. Vielleicht weist mich das auf tiefer liegende Gefühle oder Bedürfnisse hin, die ich zu lange ignoriert habe? Ebenso könnte ich dort auf Reaktionsmuster stoßen, die mit der momentanen Situation gar nichts zu tun haben, sondern von früheren Erlebnissen her bestimmt werden: Spule ich etwa einen alten Film ab und projiziere ihn auf die Fläche der aktuellen Situation, ohne dass das Eine etwas mit dem Anderen zu tun hat? Auch hier liegen erste Schritte, uns von solcherlei automatisierten Reaktionen zu lösen, in der bewussten Selbstbesinnung.

Fazit: Emotionen haben die größte Gefühlsintensität, treten meist als akute Reaktion auf, nach wenigen Sekunden können wir entscheiden, uns in sie hineinzusteigern oder uns aus ihnen zu lösen. Als Leitinstanz für Entscheidungen sind Emotionen denkbar ungeeignet, erst ein kluger Umgang mit ihnen öffnet auch den Raum zu tieferen Wahrnehmungen.

Stimmungen, Befinden

Während sich Emotionen in den Vordergrund drängen und den Augenblick beherrschen, können Gefühle unterhalb dieser Ebene schon mal der Wahrnehmung entgleiten. Gefühle wie Trauer, Seelenschmerz, Angst, Unzufriedenheit und ähnliche, und ebenso manche Stimmungen (anhaltend schlechte Laune) und Befindlichkeiten (Gereiztheit, Nervosität, Anspannung) sind zwar präsent, doch manchmal sind es erst Andere, die uns darauf aufmerksam machen: „Du wirkst heute so angespannt / bedrückt / beunruhigt!" Oder wir bemerken sie in Momenten des Innehaltens: „Komisch, was ist denn eigentlich mit mir los?"

In diesen stets begleitenden Gefühlen sind wir uns selbst schon wesentlich näher als in den aufgewühlten Emotionen: Beispielsweise zu bemerken, womit wir uns unwohl fühlen, womit wir unzufrieden sind und was uns stresst, ist durchaus Ausdruck des Frühwarnsystems, das uns vor falschem Verhalten schützen will.

Dennoch kann auch diese Art von Gefühlen den Weg zu unserem wirklichen Selbst verstellen, nämlich indem ihre Rolle unterbewertet oder überbewertet wird. Dann geschieht etwas Ähnliches, wie wir es bei den unergiebigen Gedankenkreisen gesehen haben: Wo dort nicht zu Ende *gedacht* wird, wird hier nicht zu Ende *gefühlt*. Und um „zu Ende zu fühlen" – das heißt, ganz bis in unsere Seelentiefe durchzudringen –, müssen wir uns einerseits fühlend wahrnehmen, uns andererseits zugleich vom Diktat dieser Gefühle frei machen können. Da selten beide Fähigkeiten gleichermaßen ausgebildet sind, nützt manchen Menschen eher ein Sensibilitätstraining, anderen die Entwicklung einer gesunden Distanz zum Fühlen. Beides wollen wir hier ein Stück verfolgen, und beides mündet schließlich in Überlegungen, wie wir wohltuend mit allen Facetten unseres Gefühlslebens umgehen können.

Beginnen wir mit der

Wiederentdeckung des Fühlens

Gefühle zu übergehen, ist in der Hetze unseres Alltags weit verbreitet, da bedarf es noch nicht einmal einer verdrängenden Philosophie. Wir kommen einfach nicht dazu, unser Gefühlsleben wahrzunehmen oder gar zu pflegen. Dadurch entgehen uns Signale des Frühwarnsystems, ebenso wie die Lebensqualität der Lebendigkeit. Ohne zu fühlen stumpfen wir ab, werden unempfindlicher, unempfänglicher, schlimmstenfalls sogar unmenschlicher: Wie soll jemand, der oder die nicht fühlen kann, beispielsweise Mitleid empfinden?

Deshalb tut es gut, diese „mittlere" Gefühlsebene immer mal wieder bewusst _wahrzunehmen_ – im doppelten Wortsinn: sowohl zu bemerken, als auch in Anspruch zu nehmen. Wem dies aufgrund seiner Prägungen oder Lebensumstände fremd ist, sollte (und kann!) tatsächlich Fühlen _lernen_. Ein solches Sensibilitätstraining lässt sich mühelos in unsere Besinnungspausen einbetten. Während das Nachdenken – also das Klären kreisender Gedanken und das Prüfen von Überzeugungen – eher die etwas längeren Besinnungszeiten braucht, profitiert das Fühlen-Üben mehr von möglichst vielen kleinen Unterbrechungen, in denen wir uns selbst immer mal wieder fühlend wahrnehmen können. Der denkende Geist bekommt dabei die Aufgabe, für geeignete Anregungen zu sorgen. Denn etwas Anleitung empfiehlt sich schon, solange es schwer fällt, sich der eigenen Gefühle gewahr zu sein – wir sollten wissen, auf welchem Weg wir uns für sie sensibilisieren können.

Der Weg dorthin ist vorgegeben: Er führt durch den Körper. Nur die Sensoren unseres wunderbaren Lebensinstruments Körper machen Fühlen möglich, indem sich jedes Fühlen anders in ihm ausdrückt – in verschiedenen Regionen und durch unterschiedliche Qualitäten. Dem kommen wir in zweierlei Weise auf die Spur: Zum Einen können wir immer wieder innehalten und nachspüren, wo und wie sich gerade in unserem Körper etwas tut; zum Anderen können wir mit verschiedenen Eindrücken spielen, um zu erkunden, was äußere Einflüsse mit uns machen. In beiden Fällen sind es unsere (körperlichen) Sinne, die uns die Welt vermitteln, die Welt um uns herum, ebenso wie die Erlebenswelt unserer selbst. So vermittelt unser „Fühl-Sinn", wie unsere Umwelt auf uns wirkt, und erst indem wir dieser Resonanz in uns nachspüren, können wir zu dem finden, was uns wirklich entspricht und ausmacht.

Diesen Fühl-Sinn zu schärfen, erfordert (wie bei allen anderen Sinnen auch) Aufmerksamkeit – und damit eine Reduktion ablenkender Reize. Unsere Sinneswahrnehmungen konkurrieren miteinander: Wir können nicht gleichermaßen intensiv schauen, hinhorchen, schmecken, einen Duft erschnuppern und den Windhauch auf der Haut genießen. Die Feinheit der Sinne entdecken wir erst, indem wir uns ganz der einen Wahrnehmung hingeben – also andere Eindrücke minimieren. Erst wo wir uns dem freiwilligen und unfreiwilligen Bombardement von Bildern, Geräuschen und Gerüchen entziehen, werden wir uns der anderen Sinne gewahr: Haben Sie zum Beispiel schon mal den „Dialog im Dunkeln" besucht, eine Führung oder eine Mahlzeit, bei der unser Sehsinn durch absolute Dunkelheit ausgeschaltet ist? Ich war fasziniert, wie ich erst hilflos, dann mehr und mehr neugierig und schließlich schon bei diesem kurzen Durchgang zunehmend für mein Körpergespür sensibler wurde! Gerade unser Sehsinn absorbiert den größten Teil unserer Aufmerksamkeit, und damit die weniger dominierenden Sinne ins Bewusstsein kommen, hilft dann ein Ausblenden dieses Sinnesreizes – schon indem wir hin und wieder die Augen schließen und nach innen spüren.

Indem wir uns immer wieder mal auf eine etwas vernachlässigte Sinneswahrnehmung konzentrieren, bahnen wir generell unsere Feinfühligkeit, bauen also eine Brücke zum „Fühlen an sich". Es gibt reichlich Gelegenheiten, zwischendurch die Aufmerksamkeit bewusst unseren Sinnen und unserem Fühlen zuzuwenden. Halten Sie von Zeit zu Zeit inne: Spüren Sie den Boden unter Ihren Füßen, das Straßenpflaster, den Kiesweg, den Waldboden. Oder: Wie nehmen Sie gerade Ihre Körperhaltung wahr? Wie empfinden Sie Ihre Mimik? Welche Muskeln sind in Bewegung oder angespannt? In welcher Körperregion fühlen Sie Aktivitäten, Behagen oder Unbehagen? Und wie würden Sie das beschreiben, was Sie dort vorfinden: Ist es eng, weit, hell, dunkel, schwer, leicht, rund, zackig, eisig, warm? – Oder nehmen Sie genauer wahr, wie Körper und Seele auf unterschiedliche Musik reagieren: Hardrock, ein Wagner-Chor, ein Song von Herbert Grönemeyer oder Tschaikowskys Klavierkonzert? Was macht ein Walzer mit Ihnen, wie fühlen Sie sich mit Sambaklängen? Können Sie es über „schön" oder „unangenehm" hinaus charakterisieren? Erkennen Sie, warum Sie das eine Stück mögen und ein anderes nicht? Oder: Wie unterscheidet sich Ihr Gefühl beim Fernsehen vom Lesen eines Buches, und wie geht es Ihnen mit dem jeweiligen Inhalt der Darstellung?

Wenn wir ganz ohne Erwartung bei verschiedenen Tätigkeiten und unter Eindruck unterschiedlicher Reize in unseren Körper hineinlauschen, merken wir mehr und mehr, was uns entspricht, was uns stresst, was uns fehlt, benebelt, absorbiert, langweilt oder aufbaut. So lernen wir unsere Gefühlswelt zunehmend kennen, erfahren, was wirklich unsere Seele nährt, was wir vielleicht aus Gewohnheiten fortsetzen oder was uns betäubt. Was machen wir immer noch, weil es „alle" tun? Wo entdecken wir, dass etwas uns zwar vordergründig anzieht, aber mit unguten Gefühlen zurücklässt? – Auf diese Weise wird sich Schritt für Schritt unser Selbstgefühl verfeinern und uns an unseren eigentlichen Wesenskern heranführen. Dann könnten sich im Laufe der Zeit unsere Entscheidungen verlagern, welche Musik wir hören, welche Art von Filmen wir uns ansehen, welche Bücher wir lesen, welche Reisen wir planen – und wo unser Leben überhaupt hingehen soll...

Aus der Selbstumkreisung zur Selbstfürsorge

Während die Einen ihre Mitte schwer erreichen, weil sie von ihren Gefühlen abschnitten sind, erreichen Andere sie nicht, weil sie ihre Mitte am falschen Platz suchen, nämlich ausgerechnet in der Peripherie der unsteten Gefühlswelt. Obwohl man meinen könnte, dass diejenigen, die ganz in ihren Gefühlen aufgehen, zugleich leichter Zugang zu ihren tieferen Gefühlsschichten finden, kann durchaus das Gegenteil der Fall sein: Je näher das Fühlen in Richtung Emotionen tendiert, desto mehr wird es als prickelnd, lebendig, aufregend, oft lustvoll empfunden. Damit macht es sich gern zum Selbstzweck, der dann nicht in Gedanken-, sondern in Gefühlskreisen gefangen hält. Im Extremfall produziert die Vorstellung, dass sich der Lebenssinn an stets guten oder besonders intensiven Gefühle bemisst, „Gefühls-Junkies"; immer auf der Suche nach dem nächsten Gefühlskick, fühlt sich die Psyche „high", die Seele dürstet.
Ist es nun „Drogenbeschaffung", oder liegt selbst darunter noch eine unterschwellige Ahnung von etwas Wesentlicherem, die so viele Men-

schen mit ausgeprägtem Gefühlsleben unermüdlich über Jahre hinweg in Selbsterfahrungskurse, zu Lebenshilfegurus oder in therapeutische Praxen treibt? Was lässt auch diejenigen, die sich intensiv mit ihren Gefühlen beschäftigen, so oft dennoch nicht zur Ruhe kommen?

Ob „Drogenbeschaffung" oder ahnende Triebkraft dahinter steckt, wird sich klären, sobald wir dem Geist (und damit dem Denken) erlauben, Beistand zu leisten. Hier „scheiden sich die Geister": Wer ernsthaft nach Auswegen aus dem Gefühlswirrwarr sucht, wird sich dem nicht verschließen; wer auf dem Gefühlstrip bleiben will, wird im Denken eher eine Bedrohung befürchten. Und die noch Unentschlossenen können sich leichter orientieren, indem sie sich zwei verbreitete Missverständnisse bewusst machen (womit ja automatisch schon der Geist im Spiel ist...):

Das erste und entscheidende Missverständnis liegt in der Erwartung, wir könnten überhaupt so etwas wie ein konstant freudig-glückliches Wohlgefühl erreichen. Menschen mit dieser Überzeugung quälen sich mit einem Paradox: Indem sie ständig nach etwas suchen, was nicht als Dauerzustand existiert, leben sie – dann doch als Dauerzustand – in genau dem Gefühl, dem sie entfliehen möchten, nämlich in Unzufriedenheit.

Das zieht Missverständnis Nummer 2 unmittelbar nach sich, nämlich die Schlussfolgerung, koste es was es wolle, eine Störquelle ausfindig machen zu müssen, damit sich alles wieder rundum gut anfühlt. Das ist natürlich nicht grundsätzlich verkehrt – einem unterschwelligen Ärger sollten wir nachgehen und die Ursache beheben. Schwieriger wird es, wenn wir diese Störquelle in der gegenwärtigen Lebenssituation nicht finden, beispielsweise in einem Streit mit dem Partner, Spannungen am Arbeitsplatz oder in einer Sinnkrise. Dann tut sich ein unergründliches Feld auf, das von einigen psychologischen Schulen gut gedüngt wird: Wenn wir in der Gegenwart nichts finden, kann unser Unbehagen nur aus der Vergangenheit kommen (das sehe ich als den Kern des zweiten Missverständnisses an). Und so machen sich die Sucher an ihre Sisyphusarbeit. Sie stellen wieder und wieder ihr gesamtes Lebenshaus auf den Kopf in der Hoffnung, endlich die Leiche zu finden, die irgendwo in ihrer Kindheitsgeschichte begraben liegt. Sie vermuten prägende Erfahrungen oder gar traumatisierende Erlebnisse, die ihnen heute das Glück verbauen. Und wenn die Kindheit nichts mehr hergibt oder nicht schlüssig zum Unbehagen passt, dann geht der Blick weiter in frühere Inkarnationen – ein unerschöpflicher Pool für verzweifelte Sucher.

Das Vertrackte an dieser Sicht: Es ist durchaus etwas Wahres daran. Ja, manche alten Erlebnisse wirken lange in uns nach und können vielleicht erst Jahre später bewusst verarbeitet werden. Ja, wir sind durch Erfahrungen geprägt; wir haben aus ihnen Überzeugungen (manche Therapierichtungen sprechen von „Glaubenssätzen") abgeleitet oder diese von Anderen übernommen. Alles das kann uns von uns selbst entfremden. Zweifellos kann dann ein Blick in die Vergangenheit heilsam sein, um sich aus Reaktionsmustern leichter zu lösen oder einen alten Schmerz betrauern zu können.

Andererseits ist unsere Vergangenheit weniger als die halbe Wahrheit, wenn es um unsere Chance auf ein glückendes Leben geht. Wer sich ganz in der rückwärts schauenden Leichensuche verliert, wird sich kaum finden – so wie der Autofahrer, der ununterbrochen in den Rückspiegel starrt, nur schwerlich sein Ziel erreicht.

Diese Sichtweise stößt nicht selten auf Skepsis, zumal eine überwiegende Rückschau in vielen Therapierichtungen verbreitet ist. Doch was kann es schaden, der Skepsis eine neue Erfahrung entgegenzusetzen? Wir könnten es einfach mal ausprobieren, wohin uns die denkende Begleitung der Gefühle führt. Falls sie sich nicht bewährt, steht es ja frei, sie wieder zu verwerfen. Klüger als vorher sind wir dann allemal.

Diejenigen, die sich auf diese neue Erfahrung einlassen und die verwirrenden Ansagen ihres Gefühlsnavigators dem Geist-Denken unterstellen, machen dann in der Regel eine erstaunliche Entdeckung: Sie beginnen sich zunehmend wohler zu fühlen. Der denkende Abstand erlaubt ihnen, überhaupt erst einmal zu erwägen, ob sie den Dauerzustand des Gut-Fühlens für realistisch halten und ihn weiterhin zu ihrem Maßstab machen wollen. Und sobald sie sich zugestehen, nicht jedes unerfreuliche Gefühle als „falsch" anzusehen, erübrigt sich ja eigentlich von jetzt auf gleich auch die verzweifelte Suche nach der „Leiche im Keller" (und der wesentliche Glaubenssatz, den es dann noch zu bearbeiten gilt, ist die Überzeugung, es gäbe einen Dauerzustand guter Gefühle...).

Anders gesagt: Wer sich mit der Idee anfreunden kann, dass unser menschliches Gefühlsklima nun mal wechselhaft _ist_ und sogar verschiedene Arten von Gefühlen _braucht_, kann endlich die krampfhafte Suche nach Dauerglück und störenden Ereignissen begraben. Und schon ist man viel entspannter, die Getriebenheit lässt nach, man ist mehr „bei sich" und – irgendwie glücklicher...

In dieser neu gewonnenen Freiheit können wir uns nun der Frage zuwenden, wie wir ganz praktisch unsere Gefühle auf gute Weise leben können, ohne sie unseren Weg diktieren zu lassen.

Kontakt im Abstand

Vermutlich fällt Ihnen auf, dass im Umgang mit Gefühlen manches dem ähnelt, was wir schon im Umgang mit Gedanken betrachtet haben: Für das Eine wie das Andere braucht es den denkenden Geist, der sozusagen aus dem Konglomerat des (denkenden und fühlenden) Innenlebens heraustritt und von außen bewusst dazu Beziehung aufnimmt. Und wie schon beim Sortieren der Gedanken, so stellt sich auch im Umgang mit Gefühlen als erstes die Frage: Wie wichtig ist ein bestimmtes Gefühl in diesem Moment?

Es entlastet schon, wie eben gesagt, uns zu zugestehen, dass nicht jedes Gefühl eine größere Bedeutung hat. Stimmung und Befinden wechseln nun mal, Launen kommen und gehen – zu wenig Schlaf, zu viel Sahnetorte, Erschöpfung, eine kneifende Jeans oder drei Tage Novembernebel können aufs Gemüt schlagen. So betrachtet man manche Stimmungen und Gefühle tatsächlich am besten wie das Wetter, da müssen wir uns nur „passend anziehen und durch". Wie nicht jede Wolke ein Unwetter ankündigt, so kann man allemal mit den meisten Gefühlen undramatisch klar kommen. Manchmal hilft ein Stündchen auf der Couch mit einem unterhaltsamen Buch, manchmal ein Spaziergang mit dem Hund oder Einmal-drüber-Schlafen. „Abwarten" ist bei unerwünschten Gefühlen eine ausgesprochen hilfreiche Strategie: So könnten Sie beschließen, das Gefühl zu registrieren – und derweil die Fenster zu putzen.

Ein andermal könnten Sie – bewusst – entscheiden, sich hier und jetzt genau dem Gefühl _hinzugeben_, das Sie gerade erwischt hat. Wenn die Lustlosigkeit, die Enttäuschung, die Langeweile ausgekostet wird, löst sich so manches Unbehagen, auch ganz ohne tiefschürfende Analyse, wieder auf – oft verbunden mit einem neuen Energieschub.

Manchmal wiederum bräuchte ein spontanes Gefühl unsere Hinwendung, doch gerade hier und jetzt passt es nicht. Dann kann ich dieses Gefühl, so wie wir es mit kreisenden Gedanken praktizieren, sogar „vertagen": Ich biete ihm eine (bei Gefühlen immer kurzfristige) Verabredung an, um mich ihm dann wirklich zu widmen – falls es dann noch aktuell ist. Selbst mein Liebeskummer lässt sich gewaltfrei auf einen anderen Zeitpunkt vertrösten, wenn ich gerade bei Edeka an der Kasse stehe oder ein Patient mir gegenüber sitzt (auch hier wird wieder ein Unterschied dieser Gefühlsebene zu Emotionen deutlich: Versuchen Sie mal, einen Wutanfall zu vertagen, bis Sie zuhause sind!).

Genauer ansehen müssen wir allerdings Gefühle, die uns _anhaltend_ zu schaffen machen. „Anhaltend" im doppelten Sinn: Sie _dauern an_, und sie _halten uns an_, bremsen uns längerfristig oder immer wieder im Alltag aus. Solchen Gefühlen sollten wir uns ganz bewusst zuwenden.

Die Entscheidung, ob Abwarten angesagt oder ob Klärung nötig ist, trifft wieder unser bewusster Geist. Er ist es, der irgendwann bemerkt, dass etwas unser Befinden nachhaltig stört – schlechte Laune, Ärger, Angst, deprimierte Stimmung –, und er leitet dann auch den weiteren Fortgang. Er wird auf die Gefühle hören, sie ernst nehmen und entscheiden, was folglich zu tun ist. Manches möchte nur anerkannt werden und einen geschützten Raum finden, wie beispielsweise Trauer um den Verlust eines Menschen. Diese muss nicht ergründet werden, sie hat

Grund genug, den Abschied zu verschmerzen. In anderen Situationen wiederum können wir nachdenkend prüfen, ob ein bleibendes Gefühl, zum Beispiel eine depressive Verstimmung oder ein diffuses Unbehagen, auf ein tiefer liegendes Problem aufmerksam machen will (manche Depression beispielsweise hat sich im Laufe therapeutischer Begleitung als gesunder Hilfeschrei der Seele herausgestellt: Sie hat auf den zugrunde liegenden Selbstverlust hingewiesen, und sie löst sich auf, wenn der Mensch endlich auf seine Seelenstimme hört und sich den wesentlichen Bedürfnissen seines Lebens zuwendet).

Ein kurzer Rückzug aus dem Alltäglichen erleichtert eine solche Selbstbesinnung, entweder spontan oder nach innerer Verabredung. In einem wertschätzenden Rahmen kann ich mein Fühlen wirken lassen, ihm nachspüren und darüber nachdenken. Vielleicht komme ich dabei einer nicht eingestandenen Kränkung auf die Spur, erkenne die Notwendigkeit, eine Beziehung zu klären, sehe hinter meiner Depression den Verlust von Lebenssinn und -perspektive oder entdecke in meinen Ängsten bislang unerkannte Fragen an das Leben. Manchmal geht das allein, sehr oft wird der Prozess erleichtert im Gespräch mit Anderen, sei es im freundschaftlichen Beistand oder in Begleitung durch einen geistlichen Mentor oder Therapeuten (womit schon angedeutet die Brücke zu unserer dritten Grundfähigkeit, der Kommunikation, in Sicht kommt).

Gedanken-Gefühls-Kreise

Bei unseren – alleinigen oder gemeinsamen – Besinnungen mag uns das eine oder andere Mal auffallen, dass etliche unangenehme Gefühle nicht „einfach nur da sind", sondern dass wir selbst kräftig dazu beitragen: *Ein Mann will ein Bild aufhängen. Den Nagel hat er, nicht aber den Hammer. Der Nachbar hat einen. Also beschließt unser Mann, hinüberzugehen und ihn auszuborgen. Doch da kommt ihm ein Zweifel: Was, wenn der Nachbar mir den Hammer nicht leihen will? Gestern schon grüßte er ihn nur so flüchtig. Vielleicht war er in Eile. Aber vielleicht war die Eile nur vorgeschützt, und er hat etwas gegen ihn. Aber was? Er hat ihm nichts angetan; der bildet sich da etwas ein. Wenn jemand von ihm ein Werkzeug borgen wollte, er gäbe es ihm sofort. Und warum sein*

Nachbar nicht? Wie kann man einem Mitmenschen einen so einfachen Gefallen ausschlagen? Leute wie der Kerl vergiften einem das Leben. Und dann bildet der Nachbar sich noch ein, er sei auf ihn angewiesen. Bloß weil er einen Hammer hat. Jetzt reicht's ihm aber wirklich. Und so stürmt er hinüber, läutet, der Nachbar öffnet, doch noch bevor er „Guten Morgen" sagen kann, schreit ihn unser Mann an: „Behalten Sie Ihren Hammer, Sie Rüpel!"

Wunderbar erzählt der Kommunikationswissenschaftler Paul Watzlawik in dieser Geschichte vom „Mann mit dem Hammer", wie man sich richtig unglücklich machen kann: Es geht nur, indem man sich in bestimmte Vorstellungen versetzt, und Vorstellungen wiederum beginnen beim Denken. Wenn wir hier etwas zum Positiven wenden wollen, gibt es also keinen anderen Weg als wieder über das Denken – das Geist-Denken natürlich.

Dass das Denken auf der Unterströmung der Gefühle „die Segel setzt", hatte ich am Anfang dieses Kapitels mit Blick auf die beiden Varianten des chinesischen Zitates schon erwähnt. Damit kann der Geist einen unabhängigen Weg einschlagen, notfalls auch schon mal „gegen den Strom" der Gefühle steuern. Doch wenn er seinerseits auf die Gefühle *einwirken* und sie *mitziehen* soll, dann muss er ihnen näher kommen – geradezu hautnah (nun lässt sich das Bild mit den Strömungen nicht mehr beibehalten, denn welches Boot kann schon auf Strömungen einwirken?). Wo Denken und Fühlen so eng miteinander verknüpft sind, müssen wir uns auch deren Wechselbeziehungen noch differenzierter anschauen:

Der Tanz von Denken und Fühlen

Wechselbeziehungen zwischen Denken und Fühlen sind jedem vertraut. Und wir wissen (machen es uns allerdings selten bewusst), dass es dabei keineswegs in beide Richtungen gleichberechtigt zugeht: Bestimmte Gedanken können wie auf Knopfdruck Gefühle triggern, manchmal reicht ein einziges Wort als Auslöser für ganze Gefühlskaskaden. So hat vermutlich jeder schon ähnlich leidvolle Erfahrungen mit Gedanken gemacht wie der Mann in der Geschichte: Sie ziehen unweigerlich die Gefühle in eine Abwärtsspirale, bei der jeder weitere Gedanke die negativen Gefühle noch anfeuert. Gefühle dagegen können nicht gezielt Gedanken „triggern", sondern fordern das Denken _indirekt_ heraus. Ist das Gefühl zuerst da, müssen wir _nachdenken_, was es wohl mit einem Befinden oder einer Stimmung auf sich hat, weil es dafür nicht eine eindeutige, sondern mehrere Erklärungsmöglichkeiten geben kann.

Dies gelingt dem denkenden Geist, weil er nicht nur zum automatisierten Denken, sondern auch zum Fühlen ein Stück auf Distanz gehen kann. Anders gesagt: **Das Denken kann sich bewusst (zumindest ein Stück) vom Fühlen lösen, während Gefühle diese Wahl der Trennung nicht haben.** Im Tanz von Denken und Fühlen kann somit allein das Denken führen.

Sehen wir uns mit diesem Blick den Mann aus Paul Watzlawiks Geschichte noch einmal an. Der Mann war offenbar so richtig aufgebracht. Schon hier hätte das Geist-Denken innehalten können: Hatte seine üble Laune überhaupt etwas mit dem Nachbarn zu tun? Oder hat das Computer-Denken hier nur einen Zusammenhang hinein interpretiert?

Doch spätestens die steile Abwärtsspirale, die dann folgte, war nicht „einfach so da", sondern wurde kräftig von Gedanken angetrieben – Gedanken, die aus Mutmaßungen und Interpretationen bestanden.

Und wie hätte der denkende Geist eine andere Geschichte daraus machen können?
Der Mann hätte den flüchtigen Moment der Selbstbesinnung aufgreifen können, der sich anfangs noch auftat: Als ihm kurz in den Sinn kam, ob der Nachbar wohl in Eile gewesen sein könnte, hätte er an dieser Stelle – nachdenkend – das Blatt wenden können: „Ja, vielleicht war er wirklich in Eile, das erklärt seinen flüchtigen Gruß" – denkt er, und drückt freundlich auf den Klingelknopf. Oder: „Mag sein, dass er in Eile war, aber irgendwie habe ich den Eindruck, dass er trotzdem etwas gegen mich hat. Nun denn, ich kann ihn mal nach dem Hammer fragen, dann wird sich ja zeigen, wie er reagiert!" Oder ganz selbstbewusst: „Ich könnte ihn gelegentlich darauf ansprechen, ob ich ihn irgendwie verärgert

habe." So und in vielen weiteren Varianten hätte es gehen können – doch was wäre dann aus der Pointe geworden?

Stets ist der Gedanke der Funke, an dem sich Gefühlsgerümpel entzündet: So braucht ein Mensch mit Flugangst nicht in einem Flieger zu sitzen, um Panik zu empfinden, die Vorstellung allein reicht. Ebenso wie der Gedanke an frühere Verletzungen und unerfreuliche Erfahrungen die alten Gefühlskaskaden reaktiviert („immer wenn ich an Pauls letzten Brief denke, werde ich traurig / wütend / verzweifelt...") oder Sorgen um eine zukünftige Entwicklung die Laune verderben. Aussteigen können wir aus diesen Gedanken-Gefühls-Spiralen nur durch Denken. Und über die Prinzipien, mit Gedanken umzugehen, haben wir im Kapitel Denk-Kultur gesprochen; sie bleiben im Wesentlichen die gleichen, egal ob Gedanken mit oder ohne Gefühlsanhang daherkommen: Hin und wieder kann es helfen, von einem Gedanken schlichtweg abzulenken oder ihm einen Platzverweis zu erteilen. Hin und wieder ergibt ein genaues Hinschauen, dass der Gedanke tatsächlich an etwas Wichtiges erinnert, in unserer Hammer-Geschichte vielleicht, dass da noch ein Missverständnis geklärt werden muss. Meist aber gilt es, überflüssige und belastende Gedanken-Gefühls-Kreise zu identifizieren und sich mit Hilfe des Geist-Denkens aus ihnen zu lösen, indem wir die Denkmuster entlarven, an deren Leine wir immer wieder in Abwärtsstrudel der Gefühle geraten.

Zugegeben, manche Gedanken kommen mit schwerem Gefühlsanhang daher. Da ist wieder einmal unser Geist gefordert, Relevanz zu erkennen, damit wir uns nicht in unbedeutenden Nebenthemen verlieren. Denn die gute Nachricht ist: Die Klärung unserer Gedanken-Gefühls-Kreise muss nicht zu einer „unendlichen Geschichte" ausufern. Wenn wir nämlich genau hinschauen, wird sich zeigen, dass wirklich *grund*legender Einfluss auf unser Lebensgefühl nur von wenigen essenziellen Überzeugungen, Denkmustern und Prägungen ausgeht. Diese zu ergründen, wird nach und nach auch die daran gekoppelten Gefühlsreaktionen durchlichten und auflösen – in Zeiten der Selbstreflexion, oft jedoch im hilfreichen Gespräch mit Weggefährten (die wir besonders im nächsten Kapitels kennenlernen werden).

Fazit:
Die Gefühlsebene von Stimmungen und Befinden begleitet uns fortlaufend, sie wahrzunehmen, bringt uns schon unserem Wesenskern näher. Wer bislang schwer Zugang zu seinem Gefühlsleben findet, kann „fühlen üben" durch bewusste Wahrnehmungen und Verfeinerung der Körpersinne.
Wer sich in seinem Gefühlsleben zu sehr verliert, profitiert von der Fähigkeit des Geistes, auf Distanz zu Denken und Fühlen zu gehen.
Ebenso hilft das Geist-Denken, destruktive Gedanken-Gefühls-Kreise zu entlarven und in eine heilsame Richtung zu lenken.

Auf diese Weise nehmen wir unsere Gefühle auf dem Lebensweg mit, ohne uns von ihnen etwas aufzwingen zu lassen. Und auf diese Weise öffnet sich die Tür zu unseren – ebenfalls gefühlten – inneren (Leit-) Stimmen:

Der innere Navigator

Unter unserem *Befinden* ruht das *Empfinden*. Im Empfinden sind subtile Wahrnehmungen aus Außen- und Innenwelt zuhause. Gerade deren leise Gefühle sind kostbare Wegweiser unserer Seele, die Wahrgenommenes beziehungsweise unsere innere Wahrheit viel früher ausdrücken, als es der Intellekt in (denkende) Worte fassen könnte. Hier treffen sich **Gespür, Intuition und Seelenstimme**; im Verbund mit dem denkenden Geist gehören sie zur Steuerzentrale jedes tiefgründigen, authentischen Lebens. Diese Trinität der inneren Stimmen lässt sich, wie schon die Abstufungen der Gefühlsebenen, nicht durch scharfe Trennlinien aufspalten; dennoch ist jeder ihrer Anteile durch Typisches charakterisiert, die sie von anderen Gefühlsebenen und auch untereinander unterscheidet. Das Typische zu kennen, erleichtert uns, den Spuren dieser klugen Ratgeber zu folgen.

Auf der Ebene dieser inneren Stimme(n) sind wir uns selbst am nächsten, sie leiten uns zur Wahrheit. Nicht im Anspruch einer allgemeingültigen Philosophie, sondern im Hinblick auf eine jeweilige Situation, Beziehung oder persönliche Grundlage. Zwar ist Wahrheit selbst kein Gefühl, aber in leisen Gefühlen findet sie _wahr_nehmend ihr Echo. Auf dieser Ebene sind wir im Einklang mit uns selbst und ganz präsent für das, was im Augenblick geschieht, in uns und um uns her. Was wir hier empfinden, dem sollte unsere besondere Aufmerksamkeit gehören.

Dass diese inneren Stimmen unserem Wesenskern einerseits am nächsten, andererseits leise und unaufdringlich sind, hatte ich schon mehrmals erwähnt; dies unterscheidet sie jeweils nur graduell von den anderen Ebenen. Anders als bei Emotionen, Stimmungen und Befinden gilt jedoch: Diese inneren Leitstimmen veranlassen ganz spezielle Handlungen, die häufig auch andere Menschen betreffen. Um darin _verantwortlich_ zu handeln, müssen ihre gefühlten Botschaften _geprüft_ werden.

Solche Prüfungen wären für die anderen Gefühlsebenen geradezu absurd – welchen Sinn macht es zu hinterfragen, ob ein Gefühl als solches „stimmt"? Wenn ich wütend bin, bin ich wütend, das muss nicht geprüft werden. Und wenn ich energiegeladen oder glücklich bin, muss auch das nicht „verifiziert" werden. Dagegen sind für Gespür, Intuition und Seelenstimme Prüfungen unerlässlich; hier müssen wir stets bedenken, ob sie wirklich „stimmen". Nicht nur, weil ihre Botschaften durch ihre leise Sprache wie im Spiel „Stille Post" leichter missverstanden werden können, sondern weil sie eben weiter reichende Auswirkungen haben.

Einwurf: Warum spricht sie nicht einfach lauter?
Wäre nicht alles einfacher, wenn unsere inneren Stimmen klarer und lauter zu uns sprechen würden? Das habe zumindest ich mich oft gefragt. Ist es nicht widersinnig, dass ausgerechnet die wichtigste Stimme, nämlich die meines eigentlichen Wesenskerns, so zurückhaltend ist? Doch wenn schon alle Erfahrung dafür spricht, so frage ich mich, ob nicht sogar ein Sinn darin liegen könnte.

Meine Idee dazu: Eige_n-st_ändig und selbs_t-b_ewusst zu werden, in eine mündige Persönlichkeit hineinzuwachsen, kann nicht gelingen, indem wir brave Befehlsempfänger sind – auch nicht die einer dominierenden Seelenstimme. Es ist wie mit klugen Eltern: Je nach Reifegrad der Kinder geben sie ihnen immer mehr Freiheit, selbst zu entscheiden.

Ein Kind wird erst dadurch zu einer verantwortungsbewussten Persönlichkeit, indem es selbst zwischen „gut und böse" oder „richtig und falsch" unterscheiden lernt. Durch solche Phasen werden kluge Eltern ihre Kinder nicht mit Befehlen und lauter Stimme dirigieren. Und ebenso wenig wird uns unsere kluge Seelenstimme – von akuter Gefahr vielleicht abgesehen – anschreien. Stattdessen wird sie eher anklopfen, nachfragen, erinnern, vorschlagen, aufmerksam machen. Unsere Wahl ist es, dann hinzuhorchen – oder lieber den lauten Stimmen zu folgen. Wo wir uns auf diesen „Erziehungsprozess" einlassen, wird es am Ende keine Konkurrenz mehr geben zwischen Seele und Psyche – unser Ego, unsere Seele und unser Geist werden einig und „eins" sein.

So werden wir uns hier auf die Aspekte konzentrieren, die für diese Gefühlsebene charakteristisch sind:
Welche Rolle spielen Gespür, Intuition und Seelenstimme für unsere konkreten Handlungen und unsere Mitmenschen?
Und wie können wir ihre Verlässlichkeit prüfen?

Spüren – einer Spur nachgehen

Gespür ist, wie der Name schon anklingen lässt, ein Empfinden, das uns „auf die Spur" bringt. Es ist uns schon im Zusammenhang mit der Prüfung von Gedanken begegnet: Stimmigkeit oder Zweifel _denken_ wir nicht, sondern wir _spüren_ sie. So macht sich Zweifel an einer Aussage oder in einer Situation oft längst vor nachweisbaren Fakten durch ein _Gespür_ bemerkbar: Ich fühle mich irritiert, irgendetwas „reibt", ohne dass ich es bislang benennen kann.

Ebenso kennen Sie es vermutlich aus eigener Erfahrung, dass „Verstehen" mehr ist als ein rein rationales Nachvollziehen: Sie können einer bestimmten Darstellung durchaus intellektuell folgen, wie beispielsweise der Herleitung einer mathematischen Formel. Sie werden den Gedankengang eventuell auch auswendig hersagen und die Formel korrekt anwenden können. Dazu müssen Sie sie noch längst nicht _verstanden_ haben. Sobald Sie aber sagen: „Jetzt habe ich es _verstanden_!", dann haben Sie nicht nur gedacht, sondern etwas in sich _gespürt_. Erst was wir auf diese Weise erfasst haben, gestattet uns, frei mit dem Gelernten umzugehen, zum Beispiel es in eigenen Worten zu erklären, es zu variieren oder daraus weitere Schlüsse zu ziehen.

Selbst eine so nüchterne Handlung wie das Denken kommt also ohne das tiefere Empfinden nicht aus. Denken profitiert von einem *gespürten* Abgleich, der ihm grünes, gelbes oder rotes Licht gibt: Wir *empfinden* etwas als plausibel oder einleuchtend (grüne Ampel), wir *spüren*, dass etwas schief läuft (rote Ampel), wir *fühlen* uns von einer Aussage irritiert (gelbe Ampel). Zwar geht der weitere Prüfauftrag wieder an das (bewusste) Denken zurück, das Empfinden jedoch gibt den Impuls, dies überhaupt zu tun, und es schwingt so lange mit, bis das Ergebnis „stimmt".

Wo uns allerdings gar nicht bewusst ist, welche unserer fühlenden Instanzen für einen gesunden Abgleich zuständig sind, halten wir schon mal gröbere Gefühle und Emotionen für den gültigen Maßstab. Wer sich angegriffen fühlt, schleudert dann spontan seinem Gesprächspartnern entgegen: „Das ist nicht wahr, das fühle ich genau!" oder „Ich merke doch, dass du lügst!", ohne überhaupt erst bis zur tieferen *Wahr*nehmung durchzudringen. Die innere Wahrheit jedoch spricht leiser: Haben wir es nicht schon oft genug erlebt, dass wir hoch emotional widersprechen, aber zugleich „irgendwie das Gefühl" haben (und nicht wahrhaben wollen), gerade im Unrecht zu sein? Welche Gefühlsebene ist nun „richtig" und unserer inneren Wahrheit näher?

An diese innersten Gefühlsinstanzen aber müssen wir herankommen, wenn wir uns selbst ergründen wollen. Dann begleiten sie uns durch gewichtige Herausforderungen (zum Beispiel Berufsentscheidung) ebenso wie durch eher unscheinbare Situationen. Eine praktische Gelegenheit, die wir schon kennengelernt haben, ist beispielsweise die Interaktion zwischen unserem Denken, (emotionalem) Fühlen und (tieferem) Empfinden, wenn wir einen kreisenden Gedanken oder ein belastendes Gefühl „vertagen" wollen. Dasselbe gilt für „Probezeiten", die wir einem Entwicklungsprozess einräumen (worauf wir beim Thema „Bereitschaft zur Selbstveränderung" näher eingehen): Um zu einer stimmigen Antwort zu finden, sollten alle inneren Instanzen widerspruchsfrei mitziehen.

Oft liegen zunächst einsichtiges Denken und Emotionen weit auseinander, und erst das _Nachspüren_ ertastet den Punkt der Stimmigkeit:

Linda kam wegen ihrer Ehekrise zur Beratung und erkannte, dass sie einiges an ihrem eigenen Verhalten und in ihrer Haltung ändern musste. Wir überlegten, welchen Zeitraum sie den nötigen Veränderungen zubilligen wollte. Ihre emotionale Sofortantwort war: Höchstens vier Wochen! Meine Bedenken und ihr Nachdenken sprachen eher für ein Jahr. Emotional gefühlt war ihr das deutlich zu lang. Im Nachspüren konnte sie drei Monate „Probelauf" akzeptieren und zunächst ein halbes Jahr für die Gesamtentwicklung zugestehen, um dann zu beurteilen, ob dadurch etwas in ihrer Beziehung in Bewegung kommt.

Gespür brauchen wir einerseits zur Prüfung von Gedanken und sogar im Umgang mit Gefühlen, andererseits und ganz besonders macht es sich im menschlichen Miteinander unentbehrlich. Dort reagiert es auf ein äußeres Geschehen, wie das Verhalten oder Worte eines Anderen: Sie _spüren_ Spannungen zwischen zwei Menschen oder „dicke Luft" im Konferenzsaal. Sie merken „so ist es in Ordnung" oder „hier stimmt etwas nicht". Dabei spielt es für unsere Betrachtung keine Rolle, ob dieses Empfinden auf nachweisbare Signale reagiert wie die Mimik eines Gesprächspartners, ob es sich über die so genannten Spiegelneurone mitteilt, oder ob wir es auf der Basis mentaler Kommunikation verstehen. Entscheidend ist: In uns ist eine Fähigkeit angelegt, die uns hilft, auf die richtige Spur zu kommen, und das ist eine _fühlende_.

Das Gespür als solches ist anfangs eher vage, es drängt sich nicht auf, sondern „schleicht sich ein". Erst im weiteren Fortgang löst es sich entweder durch klärende Informationen auf oder verdichtet sich: „Das ist nicht die Wahrheit", „Da steckt doch mehr dahinter" oder „Hier höre ich einen verborgenen Hilferuf". Der Botschaft des Gespürs „auf die Spur zu kommen", braucht Zeit und Aufmerksamkeit. Erst nach und nach wird sich seine Bedeutung erschließen – meist durch Rückmeldungen der Personen, denen unser Gespür gerade gilt, oder die sonst noch an der Situation beteiligt sind.

Da wir ein Gespür nur durch Abgleich mit Anderen konkretisieren und verifizieren können, vertage ich weitere Gedanken zu Prüfmöglichkeiten auf das folgende Kapitel „Das Ich wird am Du".

Intuition

Auch Intuition wird zwar nicht immer, aber häufig im Kontakt mit anderen Menschen angeregt, das heißt, sie zeigt sich als ein Impuls innerhalb einer Beziehung. Sie meldet sich, im Unterschied zum langsamen Aufbau des Gespürs, in einem spontanen Drang zu einer Handlung: Ich greife intuitiv zu einem ungewöhnlichen, aber richtigen Behandlungsmittel, oder zum Telefon, um eine bestimmte Person gerade jetzt anzurufen – nicht ahnend, dass sie mich gerade jetzt dringend braucht. Während wir einem Gespür, das in uns aufsteigt, nach*gehen* müssen, können wir einem intuitiven Impuls nach*geben*, indem wir ihn aufgreifen.

In meinem Verständnis veranlasst Intuition eine Handlung, die einerseits sinnvoll ist, andererseits aus dem naheliegenden Rahmen fällt (sonst wäre es bloße Erfahrung, angeborener Instinkt oder logische Schlussfolgerung). Intuition überrascht durch ungewöhnliche Treffer.

Intuition können wir nicht willentlich hervorrufen. Doch wir können uns, wie beim Gespür, durch Beruhigung der emotionalen Oberfläche für sie empfänglich machen – auch Intuition kommt erst zu Wort, wenn intensivere Gefühle schweigen. Damit wir die intensiveren Gefühlsebenen, verbunden mit vordergründigen Eigeninteressen oder untergründigen Reaktionsmustern, nicht (wie Dirk am Anfang dieses Kapitels) mit denen der Intuition verwechseln, müssen wir unterscheiden lernen: Nicht jede Idee, nicht jedes „gute Gefühl", nicht alles, zu dem wir uns innerlich „genötigt" fühlen, entspringt der Intuition. Sicherheit im Umgang mit dem, was wir für intuitive Impulse halten, können wir nur durch Prüfung und Selbstreflexion entwickeln. Dirk war bereit, das zu lernen.

Unterscheiden und beurteilen kann ich meine Handlungsimpulse einerseits durch eigene ehrlich-selbstkritische Beobachtung, andererseits durch unmittelbare Rückmeldungen. Meine interne Prüfung könnte verfolgen, wie sich eine intuitive Entscheidung weiter auswirkt: Echte intuitive Eingebungen erweisen sich im Nachhinein als _erstaunlich_ richtig, hilfreich oder ausgesprochen wichtig.

Viele intuitive Impulse lassen sich jedoch am ehrlichsten prüfen, indem ich nicht nur selbst verfolge, was daraus wird (mit der Gefahr, mir einiges schönzureden), sondern indem ich die Rückmeldung dessen einhole, dem mein Impuls galt. Wenn ich für eine Freundin ein völlig ausgefallenes Geschenk gekauft habe, nur weil ich spontan „ein gutes Gefühl" dabei hatte, dann muss das längst nicht intuitiv gewesen sein; vielleicht fand ich nur meine Idee besonders originell oder hätte solch ein Geschenk gern für mich selbst. Ob es ein intuitiver Treffer war, werde ich erst wissen, wenn die Freundin mich völlig perplex fragt: „Wie bist du denn _darauf_ gekommen? Danach suche ich schon seit Monaten, und wir haben nie darüber gesprochen!"
Und damit sind wir wieder an einem Punkt, wo erst das Feedback eines anderen Menschen klären hilft, ob es wirklich eine der inneren Stimmen war, die wir da gehört haben – es läuft immer mehr auf unser nächstes Kapitel zu, in dem es um die kommunizierende Resonanz geht. Sogar bei dem, was uns als höchst persönliche Seelenstimme begleitet...

Seelenstimme

Während Intuition spontane, unerwartete Impulse setzt und Gespür verborgene Zusammenhänge in aktuellen Situationen „aufspüren" lässt, bietet unsere Seelenstimme grundlegende Orientierung für den eigenen Lebensweg. Sie ist sozusagen Richtschnur und Leitplanke – oder unser genereller Lebenskompass, an dem sich letztlich all unsere konkreten Entscheidungen und Handlungen, große wie kleine, ausrichten sollten. Unsere Seelenstimme leitet uns _langfristig_ und _grundsätzlich_, zeigt Ziele auf und motiviert uns. Dabei umfasst sie allgemeine ethische Prinzipien ebenso wie ganz persönliche Wegweisung oder Berufungen: Wenn wir sie hören, wissen wir „irgendwie", was zu tun ist oder wo es langgeht. Selbst wo gerade keine konkreten Schritte anstehen, spüren wir eine innere Zugkraft in eine bestimmte Richtung und fühlen uns von anderen Alternativen geradezu abgehalten.

Unsere Seelenstimme teilt sich je nach Situation unterschiedlich mit: Mal macht sie sich ähnlich dem Gespür bemerkbar (steigt also leise auf), wie zum Beispiel im Empfinden, was gut, richtig und wahr ist – wozu auch die Stimme unseres Gewissens gehört. Ein andermal bedient sie sich der Intuition, indem wir spontan eine eher ungewöhnliche Entscheidung treffen in der unerklärlichen Gewissheit, dass sie richtig ist. Recht häufig macht sich die Seelenstimme durch die Empfindung eines inneren Dranges bemerkbar (den wir beim Thema „Bereitschaft zur Selbstveränderung" als Motivationskraft noch genauer ergründen werden), selten schon mal als eine Ahnung für Zukünftiges. Hin und wieder sind es auch Träume, die uns einen Hinweis geben, oder die Seelenstimme zieht uns durch ein inneres Bild auf ihren Weg. Viele Menschen kennen den Eindruck von Führung oder Fügung, wo sie in diversen Mosaiksteinen ihres Lebens ein Gesamtbild und einen Sinn sehen.

Grundsätzlich in all diesen unterschiedlichen Ausdrucksformen gilt: Die Botschaft unserer Seelenstimme wechselt nie mit flüchtigen Stimmungen, sondern bleibt langfristig konstant in ihrer Wegweisung für unseren ganz individuellen Lebensweg. Sie spricht im Einklang mit unseren Begabungen und Neigungen (was allerdings, zumindest zu Beginn unserer Reise zu uns selbst, nicht unbedingt unseren Vorstellungen und Überzeugungen entsprechen muss...). Dabei ist sie prinzipiell auf das Gute ausgerichtet; sie wird also nie etwas „empfehlen", das uns selbst oder Anderen schaden würde. Was könnten wir also Besseres tun, als sie kennenzulernen und ihrer Leitung zu folgen!

Die Seelenstimme ist sozusagen der Ort, an dem wir ganz mit uns selbst, mit unserem eigentlichen Menschsein in Berührung kommen. Da im Unterschied zu Gespür und Intuition unsere Seelenstimme ausschließlich uns allein gilt (von indirekten Auswirkungen auf unsere Mitmenschen mal abgesehen), müssten hier eigentlich „interne" Prüfungen ausreichen, weil Außenstehende da ja ohnehin nicht mitreden können. Doch dem ist nicht so, ganz im Gegenteil: Wo wir unsere Seelenstimme leicht im Lärm unserer Tage überhören oder im Stimmenmix mit „lauteren" Instanzen sogar mit diesen verwechseln könnten, sind es oft gerade andere Menschen, die uns helfen, genauer hinzuhorchen. Sonst halte ich am Ende eine irrationale Angst für eine Vorahnung und meine Eitelkeit für eine Berufung... Auch etwas, das sich vordergründig „gut" oder „richtig" anfühlt, kann sich als genau falsch erweisen: An eine Fehlhaltung des Körpers können wir uns so gewöhnen, dass sie uns normaler vorkommt als die korrekte, gesunde Haltung. Dies wiederum erkennt ein Außenstehender oft leichter als wir selbst.

Ähnlich wie bei Intuition und Gespür brauchen wir also auch für unsere Seelenstimme Prüfmöglichkeiten, und die bestehen wieder in einem Innenblick und einem Außenblick. Mit dem Innenblick der Selbstbesinnung können wir verfolgen, ähnlich wie bei intuitiven Impulsen, wieweit sich im weiteren Verlauf das bewahrheitet, was wir als Seelenstimme wahrgenommen haben:

Als ich im Jahr 2002 begann, mich über das Wohnungsangebot in Hamburg zu informieren (im nächsten Kapitel erzähle ich mehr von der Geschichte), tauchte in mir ein inneres Bild auf von einem vierstöckigen Wohnhaus, und „meine" Wohnung lag in der dritten Etage. Das ging völlig gegen meine Vorstellungen, da ich niemals eine Wohnung kaufen würde, in der mir andere Mitbewohner „auf dem Kopf herumtanzen" konnten. Als ich wenige Tage später ein Angebot bekam und genau so ein Wohnhaus mit mehreren verfügbaren Wohnungen besichtigte, „wusste" ich, dass ich hier einziehen würde, und schnell wurde klar: ausgerechnet in die dritte Etage. Tatsächlich hüpften später die Nachbarkinder öfter mal lautstark über mir durch die Wohnung – es stellte sich aber nie die Frage, ob ich am richtigen Platz war. Allerdings wäre ich ohne die vorherige „Vision" erst gar nicht auf die Idee gekommen, diese Wohnung überhaupt zu besichtigen...

Ihrer Natur nach braucht die Prüfung der Seelenstimme einen längeren Atem als die Prüfung intuitiver Impulse, die oft unmittelbar geklärt werden können. Mich hat so manche „innere Gewissheit" geleitet, die erst nach Jahren erwiesen hat, ob ich wirklich auf der richtigen Spur war. Ich musste mich dabei durch etliche Emotionen, Vorstellungen, Meinungen und Reaktionsmuster durcharbeiten, aber es hat sich gelohnt, weil ich immer besser die verschiedenen Stimmen in mir zu unterscheiden lernte. Auch heute misstraue ich manchmal der Seelenstimme, wenn die Perspektiven, die sie malt, ziemlich unwahrscheinlich wirken. Doch ich wage stetig kleine Schritte in ihre Richtung, während ich darauf achte, was im Außen geschieht und wie die Stimme darauf reagiert: Leitet sie mich weiter in dieser Spur, oder höre ich immer wieder ein freundliches „wenn möglich, bitte wenden!"? Oder wird sogar, anders als in der stoischen Ruhe eines technischen Navigationsgerätes, meine Seelenstimme lauter, je mehr ich mich vom richtigen Kurs entferne? Wenn ich zu nahe an einen Abgrund komme, geht sie vielleicht eine Allianz ein mit der stärker spürbaren Ebene der Gefühle, sie traktiert mich mit Missstimmungen, Unzufriedenheit, vielleicht am Ende sogar Depressionen. Und wenn selbst das mich nicht zum Horchen bewegt, greift die Seele möglicherweise sogar zu der drastischen Maßnahme, mir meinen Irrweg durch den Körper mitteilen zu lassen, wie durch eine psychosomatische Erkrankung (wozu ich Ihnen gleich im nächsten Kapitel ein Beispiel erzähle).

Soweit sollten wir es nicht kommen lassen. Je früher und deutlicher wir unsere inneren Stimmen wahrnehmen, desto mehr werden wir im Einklang mit uns selbst leben; das heißt, unser psychisches Befinden und ebenso unser Körper werden weniger in Stress geraten und damit weniger Anlass zu unerfreulichen Reaktionen haben. Und je tiefer wir mit Hilfe unseres Empfindens uns selbst ergründen oder andere Menschen in diesem Sinne begleiten wollen, desto wertvoller und wichtiger werden Resonanz und Abgleich mit unseren Mitmenschen. Wirklich zu uns zu kommen, gelingt nicht im Alleingang. Wir sind angewiesen auf ein konstruktives Miteinander. Dessen Ausdruck ist die Kommunikation, mit der wir uns im folgenden Kapitel beschäftigen werden.

Fazit: Gespür, Intuition und Seelenstimme äußern sich leise und unaufdringlich, sie laufen Gefahr, mit intensiveren Gefühlsebenen verwechselt zu werden.
Um uns dieser inneren Leitstimmen sicherer zu werden und ihnen vertrauen zu lernen, müssen wir sie prüfen – durch „Verlaufskontrolle", vor allem aber im Gespräch mit Anderen.

Zeit zur Selbstbesinnung –
Zu mir kommen – nachspürend:

Wie haben Sie den Umgang mit Gefühlen in Ihrer persönlichen
Geschichte erlebt? Wie stehen Sie heute dazu?
Was möchten Sie gegebenenfalls ändern?
Was können Sie mit einer Unterscheidung von Psyche und Seele
anfangen?
Kennen Sie Ihre Seelenstimme, und wissen Sie, wie Sie sich
durch sie leiten lassen können?

Das Ich wird am Du – Kommunizierende Resonanz

Der rote Faden: Ich-Werden braucht Wegbegleiter, um Selbstwahrnehmungen zu prüfen, und schon um sie überhaupt zu entwickeln. Dies
gelingt nur durch feine gemeinsame Abstimmung und mit Hilfe konstruktiver Kommunikation. Diese lebt vor allem von aufrichtigem Interesse und Resonanzfähigkeit.

„Ich selbst" zu werden, geht nicht ohne Mitmenschen. Der Religions-
philosoph Martin Buber bringt es auf den Punkt: „Das Ich wird am Du".
So kamen wir zum Abschluss des vorigen Kapitels nicht umhin, sogar
ureigenste Anteile von uns, wie unsere inneren Stimmen, mit Hilfe anderer Menschen zu prüfen. Einen großen Teil unserer Selbst-Werdung
verdanken wir dem Einfluss unserer Mitmenschen, und dessen wich-
tigstes Instrument ist die Kommunikation.
Sehe ich Sie gerade etwas zögern? Irritiert, weil unser Weg doch eigentlich aus dem Konglomerat von Fremdbestimmung herausführen soll,
hinein in authentische Eigenkontur? Wie verträgt sich das damit, nun
doch wieder auf „die Anderen" zu hören?

Was auf den allerersten Blick widersinnig scheinen könnte, erklärt sich
schnell, indem wir auf die Essenz der beiden vorangegangenen Kapitel
zurückschauen: So wie uns nicht jegliches Denken zu uns selbst führt, so
wie nicht jedes Gefühl uns unserem Wesenskern nahe bringt, so drängt
uns auch manche Kommunikation auf Abwege. Oder anders herum, so

wie uns kluges Geist-Denken zu selbst-durchdachten Meinungen leitet, so wie ein bewusster Umgang mit den unterschiedlichen Gefühlsebenen auf unsere innere Stimme zu hören lehrt, so fördert eine konstruktive Kommunikation unsere positive Selbst-Entwicklung. Es kommt also „nur" auf das Vorzeichen an...

Werden durch Worte

Ob wir es wahrhaben wollen oder nicht: Wir sind zu einem bedeutenden Teil sozusagen ein Produkt von Sprache – und zwar der Sprache der Anderen. Sprache prägt entscheidend unsere Persönlichkeit, durch Sprache beeinflussen wir uns gegenseitig, oft mit tiefgreifender und langfristiger Wirkung. Eine solche Prägung ist weit komplexer, subtiler und differenzierter als eine einfache Konditionierung, die, zum Beispiel bei der Dressur von Tieren, reflexhafte Reaktionen einübt. Unter dem fortlaufenden Einfluss von Sprache entwickeln wir die meisten unserer Fertigkeiten, unser soziales Verhalten, unser Verständnis der Welt – und unser Selbstbild. Andere Menschen, die uns voraus waren, haben uns durch Worte gelenkt, gebremst, belehrt; sie haben uns mit Sprache verletzt, getröstet, ermutigt. Auch haben sie Art und Inhalt unseres Denkens weitgehend bestimmt, haben unseren Umgang mit der Welt der Gefühle entscheidend geprägt, haben wohlmeinend, diktatorisch oder manipulativ auf uns eingewirkt – all das überwiegend mit Worten. Wir haben die Worte aufgenommen und einverleibt, die man uns aufgetischt hat, ob sie uns geschmeckt haben oder nicht.

Durch die Sprache der Anderen waren wir zwangsläufig über lange Phasen unseres Lebens fremdbestimmt. In dem Moment, in dem wir das erkannt haben und stattdessen wieder zu uns selbst finden wollten, haben wir ja begonnen, ein eigenständiges Denken zu entwickeln und übernommene Überzeugungen zu hinterfragen, unabhängig von dem, was Andere sagen. Deshalb haben wir uns durch das Gewirr unserer Gefühlswelt gekämpft, um unserer Seelenstimme näher zu kommen.

Wenn nun „die Anderen" unseren Entwicklungsweg auf neue, auf förderliche Weise begleiten sollen, wird das nur gelingen, indem unsere

Kommunikation eine bestimmte Qualität annimmt. Wie das Geist-Denken die höhere Denk-Qualität vertritt, so gibt es eine bewusste Kommunikation, die uns darin unterstützt, wahrhaftig zu uns zu kommen – sozusagen ein „Geist-Denken zu zweit"... (Dies wäre, nebenbei bemerkt, das bestmögliche, ja eigentlich unverzichtbare Werkzeug jeder therapeutischen, beratenden und lehrenden Begleitung!)

Lassen Sie uns in diesem Kapitel also vor allem zwei Aspekte verfolgen: Wo und mit welchem Ziel in unserer Selbst-Entwicklung soll uns der Austausch mit Anderen dienen? Und wie – mit welchen Mitteln – kann das am besten gelingen?
Beginnen wir mit der Frage, _wo_ die Rückmeldungen unserer Mitmenschen besonders wertvoll sind: Schon um Gedanken zu klären, sind sie uns ein wichtiger Anstoß. Aber ganz unentbehrlich sind sie, um unseren (gefühlten) Wahrnehmungen trauen zu lernen – und sogar, um uns überhaupt für sie zu sensibilisieren. Denn oft haben wir das in jungen Jahren gar nicht gelernt, manchmal ist es uns sogar ausgeredet worden – ganz so, wie es vielen „Sonderlingen" ergangen ist, die ihren eigenen Empfindungen nicht mehr getraut haben...

Auch ich musste das neu lernen – zwei Beispiele aus meinem Leben mögen zeigen, dass ich ohne einen solchen Abgleich mit Anderen nicht weitergekommen wäre; ja, ohne ihre Resonanz hätte ich nicht einmal meine eigene Seelenstimme gehört:

Als ich im Jahr 2013 dabei war, die ersten Gedanken für dieses Buch zu formulieren, kam überraschend der Auftrag dazwischen, meine früheren Bücher zur Kinesiologie neu zu schreiben. Beim „Praxisbuch psychologische Kinesiologie" (das weitgehend ein methodisches Arbeiten darstellt) kam mir die Idee, das Material, das ich für dieses Buch gedacht hatte, gleich dort einzuarbeiten. Es erschien mir schlüssig, ich war begeistert – und begann sofort mit der Umsetzung.

Nach einem euphorisch Start schleppte sich dann aber das Schreiben wochenlang nur noch mühsam voran; je länger ich daran saß, desto kraft- und lustloser fühlte ich mich. Da ich jedoch meinte, dass meine innere

Stimme mir diesen Weg gewiesen hatte, quälte ich mich gewissenhaft voran und erinnerte mich: 10 Prozent Inspiration, 90 Prozent Transpiration...

Zu dieser Zeit überfiel mich von einem Tag auf den anderen eine heftig schmerzende Rippenfellreizung. Das war mir nicht fremd, hatte ich doch solche Episoden innerhalb einer chronischen Erkrankung schon mehrmals erlebt. Aber inzwischen war ich über Jahre hinweg beschwerdefrei geblieben, und ausgerechnet jetzt tauchte es wieder auf und quälte mich so, dass ich kaum einige Minuten aufrecht an meinem Laptop sitzen konnte. Meine Ärztin riet mir zu zwei Wochen absoluter Schonung, auch ohne Buch schreiben.

In dieser Zeit telefonierte ich mit einer Freundin. Mit ihr verbindet mich unter anderem eine ausgeprägte Resonanzfähigkeit, mit der wir schon viele Schwierigkeiten ebenso wie freudige Herzensvisionen ausgelotet haben. Da ich nicht ausschloss, dass meine Seele meinen Körper mit einer Reaktion „beauftragt" hatte, versuchten meine Freundin Bärbel und ich, einer eventuellen Botschaft auf die Spur zu kommen. Wir spielten mit den Worten, und Bärbel fragte mich, wo denn sonst in meinem Leben etwas „schmerzhaft reibt". Als einziger Reibungspunkt fiel mir die Zähigkeit ein, mit der ich mich durch das Doppelpack-Buch mühte, zumal ich durch Verlagstermine jetzt zusätzlich unter Druck stand.

Erst indem Bärbel mich dazu anhielt, genauer in mich hineinzuhorchen beziehungsweise zu -spüren, ahnte ich, dass etwas mit meiner Entscheidung zu dem Buch nicht stimmte. Ich merkte, dass diese Entscheidung im Kopf festsaß, aber nicht in der Tiefe meines Gespürs verankert war. „Gefühlt" gehörten die beiden Themen nicht in dasselbe Buch. Dem gingen wir dann nachdenkend weiter auf den Grund, und auch logisch ließ sich belegen, dass ich gerade dabei war, eine impotente eierlegende Wollmilchsau zu kreieren: Die eine Zielgruppe hätte das komplexe Buch verwirrt, die andere erst gar nicht erreicht. Gut gemeint, und voll danebengetroffen!

Ob da nun tatsächlich mein Körper ein Alarmsignal der inneren Stimme übersetzt hat oder ob sich diese Brücke zufällig anbot und wir sie nur gut genutzt haben, ist für mich unerheblich. Auf jeden Fall fiel sofort die Entscheidung, beide Bücher wieder auseinanderzudividieren – ge-

rade noch rechtzeitig, um die verschiedenen Stränge einigermaßen unaufwendig vor dem Abgabetermin wieder voneinander zu lösen.
Schon am folgenden Tag klang die Rippenfellreizung ab, am Tag darauf war sie verschwunden.

Ohne den verständnisvollen Blick von außen hätte ich mich vermutlich weiter in meinen Vorstellungen verrannt, die den Zugang zu meiner Seelenstimme verstellt hatten. Erst das Gespräch half mir, meine Scheuklappen abzulegen, meinen Irrtum zu erkennen und neu nachzudenken. Brauchte ich in dieser ersten Geschichte eine Vollbremsung, so bekam ich in der zweiten einen Antrieb zu einem Aufbruch ins Neue:

Im September 2002 „überfiel" mich ein unerklärliches, aber deutliches Empfinden (meiner Seelenstimme?), dass ich in einem Jahr nicht mehr in Wesel sein würde, wo ich damals wohnte. Mein gesunder Menschenverstand fand das völlig absurd, da meine Kinder dort zur Schule gingen, ich gerade ein Haus gekauft und meine Praxis neu aufgebaut hatte; außerdem lebten viele meiner Freunde im nahen Umkreis. Niemals hätte ich auch nur im Entferntesten auf solch ein seltsames Empfinden geachtet, wenn es nicht Andere bestärkt hätten:

Diese Empfindung meldete sich zum ersten Mal, als ich gerade mit einer Arbeitsgruppe die Termine für das folgende Jahr planen wollte. Sie erwischte mich geradezu aus dem Nichts, und bevor ich recht darüber nachgedacht hatte, hatte ich diesen Eindruck vor der Gruppe ausgesprochen. Alle starrten mich sprachlos an.
Während wir etwas ratlos schwiegen, geschah etwas Verblüffendes: Zwei der Anwesenden wurden unruhig, begannen miteinander zu tuscheln, und schließlich rückte eine von ihnen mit der Sprache heraus: Sie empfanden unerklärlicherweise dasselbe. Beide waren Teilnehmerinnen, die mir keinesfalls nach dem Munde geredet und die mich gewiss nicht aus Wesel „weg gewünscht" hätten. Die übrigen fünf Teilnehmer verfolgten etwas irritiert das Geschehen. Wir gingen dann zur üblichen Arbeit über, vertagten jedoch die eigentlich vorgesehene Terminplanung bis auf Weiteres.

Anfang November 2002 – also nur zwei Monate später – geriet ich durch eine Kette eigenartiger Zufälle an eine Wohnung in Hamburg, ohne sie wirklich gesucht zu haben: Ich leitete auch in Hamburg alle paar Wochen eine Supervisionsgruppe, und wegen der weiten Anreise übernachtete ich jeweils im Hotel. Als sich eine zweite Arbeitsgruppe zusammenfand, überlegte ich, ob es nicht günstiger wäre, mir ein billiges möbliertes Zimmer in der Stadt zu nehmen (ziemlich naiv, was Hamburger Mieten angeht...). Ich suchte danach in der Wochenendzeitung, und „einfach nur so" blätterte ich dabei den übrigen Immobilienteil durch. Ich landete in der Rubrik Wohnungsverkäufe, und ich dachte mir immer noch nichts dabei, als ich „nur mal orientierungshalber" das Exposé einer Wohnung anforderte.

Bei unserem nächsten Treffen Mitte November sprach ich die beiden Teilnehmerinnen, die mein seltsames Gefühl geteilt hatten, noch einmal an. Beide bestätigten, dass das Empfinden geblieben wäre. Eine von ihnen meinte zu mir: „Du gehst nach Hamburg, gell?" Ich war fassungslos, denn Hamburg hatte ich mit keinem Wort erwähnt, weil mir das alles ausgesprochen lächerlich vorkam.

Im Mai 2003 – acht Monate nach meiner Äußerung in der Gruppe und sechs Monate nach dem spielerischen Blick in die Zeitung – zog ich um. In eine Wohnung desselben Anbieters, dessen Exposé ich „einfach so" bestellt hatte...

Diesen Schritt allein auf ein vages Empfinden und eine selektive Rückmeldung innerhalb unseres Kurses zu gründen, wäre natürlich unverantwortlich gewesen. Doch auch wenn noch Vieles zu prüfen und zu klären blieb, war die erste Reaktion der beiden Teilnehmerinnen so etwas wie ein Startschuss: Ohne diese verblüffende Bestärkung wäre ich meiner seltsamen Ahnung niemals nachgegangen – und sie hat sich im Rückblick als ausgesprochen gute Wegweisung herausgestellt!

Anleitung zum Selber-Fühlen

Solche feinfühligen Rückmeldungen anderer Menschen haben mich nicht nur auf meinem Weg ermutigt oder korrigiert, sondern vor allem habe ich durch sie überhaupt erst einmal *gelernt*, meine inneren Leitstimmen wahrzunehmen und ihnen zu vertrauen. Und ebenso geht es Vielen, die ich heute auf ihrem Weg begleiten darf. Ohne die Anderen geht es nun mal nicht in der Entfaltung unserer Grundfähigkeiten: Sowohl zur Pflege von Denk-Kultur, wie für unseren subtil empfindenden Seelennavigator brauchen wir Hinweise und Abgleich von außen.

Von Anderen verstanden zu werden, hilft uns, uns selbst – gedanklich und fühlend – zu verstehen. Gerade was die feine Wahrnehmung von Spüren, Intuition und Seelenstimme angeht, werden geeignete Gesprächspartner wie ein Resonanzboden die leisen Töne dieser Stimmen verstärken. Dadurch kann ich genauer hinhören, deutlicher unterscheiden. Indem sie mit mir reflektieren, bieten sie mir kritisches Bedenken, wo ich eine Befindlichkeit als Weisungsinstanz missverstehe („Wenn ich das fühle, dann muss ich mich doch auch danach richten!"), und sie werden mich ermutigen, wo ich meiner inneren Stimme misstraue („Wer weiß, was ich mir da einbilde!"). Das heißt, den Weg zu unseren inneren Stimmen ebnen wir einerseits durch „internes" Gefühlstraining, wie ich es im vorigen Kapitel vorgestellt habe, und andererseits eröffnet und entwickelt er sich durch die Geburtshilfe der Anderen:

An einer meiner mehrjährigen Supervisionsgruppen nahm eine Ärztin teil, die mit einem erstaunlichen Gespür für Stimmigkeit in Gruppenprozessen begabt war. Allerdings war sie sich dieser Gabe nicht bewusst, im Gegenteil: Sie schrieb die Reibungen, die sie spürte, einer persönlichen Untauglichkeit zu und befürchtete, für Beziehungen und Gruppen ungeeignet zu sein. Erst im Laufe der Zeit entdeckten wir (und durch uns endlich auch sie!), dass sich immer etwas Wesentliches dahinter verbarg, wenn sie innerhalb der Supervisionsarbeit Unbehagen empfand und „Unstimmigkeiten" wahrnahm. Sie war immer die Erste, die „etwas spürte". Da wir in unseren Gruppen gern unseren Erfahrungshorizont erweiterten, ließen wir Claudia Raum und ergründeten die jeweiligen Situationen. Im Abgleich untereinander konnte die jeweilige Unstimmigkeit so weit verfolgt werden, bis alles Notwendige geklärt war und auch Claudia wieder „grünes Licht" gab. Sie wurde im Laufe der Zeit von allen Teilnehmern als Gruppen-Seismograf geschätzt, und erst indem sie über eine längere Zeitspanne durch unser

Feedback erkannte, dass ihr Gespür uns in die richtige Richtung ge-lenkt hatte, begann sie sich selbst in dieser Wahrnehmung zu trauen.

Eine solche „Anleitung zum Selbst-Fühlen" ist deutlich komplexer als die Unterstützung des Selbst-Denkens, deshalb soll es hier auch etwas mehr Platz bekommen. Wie wir ja schon im vorigen Kapitel „Dem Fühlen auf der Spur" bemerkt haben, braucht es recht viele Worte, um unser tiefer gehendes Empfinden zu artikulieren. „Ich bin wütend!" reicht als Selbstmitteilung aus, das versteht jeder. Schon einer dahinter liegenden möglichen Kränkung, Blamage oder Enttäuschung müssen wir mehr nachspüren, und sie mitzuteilen, verlangt mehr Worte. Noch weniger lässt sich ein Gespür für Unstimmigkeit oder Stimmigkeit sofort verbal auf den Punkt bringen. Sobald wir uns jedoch die Mühe machen, unsere gefühlten Wahrnehmungen im Gespräch immer genauer mitzuteilen, wird sich ein erstaunliches Phänomen auftun: Es gibt einen Moment, in dem zwei Gesprächspartner sich völlig einig sind; beide wissen, dass sie von demselben sprechen, dass sie verstanden haben und zugleich vom Anderen verstanden worden sind.

Diese Übereinstimmung im Empfinden zweier Menschen wird sozusagen zur Leitschiene für den Abgleich unseres inneren Gespürs, und diese Fähigkeit lässt sich schulen. Das geschieht auf sehr ähnliche Weise wie mit Erfahrungen, die wir über andere Wahrnehmungskanäle machen (erinnern Sie sich? Das war auch schon beim Fühlen-Üben so!). Ob es die leisen Töne in uns sind oder vielerlei sinnliche Wahrnehmungen: Etwas bewusst zu identifizieren, das unsere Sinne vermitteln, müssen wir erst lernen. Ich bin darauf angewiesen, dass mir irgendwann jemand sagt „Horch mal, ein Buchfink!" oder „Riechst du, wie die Linden duften?" oder „Pass auf, jetzt setzt im Orchester die Querflöte ein!". Um meine eigene Fähigkeit darin zu entwickeln, brauche ich jemanden, der einen Buchfinken und seinen Gesang kennt und diesen von dem einer Lerche unterscheiden kann, der Linden ihren Duft zuordnen beziehungsweise den Klang der Querflöte heraushören kann. Je mehr meine Aufmerksamkeit solchen Hinweisen folgt, desto sicherer wird meine eigene Wahrnehmung und das Unterscheidungsvermögen gegenüber anderen Sinnesreizen.

Wer also ungeübt ist in der Wahrnehmung seines Innenlebens, profitiert ebenso von Anleitung wie jemand, dem Vogelstimmen, Blütendüfte oder Klänge von Musikinstrumenten neu sind. Oft geschieht das erstmals in einer therapeutischen Begleitung, wo wir lernen, wieder „auf uns selbst zu hören"; ebenso können uns nahestehende Menschen in dieser Weise anleiten und ermutigen, und manchmal kann auch ein Seminar, eine Einkehrzeit oder ein Buch Anstöße dahin geben, mehr auf die inneren Stimmen zu achten. Eine jeweils konkrete Situation jedoch kann nicht durch ein allgemeines Sensibilitätstraining, sondern nur durch einen Live-Abgleich im Gespräch mit einem realen Gegenüber geklärt werden.

So sind unsere Gesprächsgefährten mal Geburtshelfer, mal Klärungshelfer – für unsere inneren Stimmen ebenso wie für sinnliche Wahrnehmungen. Auch wo ich schon selbst hinhorche, hinschaue oder „hinrieche", kann ich mir nicht immer sicher sein; bei nicht ganz handfesten Sinneseindrücken brauche ich weiterhin die Rückmeldung der Anderen: „Ich glaube, ich habe da eben einen Buchfinken gehört – stimmt das?" – „Sehe ich das richtig, dass Anton da hinten kommt?" – „Riecht es hier nicht irgendwie verbrannt?"

Die Rückmeldungen der Anderen helfen uns, uns zurechtzufinden und Wahrnehmungen zu identifizieren – denen wiederum, ganz besonders bei unseren inneren Stimmen, der persönliche Abgleich folgen muss. Das beginnt schon bei Vogelstimmen und Blütendüften: Beides können wir miteinander abstimmen, können sie sogar objektiv physikalisch oder chemisch analysieren; aber wissen wir, ob Sie und ich den Buchfinken subjektiv in gleicher Weise hören und ob Linden für mich genauso duften wie für Sie? Noch weniger kann ein Anderer wissen, was meine innere Stimme mir sagt. Das kann ich nur in weiterer Selbstreflexion erkunden – auf der Basis dessen, was ich durch die „Schallverstärkung" meiner Gesprächspartner herausgehört habe.

Keine Frage, ein solcher Weg der Selbsterforschung ist etwas aufwändiger, als ausgetretenen Pfaden zu folgen. Um uns nicht zu verzetteln, dürfen wir uns deshalb auch hier wieder auf das konzentrieren, was für uns wirklich relevant ist. Etliches kann ich im weiteren Verlauf selbst verfolgen (wenn es um Anton geht, der vielleicht aus der Ferne auf mich zu kommt, könnte ich abwarten, ob er es wirklich ist), und für Fragen, die mich kaum betreffen, erübrigt sich ohnehin eine aufwendige Klärung (ob da wirklich ein Buchfink singt, wäre vielleicht nur wichtig, wenn ich Erhebungen für den Naturschutzbund mache). Doch wenn es verbrannt riecht, muss ich mich möglichst schnell vergewissern, ob nicht irgendwo ein Feuer ausgebrochen ist. Oder im Sinne der inneren Stimme: Wenn ich mich von ihr aufgefordert fühle, einem Bettler fünf Euro zu geben, dann brauche ich vorab keine Beratungsstunde bei meinem Mentor – egal ob ich auf sie höre oder nicht, beide Entscheidungsmöglichkeiten werden vertretbar sein. Anders natürlich, wenn ich aus meinem Innersten heraushöre, Familie, Haus und Freunde zu verlassen, wie es mir in Wesel ergangen ist. Oder wenn ich eben *nicht* heraushöre, dass mein Buchkonzept unstimmig ist. Das heißt, um meiner eigenen inneren Stimme auf die Spur zu kommen, muss ich die Resonanz der Anderen in meine Selbstbesinnung einbeziehen, muss nachdenken und nachspüren und das Gehörte mit mir selbst „abstimmen".

Gesprächsgefährten werden

Und genau darum geht es hier, wenn wir nun das „Wie" unserer Kommunikation ansehen wollen: Was fördert uns im Gespräch mit Anderen auf einem authentischen Lebensweg – oder wie können wir Andere idealerweise fördern? Das heißt, welche Art von Kommunikation ist es, die uns auf eine richtige Fährte führt?

Von den vielfältigen Aspekten, die schon in zahlreichen Büchern und Seminaren beleuchtet werden, mögen Sie vielleicht das Eine oder Andere gleich in meinen Darstellungen wiederfinden: Ich habe nichts Neues erfunden, sondern aus dem, was ich von Anderen gelernt habe, trage ich hier zusammen, was für das Zusammenwirken unserer vier Grundfähigkeiten und für unsere Selbst-Entwicklung unentbehrlich ist. Denn nur wenn wir wissen, woran wir eine konstruktive Kommunikation erkennen, können wir uns bewusst für geeignete Gesprächspartner entscheiden, die uns auf dem Weg zu uns selbst begleiten (beziehungsweise selbst zu solchen Begleitern werden). Schließlich haben wir als

Erwachsene die Wahl, von wem wir uns etwas sagen lassen wollen – und ebenso haben wir heute einen Einfluss darauf, wie wir von uns aus mit Anderen sprechen.

Das sollten wir uns aufmerksam ansehen, damit unsere Art zu kommunizieren Brücken baut, über die auch diejenigen zu gehen wagen, die mit Kommunikation schlechte Erfahrungen gemacht haben. Und solche schlechten Erfahrungen liegen nicht immer nur in einer Vergangenheit mit verletzenden oder erniedrigenden Worten; vielmehr erleben wir Kommunikation, wo immer wir uns in der heutigen Welt umschauen, überwiegend als Kampf und Abgrenzung. Von ihrem eigentlichen Sinn, Menschen miteinander zu verbinden (communicare, lt., = verbinden), ist wenig zu spüren: Von der Intimität des Familienlebens über politische Debatten bis zu „sozialen" Netzwerken prasseln Rechthaberei, Schlagabtausch, Besserwisserei, Herabsetzung und Selbstdarstellung auf uns ein, im harmloseren Falle werden Gespräche einfach nichtssagend. Deshalb lohnt es sich, eine förderliche Kommunikation zu erkennen; das wird uns leiten, geeignete Gesprächsgefährten zu finden – im Freundeskreis, bei einem Therapeuten oder Coach, innerhalb der Familie oder in einer spirituellen Gemeinschaft.

Wie aber müsste eine solche Brücke aussehen, damit ich sie angstfrei betrete? Wodurch zeichnet sich eine positive, konstruktive Kommunikation aus?
Das beantwortet ein praktischer Sensor, den jede und jeder in sich trägt: Unsere eigenen Wünsche, die wir an einen guten Gesprächspartner haben...
Wieder einmal kenne ich Ihre Wünsche nicht und kann nur für mich selber sprechen, in der Hoffnung, auch Sie finden sich darin wieder: Ich möchte mich bei meinem Gesprächspartner gut aufgehoben fühlen, von ihm ernst genommen und verstanden werden, und zugleich sollen mich unsere Gespräche auf meinem Entwicklungsweg voranbringen.

Solche Menschen möchte ich finden. Was allerdings ziemlich vermessen ist, solange mein Anspruch einseitig bleibt: Sollte ich mich nicht von mir aus um dasselbe bemühen? Schon Jesus fordert uns auf: „Alles, was ihr wollt, das euch die Leute tun sollen, tut ihnen auch!" – übersetzt in ein Schlagwort, das mir neulich in die Mailbox flatterte: „Whatever you want – give it!"

Das lädt uns zu einem Spagat ein: Einerseits heißt es, mit wachem Blick nach guten Gesprächspartnern und Vorbildern Ausschau zu halten, andererseits gleichzeitig unsere eigenen Kommunikationsgewohnheiten zu reflektieren und zu kultivieren. Das könnte damit beginnen, bewusster wahrzunehmen, was so in Gesprächen um uns her und bei uns selbst abläuft. Wir können unterschiedliche Redeweisen auf uns wirken lassen, können hinhorchen, wodurch wir uns angesprochen fühlen und was uns abstößt. Und in unseren Zeiten der Selbstbesinnung sollten wir hin und wieder über unseren eigenen Kommunikationsstil nachdenken: Wo hat es heute Missverständnisse gegeben, wodurch könnten sie entstanden sein? Wie kam es, dass wir heute im Gesprächskreis ständig aneinander vorbei geredet haben?

So werden wir mehr und mehr erkennen, worauf es in einer förderlichen Kommunikation ankommt; daraus können wir dann eine konkretere Wunschliste erstellen, die sich „schielend" lesen lässt: Mit einem Auge des Suchenden, um Menschen und Gelegenheiten zu erkennen, die unseren eigenen Prozess unterstützen könnten; und mit einem Auge des Begleitenden, um selbst eine konstruktive Kommunikation einzubringen.

Hier also meine praktisch-konkreten Wünsche: Von Menschen, die ich im Gespräch bis an mein Innerstes heranlasse, erhoffe ich
- ✤ echtes Interesse an mir beziehungsweise meinem Anliegen
- ✤ Resonanzfähigkeit
- ✤ eine gemeinsame Verständnisgrundlage
- ✤ die Erweiterung meines Blickwinkels

Obwohl ich jeden dieser Aspekte für wichtig halte, haben nicht alle dasselbe Gewicht. Nur eines ist absolute Voraussetzung, um gemeinsam der persönlichen Wahrheit auf die Spur zu kommen: Das wohlwollende Interesse am Anderen. Und nur eines ist der Schlüssel, der mir im Gespräch das Verständnis meiner Seelenstimme erschließt: die Resonanzfähigkeit. Interesse und Resonanz werden wir also ausführlicher ansehen, die beiden anderen Punkte stehen ihnen je nach Bedarf zur Seite.

Einwurf: Und wo bleibt die Empathie?
Empathie – natürlich gehört sie zu einem verständnisvollen Miteinander. Doch wenn wir beobachten, was alles so unter diesem Etikett kursiert, werden wir uns kaum auf etwas Eindeutiges einigen können. „Empathie" muss für zu vieles herhalten, von nichtssagend-freundlicher Neutralität mit kopfnickendem Ich-versteh-Sie-so-gut mancher Therapeuten bis hin zu selbstversunkener Gefühlsumkreisung in manchen Selbsterfahrungsgruppen. Selbst die Definition der (Mit)Schwingungsfähigkeit verleiht der Empathie keine erkennbaren Konturen – was genau meinen wir damit? Und wenn wir vielleicht sogar dasselbe darunter verstehen: Wie können wir das praktisch bewirken?

Es ist schwierig, eine schwammige Masse zu fassen und weiterzureichen... Wie sollen wir uns dann gegenseitig in einer konturlosen Empathie anleiten? Anhand welcher Kriterien wollen wir sie prüfen? Wo wir etwas lernen wollen, brauchen wir „Handfestes", wie ich es weiter vorn schon von der Achtsamkeit gesagt hatte. Darum spreche ich lieber von Interesse und Resonanzfähigkeit (die sich durchaus als Einfühlungsvermögen zusammenfinden). Beides kann ich in konkreten Situationen benennen, hieran kann ich Prüfkriterien anlegen und praktische Hinweise geben.

Interesse

Aufrichtiges Interesse steht am Anfang jeder gelingenden Kommunikation und über allem weiteren Fortgang. Selbst wo der eine oder andere sonstige Punkt unserer Wunschliste fehlt, wird echtes Interesse immer noch etwas bewirken, während ohne Interesse alles Weitere mehr oder weniger nichtig wird. Und Resonanz, der Schlüssel zum Verständnis, ist ohne Interesse gar nicht erst möglich.

Interesse ist ein gemeinschaftsstiftender Keimling, den wir selbst kultivieren können, und mit ihm wachsen wir unserem Sehnsuchtsziel „liebende Beziehungen" entgegen. Können Sie sich vorstellen, jemanden oder etwas zu lieben, ohne ihm Interesse zu schenken? Während sich ein Liebes*gefühl* nie aktiv bewirken lässt, können wir aber durchaus willentlich Interesse für jemanden aufbringen – und ihn am Ende sogar „lieben lernen".

Für ein Interesse können wir uns also bewusst entscheiden, zumindest vorläufig. Damit nehmen wir eine *Haltung* ein, die sich ein Stück von dem löst, wonach uns gerade zumute ist (hier scheint schon unser nächstes Kapitel auf, die Bereitschaft zur Selbstveränderung). Diese Bereitschaft muss jeder Therapeut aufbringen, wenn er morgens in die Praxis geht, denn ohne Interesse an seinen Klienten werden sich beide Seiten in einem Gespräch schwer tun. Auch nicht jede Mutter, jeder Freund hat auf Knopfdruck Lust auf ein tiefgehendes Gespräch, wird sich aber fragen, ob sie oder er dennoch bereit ist, sich darauf einzulassen. Dasselbe gilt für jeden Fremden, zu dem wir vielleicht von uns aus nicht unbedingt Kontakt aufnehmen würden, ebenso wie für Themen, die uns nicht unmittelbar ansprechen.

Mit unserem Interesse geben wir also (wo es nicht von vornherein vorhanden ist) eine Art Vorschuss, und wenn wir Glück haben, wird er Zinsen tragen. Dann wird unser Anfangsinteresse wachsen und tiefer gehendes Verständnis, vielleicht sogar Sympathie wecken – für mein Gegenüber, oder für den Gegenstand unseres Gespräches:

In meiner Jugend hatte ich nicht die Spur von Interesse an Fußball. Aber ich hatte Interesse an einem bestimmten Mann, und der war Schalke-Fan. So entschloss ich mich, ihm zuliebe auf sein Interesse einzugehen. Mit der Folge, dass sich nach kurzer Zeit mein Interesse an Fußball verselbstständigte. Es überdauerte sogar die Beziehung; ich sehe mir auch heute noch gern das eine oder andere Spiel an und fiebere bei internationalen Meisterschaften mit. Indem ich bereit war, mich vorläufig auf etwas Unbekanntes einzulassen (mehr davon im Kapitel „Sich aufmachen"), lernte ich dann etwas kennen, das mir überraschend selbst Spaß machte!

Wie einfach ist es prinzipiell, uns wenigstens vorübergehend für einen Menschen oder sein Thema zu öffnen und erst einmal abzuwarten, was sich daraus ergibt. Aber wie oft geschieht das Gegenteil: Da haben Sie vielleicht ein Jahr karitativen Auslandsdienst in indischen Slums gemacht, und das Elend hat Sie tief erschüttert, viele Fragen bewegen Sie. Als Sie auf einer Betriebsfeier davon zu erzählen beginnen, fällt Ihnen ein Kollege ins Wort: „Indien, wie spannend! Ich hab letztens im Fernsehen das Taj Mahal gesehen, soll ja grandios sein, und überhaupt diese mystischen Kulturen, muss ich unbedingt mal hin! In Thailand war ich ja schon…"

Die Szene könnte von Loriot sein – doch wer von uns hat nicht schon Ähnliches erlebt? – Wie empfindlich mag es uns dann erst treffen, wenn wir auf der nicht weniger spannenden Reise hin zu uns selbst das Innerste unserer Seele öffnen und dann auf solche Gesprächspraktiken treffen! Echtes Interesse dagegen wäre erkennbar, indem die- oder derjenige Anteil nimmt, zuhört, tiefer führende Fragen stellt und durchaus auch eigene Gedanken einbringt: „Das kann ich gut verstehen, in Afrika ist es mir sehr ähnlich ergangen wie Ihnen in Indien. Welche Fragen wirft das für Sie auf?" – Und schon sind Sie, trotz meilenweit entfernter Kontinente, in einem ergiebigen Gespräch verbunden.

Konkret und positiv formuliert, könnte unser Selbstcheck im Kontakt mit einem anderen Menschen in etwa so aussehen:

- ✤ Bin ich an dem Menschen, mit dem ich rede, oder an seinem Thema interessiert?
- ✤ Wenn nein: Aus welchem Grund wäre ich bereit, trotzdem *vorübergehend* auf ihn einzugehen? – Wie lange oder bis zu welchem Punkt gehe ich bereitwillig mit?
- ✤ Wenn ich an Mensch oder Thema interessiert bin, wie kann ich das dann am besten ausdrücken?

Damit mein Interessen-Vorschuss echt ist, muss ich ihn fein mit mir selbst abstimmen. Das heißt, ich muss nachspüren, wie ich mich in der Situation fühle (entspannt und offen? neugierig? gelangweilt? angespannt oder sogar genervt?) und wie ich damit umgehen will. So könnte ich mich auf der Betriebsfeier nach kurzer Selbstbesinnung (zum Beispiel beim Gang ans Buffet) sehr unterschiedlich entscheiden: Bin ich bereit, meine Kollegen heute mal mit neuen Augen zu sehen und mehr über ihr Leben zu erfahren? – Ziehe ich mich schweigend zurück, weil ich es nicht schaffe, mich für die Menschen oder deren Themen zu öffnen? – Lasse ich mich bewusst auf einen Smalltalk ein, um den Chef bei Laune zu halten? – Oder bekenne ich ehrlich: „Börsenkurse sind nicht so meine Welt, entschuldigen Sie bitte, wenn ich Sie damit anderen Gesprächspartnern überlasse"?

Es ist faszinierend zu beobachten, wie unsere Kommunikation lebendiger wird, indem wir uns selbst darin wahrnehmen und die Balance suchen zwischen dem, was wir ohnehin gern tun, und dem, was wir – bewusst – einem Anderen zuliebe tun. So wächst gesunde Beziehungskultur, und so manche Grenze, die zuvor in unseren Köpfen unüberwindlich schien, öffnet sich dem Mitmenschen gegenüber. Sobald wir uns zu einem Interesse _entschließen_ und uns zumindest vorläufig auf ein fremdes Gegenüber einstellen, werden wir oft durch ein neues, echteres Miteinander überrascht.

Erst jetzt, nachdem das Interesse geklärt ist, nähern wir uns der Frage: Und wie können wir unser Interesse nun ins Gespräch bringen? Was können wir tun, um unserem Gegenüber dieses Interesse zu zeigen und ihn mitzunehmen in anregende Gedanken oder tiefere Erkenntnisse?

Resonanzfähigkeit

Dem Physiker Albert Einstein werden die Worte zugeschrieben: „Ein Freund ist ein Mensch, der die Melodie deines Herzens kennt und sie dir vorspielt, wenn du sie vergessen hast." Lassen Sie uns dieses Zitat für unsere Zwecke etwas abwandeln: „Ein Freund ist jemand, der die Stimme deiner Seele zum Klingen bringt" – ich denke, Einstein wäre damit einverstanden gewesen. Das gute Gespräch mit einem interessierten Weggefährten macht die vagen, leisen Stimmen in uns hörbar. Und ein gutes Gespräch wird es, sobald wir miteinander in Resonanz kommen. Resonanz ist Verstärker und Prüfstein: Indem sie das Leise lauter werden lässt, hören wir Botschaften klarer, und Misstöne klingen schriller.

Damit ist Resonanz das Herzstück gelingender Kommunikation – und Resonanzfähigkeit lässt sich üben! Wir können – aufrichtiges Interesse am Anderen vorausgesetzt – eine Menge dazu beitragen: Das beginnt selbstverständlich damit, überhaupt zuzuhören, was jemand von sich erzählt. Doch wo zwei Menschen sich im Gespräch begegnen, treffen Worte auf unterschiedliche Grundlagen und werden eventuell nicht richtig oder nicht vollständig verstanden. Wirklich am Anderen Anteil zu nehmen, heißt dann, dass wir Genaueres erfahren wollen. Und das ideale Lockmittel dazu sind Fragen; sie sind das Signal: „Ich möchte wirklich etwas von dir wissen!"; sie drücken unser Interesse aus und machen deutlich, was uns noch zum Verständnis fehlt.

Allerdings baut nicht jede Art von Fragen Resonanz auf, und ebenso wenig wird _ausschließliches_ Fragen die inneren Stimmen eines Suchenden zum Klingen bringen. Das Spektrum an Resonanzböden ist vielfältig, und wir können nach Bedarf und Neigung mit ihnen spielen. Diese Resonanzböden wollen wir uns nacheinander ansehen:

- ❧ genaues „aktives" Zuhören
- ❧ vertiefende Fragen (offen und anschaulich)
- ❧ Erkundung und Beschreibung von Gefühlen
- ❧ Spiegelungen
- ❧ Beispiele anderer Menschen
- ❧ Bilder
- ❧ Geschichten, Anekdoten – und hier und da sogar: ein Spruch oder Witz
- ❧ nur der Vollständigkeit halber: Auch zahlreiche Therapieverfahren (wie systemische Aufstellungen, die Arbeit mit dem Inneren Kind oder dem Inneren Team u.v.a.) sprechen Resonanzen an. Da sie spezielle Methodik voraussetzen, werden wir hier nicht darauf eingehen.

Jede Resonanz beginnt – alternativlos – mit dem „aktiven Zuhören", das sich unter anderem in körperlicher Zuwendung ausdrückt: Körperhaltung, Blick, Ohr, Verstand und Herz sind ganz bei der Sache, mein Gegenüber bekommt meine ungeteilte Aufmerksamkeit. Hiervon ausgehend, werden wir das Gespräch vertiefen:

Da der Erzählende nicht automatisch wissen kann, wie seine Rede bei uns ankommt und ob wir ihn verstehen, werden wir ihm mit Fragen Brücken bauen. Deren Brückenpfeiler heißen „offen" und „plastisch" – das heißt anschaulich. Nur sie machen die Brücke weit genug, damit der Gefragte seine eigenen Schritte darauf setzen kann. Mit sogenannten geschlossenen Fragen dagegen engen wir den Brückenpfad – oder den Resonanzraum – ein: Fragen, die einfach nur mit Ja oder Nein zu beantworten sind, beziehungsweise die Vorgabe von zwei Alternativen, zwischen denen der Gefragte wählen kann, sind ausgesprochen nützlich, um ein Gespräch abkürzen oder eine einfache Information einzuholen – kurz und knapp ist die Sache dann erledigt („Hast du den Bus noch erreicht?" – „Soll ich lieber die Erdbeer- oder die Himbeermarmelade aufmachen?"). Für einen Prozess der Selbsterforschung jedoch sind geschlossene Fragen tödlich: Sie verwehren dem Gefragten jegliches Nachdenken und Nachspüren, zugleich ist es für den Fragenden enorm anstrengend, sich durch Vorformulierungen ständig den Kopf des Anderen zu zerbrechen.

Die oder der Gefragte wird sich selbst nur näher kommen und uns als Fragende in den Resonanzprozess mit hineinnehmen, indem Aussagen anschaulich und lebendig sind. Solche Aussagen locken wir mit sogenannten W-Fragen heraus, die mit „wer, wie, was, woher, wohin, wodurch..." eingeleitet werden. Um hierauf zu antworten, muss der Gefragte nachdenken, in sich gehen und nachspüren. Schon ist er deutlich mehr bei sich, und wir als Fragende können mit seinen Schilderungen mitgehen, „mitschwingen".

Allerdings führen nicht alle W-Fragen gleichermaßen in die Tiefe. Oft kommt uns als erstes das beliebte Fragewort „warum" über die Lippen. „Warum" und seine Verwandten „wieso" und „weshalb" meinen es eigentlich gut, weil sie schon mehr offen lassen als die Wahl zwischen zwei Alternativen. Dennoch gelingt es dem Warum eher selten, Anschauliches hervorzulocken beziehungsweise in die Tiefe der inneren Wahrnehmung vorzudringen. Auch dieses Fragewort ist eher geeignet, um eine sachliche Information einzuholen („Warum bist du gestern nicht zur Chorprobe gekommen?"), in der Herausforderung zur Selbsterforschung drängt es den Gefragten jedoch meist in abstrakte Erwägungen, schlimmstenfalls in die Rechtfertigung ("Warum sprichst du nie über deine Gefühle?"). Eine solche intellektuelle Aktivität zieht aus der Vertiefung heraus, während die „plastischen W-Fragen" in die Tiefe (des inneren Gespürs) hineinführen: Wie war das? – Was ist geschehen? – Wodurch hast du das bewältigt? – Was könnten Sie sich vorstellen? Oder auch: Was empfindest du dabei? – Wo im Körper spüren Sie das? – Wie würden Sie das Gefühl beschreiben?...

So wertvoll Fragen sind, als Resonanzboden stoßen sie an Grenzen. Ich hatte mal eine Weile aufgrund von Empfehlungen meiner Psychotherapie-Ausbildung und einiger Kommunikationsseminare beschlossen, entweder die Aussagen meiner Klienten zu „spiegeln" (das heißt, mit denselben oder etwas anderen Worten wiederzugeben) und ansonsten ausschließlich Fragen zu stellen. Es war frustrierend: Die Gespräche wurden gekünstelt, manchmal geradezu grotesk, wo jeder Dialog in Fragen gepresst werden sollte. Und wenn umgekehrt Menschen *mich* auf diese Weise unterstützen wollten, fühlte ich mich oft unverstanden, manchmal sogar lächerlich gemacht, durch die stetigen Fragen in die Enge getrieben. Dann wollte mir erst recht nichts mehr einfallen – und ich bin sicher, dass ich mit dieser Erfahrung nicht allein stehe. Gerade wer seine Seelenstimme ohnehin nur vage oder verzerrt wahrnimmt, mag sich durch insistierendes Fragen der Inquisition näher fühlen als einem Verstehen-Wollen, und unser blinder Fleck wird auch durch Bohren nicht sehend...

Resonanz-Impulse

Resonanz entsteht also nicht nur durch *Nachfrage*, sondern manchmal eher durch *Angebote*. Nicht selten ist es das Angebot *meiner* Wahrnehmung, die dem Klienten ermöglicht, _sein_ Selbstempfinden zu sensibilisieren: Zwar liegt die letztgültige Antwort in ihm selbst; leichter käme er dem jedoch möglicherweise auf die Spur, indem er aufmerksam gemacht wird (die Sache mit dem Buchfinken, oder auch Claudia, unser Gruppen-Seismograf!). Das Resonanz-Angebot an mein Gegenüber könnte beispielsweise darin bestehen, ihn darauf hinzuweisen, was ich an ihm gerade beobachte, wie eine bestimmte Körperhaltung oder Mimik. Und es kann sogar hilfreich sein – Dank sei den Spiegelneuronen! – zu sagen, welche Empfindungen seine Worte bei _mir_ auslösen. Die höchst eigene Innenwahrnehmung meines Gesprächspartners lässt sich sehr wohl anregen, indem ich _meinen_ Druck in der Magengegend, _mein_ Gefühl der Lähmung, _mein_ Unbehagen, _mein_ Aufatmen „zur Verfügung stelle". Wer sich von seinen inneren Stimmen entfremdet hat, kann diesen Impuls von außen aufnehmen und eigenen Empfindungen bewusster nachlauschen, sie in sich ebenfalls wiederfinden, oder nach Prüfung feststellen, dass das Angebot keinen Widerhall findet. Solange ich sorgsam und respektvoll meine persönlichen Rückmeldungen anbiete, wird sich auf jeden Fall das Selbstgefühl meines Gesprächspartners üben: Auch festzustellen, dass ein Angebot nicht in Resonanz geht, ist zwangsläufig schon das Ergebnis einer genaueren Selbstwahrnehmung.

Das Repertoire ist vielfältig, mit dem wir unserem Gegenüber einen Anstoß geben können. Nicht nur das genauere Hingucken und Hinfühlen in die eigene Innenwelt lässt uns Eigenes erspüren, sondern manchmal löst gerade ein distanziert „verfremdeter" Blick ein Echo, ein Wiedererkennen aus: Indem wir in eine scheinbar andere Richtung ausholen und über „etwas ganz Anderes" reden, können wir damit den Nagel umso überraschender auf den Kopf treffen. Das kann durch ein Bild oder eine Metapher geschehen; eine Geschichte, eine ähnliche Situation bei einem anderen Menschen (die einen guten Ausgang gefunden hat!), ein Aphorismus, ein Zitat oder – mit Fingerspitzengefühl – sogar ein liebevoller Witz, kann mein Gegenüber aufhorchen und sich darin wiederfinden lassen. Die Distanz des Fremden erlaubt es, frei von bedrängenden Ratschlägen eine andere Option auf sich wirken zu lassen und darin einen eigenen Standort oder eine Perspektive zu entdecken. Dazu ein paar Beispiele:

Es ist erfahrungsgemäß nicht immer einfach, sein Leben selbst in die Hand zu nehmen und etwas Gutes daraus zu machen. Viele, teilweise recht unterschiedliche Entwicklungs- und Lernschritte gehören dazu. Das kann man natürlich theoretisch und psychologisch erklären. Doch gerade wenn es auf dem Weg zu uns selbst darum geht, innerhalb mancherlei Fremdbestimmung „unser Eigenes" zu entdecken und zu leben, ist ein Bild wie das folgende viel kraftvoller als alle Theorie (und weit anschaulicher als der viel zitierte Zwiebel-Vergleich, bei dem eine gleichförmige Schale nach der anderen abgepellt werden muss, bis am Ende nichts mehr übrig bleibt...):

Jeder Mensch bekommt mit seinem Leben ein Grundstück anvertraut, auf dessen Lage, Größe, Landschaft, Bodenbeschaffenheit und Gelände er keinen Einfluss hat, und ebenso liegt es nicht in seiner Hand, wie in seinen Kindheitsjahren Mitmenschen das Land bearbeitet haben.
Doch in jedem Menschen liegt die Gabe, auf dieser Grundlage das Leben nach eigenen Möglichkeiten und Vorstellungen zu gestalten. Dazu muss er die ursprünglichen Eigenschaften des „Grundstücks" erkunden, muss „Altlasten" beseitigen, so gut es geht. Das macht jedoch wenig Sinn, solange die Aufräumarbeiten Selbstzweck bleiben: Sie sollen Platz machen für das, was auf diesem Grundstück am besten gedeihen kann – als Ackerland, Baugrund für ein Hotel oder einen Kindergarten, für Blumenbeete oder einen Sportplatz. Dazu muss der Grundstückseigentümer selbst Hand anlegen, und das hat er auch selbst in der Hand. Hierin liegt das Grundkapital eines jeden Menschen – es ist sein Auftrag und seine Chance, etwas daraus zu machen.
Wer es lieber kurz und knapp mag:
Unser Leben ist ein Schiff auf dem Ozean. Wind und Strömungen können wir nicht beeinflussen, aber wir können die Segel setzen, um unserem Kurs zu folgen.

Oder nehmen wir folgende Situation: Menschen, die auf eine größere Veränderung zu arbeiten, haben manchmal das Gefühl, keinen Schritt vorangekommen zu sein. Immer noch zeichnet sich nichts Neues ab, obwohl sie schon eine ganze Weile unterwegs sind. Gutes Zureden („das wird schon, mach einfach weiter!") wird dann meist weniger bewirken als ein treffendes Bild:

Unser Neustart liegt hinter einer Tür, die wir zunächst erreichen, dann öffnen müssen. Über eine lange Strecke des Weges mag die Tür noch nicht einmal in Sicht sein, dennoch werden wir weiter auf sie zugehen. Und wenn wir dann vor ihr ankommen, kann es sein, dass wir sie noch mit mehreren Schlössern verschlossen vorfinden. Durchlass bekommen wir erst, sobald alle ihre Schlösser geöffnet sind. Dann aber wird sich von einem zum anderen Moment der neue Raum zeigen, den wir erobern wollen, und konkrete Perspektiven werden sich auf tun.

In diesem Vergleich finden sich die Betroffenen wieder, „sehen" sich tatsächlich vor der Tür stehen oder auf dem Weg dorthin, und ihr Standort innerhalb des Bildes wird sich im Laufe der Entwicklung bildlich mit verändern. Das macht den Prozess spürbar und nährt Hoffnung – ein Gefühl, das zum Weitergehen ermutigt.

Wir können also Bilder anbieten – wie ein Paar Schuhe, in das unser Gesprächspartner hineinschlüpfen kann, um zu prüfen, ob sie ihm passen. Schon in einem solchen vorgefertigten Bild finden sich viele Menschen wieder, gehen in Resonanz damit. Besonders eindrucksvoll jedoch wird Resonanz, wenn zwei Gesprächspartner so „miteinander schwingen", dass sich bei beiden geradezu synchron Bilder herauskristallisieren:

Ich hatte zu Beginn dieses Kapitels schon meine Freundin Bärbel erwähnt. Mit ihr (und einigen wenigen anderen Menschen) verbindet mich die Fähigkeit, innere Bilder abzugleichen – sogar am Telefon. Das hat uns beiden in vielen Situationen entscheidende Erkenntnisse über unser Innenleben oder eine komplizierte Problematik ermöglicht.
Einmal sah ich eine Blume vor meinem inneren Auge, die auf irgendeine Weise meine Situation widerspiegelte. Bärbel „sah" ebenfalls eine Blume, und wir begannen, uns unsere virtuellen Blumen gegenseitig zu beschreiben. Immer mehr verdichtete sich der Eindruck, dabei dieselbe Pflanze vor Augen zu haben, die jede von uns nur vom Ansehen kannte, nicht aber vom Namen. Doch konnte das sein? Wie ließ sich das prüfen? Schließlich suchten wir getrennt im Internet danach. Wir fanden sie und schickten uns gegenseitig die Fotos zu: Beide Bilder waren identisch und zeigten eine tropische Zimmerpflanze, Medinilla magnifica!

Ich weiß nicht mehr, wie weit dieses Bild am Ende zur Lösung meines Problems beigetragen hatte. Viel nachhaltiger beeindruckte mich, in welch tiefe Resonanz wir miteinander gehen können: Solch eine Übereinstimmung stärkt unser Vertrauen in die eigenen inneren Stimmen und Bilder ebenso wie das Band der Beziehung.

Bilder wirken kraftvoll in unserer Seele, sie haben einen unmittelbaren Zugang zu unserem Unterbewusstsein und wirken damit eindringlicher in unser Gefühlsleben hinein als jede abstrakte Erkenntnis. Vorausgesetzt, diese Bilder sind authentisch – ihre Resonanz muss in unserer Tiefe zu spüren sein, denn nicht jedes willkürliche oder gewünschte Bild „spricht uns aus der Seele":

Renate wollte sich mit therapeutischer Hilfe von einigen belastenden Kindheitserfahrungen lösen. Nach einem Bild gefragt, sah sie gewisse „Programme", die in ihr psychisch abliefen, wie von einer Diskette in ihrem Gehirn bestimmt; diese „Terror-Diskette" wollte sie loswerden. Auf meine Bitte hin versuchte sie, das bildlich zu tun: Es gelang ihr, die Diskette zunächst „aus ihrem Kopf herauszunehmen". In ihrer Wut auf deren Macht zerschmetterte sie die Diskette dann mit einem Hammer – doch nach einer ersten Erleichterung und näherem Hinschauen setzten sich die Bruchstücke wie von Geisterhand wieder zusammen! Sie warf die Diskette in den Mülleimer – abermals gehorchte ihr das Bild nicht, die Diskette sprang ihr aus dem Eimer heraus wieder entgegen. Renate war verzweifelt.
Meine vorsichtige Frage, ob sie die Diskette überhaupt ganz aus ihrem Leben verbannen könne, wehrte sie heftig ab, erklärte sich jedoch zu einem Versuch bereit: Sie fasste die Diskette in einen Bilderrahmen und hängte ihn an die Wand. Dieses Bild konnte sie problemlos aufnehmen, so ließ es sich fixieren – ihre Vergangenheit durfte weiterhin zu ihr gehören, ohne ihr Leben zu dominieren. Renate war zufrieden.

Ähnlich wie einzelne Bilder, haben auch komplexere Märchen und Geschichten eine große Affinität zu unserem Unbewussten und finden dort Resonanz, ohne dass es für jedes Detail eine intellektuelle Deutung braucht. Märchen und Geschichten, Mythen und Legenden haben

als Archetypen des Menschlichen zu allen Zeiten der Menschheitsgeschichte geholfen, sich in schwierigen Situationen erkannt, geleitet und
ermutigt zu fühlen. Ein Märchen hatte ich schon im Anfangskapitel erwähnt, „Das hässliche junge Entlein" von Hans Christian Andersen: Es
zeigt, wie wir uns oft abmühen, am falschen Platz die falsche Rolle zu
spielen. Sobald wir dann von „Unseresgleichen" erkannt und ermuntert
werden, wissen und spüren wir, wie hart es war, ständig gegen uns
selbst zu leben.

Gerade „ich selbst zu werden" und den richtigen Platz im Leben zu
finden, gehört zu unseren stetigen Herausforderungen: „Glück ist ein
Maßanzug. Unglücklich sind Menschen, die den Maßanzug eines Anderen tragen möchten" sagt der Dirigent Karl Böhm, und mancher mag
sich darin wiedererkennen und aufatmen. Sprüche wie: „Sei du selbst,
denn alle Anderen gibt es schon" (Oscar Wilde) oder: „Eigentlich bin
ich ganz anders – aber ich komme so selten dazu" (Ödön von Horvàrth)
bringen das Thema scheinbar flapsig auf den Punkt.

Selbst in Witzen finden wir wieder, wie es an der Tagesordnung ist, in
eine – vielleicht falsche – Rolle gedrängt zu werden:
*Der Vater schiebt die Zwillinge im Kinderwagen spazieren. Nachbar:
„Oh, wer sind die beiden Süßen denn?" Vater: „Der mit der blauen Mütze ist der Rechtsanwalt, der mit der grünen Mütze der Arzt!"*

Wir können eine förderliche Resonanz auf vielen Klaviaturen spielen,
wir brauchen uns nicht einzuengen auf fixe Schemata. Im Gegenteil,
durch ein vielfältiges Spektrum sind wir in der Lage, auf die unterschiedlichsten Gesprächspartner, Situationen und Erfordernisse einzugehen.
Wie oft ist es gerade ein unerwarteter oder ungewöhnlicher Impuls,
der mich aufhorchen lässt oder mir nachdrücklich in Erinnerung bleibt!
Eine Postkarte mit einem passenden Spruch, die ich einem Patienten
zur Honorarrechnung beigelegt hatte, soll noch Jahre an einem Ehren-
platz gehangen haben...

Wobei es sich von selbst versteht, dass eine solche Resonanz nur auf
wohlwollendem Boden wachsen kann. Nie geht es darum zu demonst-

rieren, was für originelle Einfälle ich doch habe, und nie darf etwas auf Kosten meines Gesprächspartners gehen. Während bei Witzen und manchen Sprüchen das Fettnäpfchen gleich warnend daneben steht, könnte ich möglicherweise übersehen, dass ich ebenso mit der Wahl einer falschen Geschichte, eines Bildes oder sogar einer simplen Frage voll daneben greifen kann. Und vor einem falschen Zugriff bewahrt nicht einmal eine vorgegebene Gesprächstechnik...

Wirklich erreichen werde ich mein Gegenüber nur durch kontinuierliche Resonanz. Nur auf diese Weise lassen sich die leisen inneren Stimmen so verstärken, dass sie sich aus den vielen Fremdstimmen heraushören lassen – den Überzeugungen und Emotionen des Betroffenen, den Meinungen und Ideen des Beratenden. Konkret heißt das, wir müssen uns sensibel und kleinschrittig im Gefüge von Gespräch, Nachspüren und Nachdenken voran tasten. So lassen sich die Töne immer wieder ein wenig modulieren, bis sie am Ende klar klingen und es für beide Gesprächspartner „stimmt". Dazu gehört auf der einen Seite, aufmerksam und respektvoll mit meinem Gegenüber verbunden zu bleiben. Dazu gehört auf der anderen Seite, jeder Idee, jedem Impuls in mir selbst genau nachzuspüren und mich selbst bewusst wahrzunehmen. Ein stetiger Balanceakt – wie könnte er gelingen?

„Zurechtruckeln"

Das klingt komplizierter, als es ist. Zwei Beispiele mögen das anschaulicher machen als weitere Theorie – das erste geht einem Gespür nach, das später folgende verdeutlicht, wie der Seelenstimme Gehör verschafft werden könnte.
Beispiel Gespür – übliche Szene:
Ehemann kommt von der Arbeit nachhause.
Frau: Schatz, was ist los mit dir?
Mann: Nichts.
Frau: Aber ich seh doch – du hast doch was!
Mann: Lass mich in Ruhe.
Frau: Da muss aber was sein, du bist so komisch!
Mann: Nerv mich nicht! (knallt die Tür)
Frau: Blödmann!

Beispiel Gespür – „zurechtruckelnde" Szene:
Ehemann kommt von der Arbeit nachhause.
Frau: *Schatz, ist irgendwas mit dir?*
Mann: *Was soll schon sein? Nicht dass ich wüsste.*
Frau: *Du wirkst irgendwie angespannt.*
Mann: *Versteh nicht, was du meinst.*
Frau: *Ist schon in Ordnung, ich wollte dich nicht bedrängen. Ich hab halt nur den Eindruck, dass dich etwas beschäftigt.*
Mann: *Na ja, vielleicht ist es die Sache mit Schmidt. Dem haben sie gekündigt.*
Frau: *Oh, das ist ja heftig! Wieso denn das?*
Mann: *Rationalisierungsmaßnahmen. Ist einfach wegrationalisiert worden...*
Frau: *Oh weh, könnte dich das jetzt auch treffen?*
Mann: *Nein. Ich merke gerade, das ist es auch nicht, was mir zu schaffen macht. Irgendwie – irgendwas war unfair.*
Frau: *Was meinst du damit?*
Mann: *Eigentlich wäre es nicht so tragisch gewesen, der Schmidt hat schon damit gerechnet, dass er als Erster gehen muss. Er hat eben keine Familie und ist noch jung genug. Aber erst hatte man ihm eine Abfindung in Aussicht gestellt, und die soll er nun nicht kriegen.*
Frau: *Das hört sich für mich so an, als wenn du das nicht so stehen lassen willst.*
Mann: *Stimmt, wo du das so sagst. Ich finde, das ist nicht anständig, dass sie ihn jetzt hängen lassen.*
Frau: *Kannst du irgendetwas tun?*
Mann: *Ich denke nochmal drüber nach. Ich könnte mir vorstellen, selbst den Chef anzusprechen, oder Schmidt ein Gespräch zu dritt anzubieten. Mal sehen. Danke, Schatz, du hattest Recht, da lag mir noch etwas auf der Seele, was ich selbst gar nicht richtig bemerkt hatte.*
Frau: *Ja, jetzt ist die Wolke, die ich vorhin gespürt hatte, auch aufgelöst. Was magst du zum Abendessen?*

Was das „Gespräch" in der ersten Szene nicht vermochte, gelang dagegen im Tanz der kleinen Schritte zwischen Sprechen, Hören, Nachspüren und Denken der Ehepartner: Allmählich hat sich eine Erkenntnis herauskristallisiert, die auch dem Ehemann verborgen war. Erst das feinfühlige Vortasten auf beiden Seiten ließ sie einer Spur (ihrem Gespür!) folgen, um zum Kern der unterschwelligen Last durchzudringen.

Für solch ein individuelles „Zurechtruckeln" gibt es keine fertigen Rezepte. Zwar schätze auch ich hin und wieder Gesprächsstrukturen, an deren „Leine" ich jemanden zu Lösungsideen führen kann – vorausgesetzt, ich bin bereit, sie bei Bedarf wieder loszulassen (Beispiele dafür hatte ich unter anderem im Kapitel „Denk-Kultur" angeboten). Aber um einem zunächst undefinierbaren Empfinden oder Befinden nachzugehen, kann es keine allgemeingültige Anleitung geben, außer dem Gesetz, aufeinander einzugehen, gemeinsam zu reflektieren und Schritt für Schritt so lange „zurechtzuruckeln", bis es für beide Gesprächspartner stimmt.

Wo es gelingt, ein Gespür für Irritationen beziehungsweise Unstimmigkeiten zu entwickeln und es angemessen anzusprechen, erweisen wir unseren Gesprächspartnern einen wertvollen Dienst: Die Aufmerksamkeit, die durch Ungeklärtes gebunden war, wird durch solche Klärungen wieder frei – der Andere ist also wieder „ganz da". Und oft wird gleich die bindende Last selbst ein Stück gelöst und bringt dadurch einen Schritt weiter.

Während der Alltag ständig Gelegenheiten hergibt, solche Irritationen wahrzunehmen und unaufwendig zu klären – also einem „Gespür" zu folgen –, braucht der Umgang mit unserem Seelennavigator einen längeren Atem. Wo unsere Seelenstimme zuständig ist für die große Richtung unseres Lebens, für grundsätzliche und wesentliche Entscheidungen, sind Klärungen seltener vonnöten; doch wenn sie gebraucht werden, dann sind sie in der konkreten Situation entsprechend komplexer. Als Beispiel aus meinem Leben greife ich noch einmal eine Buchgeschichte auf. Sie ist etwas länger, weil eben auch das Zurechtruckeln nur in kleinen Schritten voran geht:

Wieder einmal war es ein Gespräch mit meiner „Resonanz-Freundin" Bärbel, das innerhalb weniger Minuten eine völlig überraschende Wende einleitete:

Als meine Bücher zur Kinesiologie, die ich Ende der 1990er Jahre verfasst hatte, nach Schließung des alten Verlages vergriffen waren, wurde ich öfter gebeten, sie neu zu veröffentlichen. Das brachte mich in eine Zwickmühle. Hinter dem Aufbau und der Darstellung der alten Ausgaben stand ich nicht mehr, und sie neu zu schreiben – was der Weiterentwicklung der letzten 15 Jahre angemessen gewesen wäre – war für mich eine Horrorvorstellung. Mehrere Jahre hatte ich damals an den Büchern gearbeitet, das konnte und wollte ich nicht noch einmal investieren!

Etwas missmutig und halbherzig ergab ich mich dem Drängen von Freunden und Ausbildungsteilnehmern und suchte einen Kompromiss: Ich bot Verlagen meine alten Bücher an mit der Bedingung, dass sie (entgegen meinen neueren Erkenntnissen) grundsätzlich in der alten Form übernommen wurden. Ich war bereit, sie in einigen Punkten zu aktualisieren beziehungsweise sie soweit zu überarbeiten, wie es der Lektor des neuen Verlages für nötig hielt. Das war dann ja schließlich mehr seine Aufgabe als meine...

Mein favorisierter Verlag stimmte zu. Als ich die ersten Kapitel vom Lektor mit seinen Anmerkungen zurück bekam, war ich sehr angetan von seiner freundlichen und konstruktiven Art, meine Texte zu optimieren. So hatte ich mir das gewünscht, und gut gelaunt setzte ich mich an die Überarbeitung seiner Überarbeitung.

Doch die gute Laune schwand von Satz zu Satz. Ich fühlte mich lustlos, fast deprimiert, fand keinen Zugang mehr zum Text. Ich verstand nicht, was mit mir los war, denn nun hatte ich ja, was ich wollte: Ich tat den Interessenten einen Gefallen, ohne mich zu überfordern.

Weder Nachdenken, noch meine bewährten Tagebuch-Reflexionen halfen mir weiter. Also rief ich Bärbel an. Nachdem sie mein Unbehagen auf sich hatte wirken lassen, waren wir uns soweit einig: Irgendetwas stimmte hier nicht und musste geklärt werden.

Leider habe ich dieses wunderbare Gespräch nicht aufgezeichnet, und so müssen wir uns hier auf mein bröckeliges Gedächtnis verlassen. Aber etwas gerafft könnte es so abgelaufen sein:

Bärbel: Das ist doch seltsam. Du hattest deinen Impuls, die Verlage anzusprechen, als rundum passend empfunden. Und du bist auf offene Türen getroffen, trotz deiner Bedingungen, einen etwas faulen Kompromiss zu machen...

Ich: Ja, genau! Dass sich alles so günstig gefügt hat, war vermutlich nur eine Prüfung für mich. Und in Wirklichkeit stand es gar nicht an, die Bücher überhaupt nochmal herauszubringen. Ich hatte mich schlichtweg überreden lassen zu etwas, das mir gar nicht entsprach! Also werde ich gar nicht weiterschreiben. (Erleichtertes Aufatmen)

Bärbel: Bitte??! Ich glaube, du spinnst! Das kommt bei mir gerade total schräg an. Unstimmig!

Ich (beleidigt): Aber ich bin doch durch mit meinem Beitrag zur Kinesiologie! Ich hab alles dafür getan, ich hab Therapeuten ausgebildet, und meine alten Bücher waren ja auch nicht verkehrt. Da ist es doch schon großzügig von mir, wenn ich sie überhaupt noch einmal überarbeite! Schließlich warten noch andere Aufgaben auf mich, das Alte muss doch endlich mal erledigt sein!

Bärbel (etwas aufgebracht): Stopp, gerade hier reibt etwas! Halt bitte mal eben an und denk nochmal nach: Du hast an die zwanzig Jahre deines Lebens in die Arbeit mit dem Muskeltest investiert. Es lag dir immer am Herzen, dass du deinen Kursteilnehmern das Beste gibst. Und nun auf einmal willst du das Beste quasi unterschlagen? Du willst alles das, was du in den letzten 15 Jahren dazugelernt hast, inhaltlich und didaktisch, den neuen Lesern vorenthalten?

Ich: Nee, natürlich nicht...

Bärbel: Was meinst du denn, wie würdest du deinem eigenen Anspruch, den du bis jetzt an deine Aufgaben hattest, am besten gerecht werden?!"

Ich (mir wird mulmig, mich beschleicht die Angst, dass sie Recht haben könnte): Ja, aber... (an dieser Stelle können wir gern auf all meine Ausflüchte verzichten, die jetzt in epischer Breite folgen müssten)

Bärbel: Tut mir leid, deine Argumente erreichen mich nicht. Es bleibt das Empfinden, dass dein Kompromiss echt faul ist, im wahrsten Sinn des Wortes.

Ich (ziemlich angeschlagen, denn das war selbst für eine Freundin ein gewagtes Wort): Willst du damit etwa sagen, dass ich tatsächlich die Bücher ganz neu schreiben müsste?? Das geht nicht, das kommt nicht in Frage, niemals!!
Bärbel: Das kann ich nicht entscheiden. Ich kann verstehen, dass dich der Aufwand abschreckt. Aber merkwürdigerweise wird es in mir ruhig, wenn du das ansprichst.
Ich (mit dem zunehmenden Empfinden, dass sie Recht haben könnte): Das passt mir als Ergebnis unseres Gespräches gerade gar nicht. Aber (zerknirscht) ich will zumindest prüfen, was da dran sein könnte. Lass uns morgen nochmal darüber sprechen, ich werde inzwischen in mich gehen.

Ich gab mir, trotz Termindruck des Verlages, einen Tag Bedenkzeit, nahm meinen inneren Schweinehund an die Leine und setzte mich mit meinem Tagebuch in ein Café an der Elbe.
Was Bärbel gesagt hatte, fühlte sich richtig an, obwohl es mir nicht gefiel. Je mehr meine Abwehr zu schmelzen begann, desto klarer „hörte" ich meine Seelenstimme wieder. Sie wollte eindeutig, dass ich schreibe, aber nichts Halbherziges, sondern nur Ganzherziges. Das hieß nach dem aktuellen Stand der Dinge: neu schreiben.
Indem mein Widerstand wich, tauchte ein neuer Gedanke auf: Nach 15 weiteren Jahren an Erfahrung bewegte ich mich inzwischen souverän in der Materie, die ich vermitteln wollte. Ganz Vieles hatte ich hundertfach mündlich und sogar schriftlich ausformuliert, das stand mir im Gegensatz zu den Erstwerken heute alles zur Verfügung. Mit anderen Worten, ich hatte schon eine tragende Struktur und würde nicht bei Null, sondern mindestens auf Dreiviertel der Wegstrecke beginnen.

Was dann geschah, kann ich bis heute kaum fassen: Innerhalb von Minuten machte mein Inneres eine Kehrtwende. Es gab keinen Zweifel mehr, die Bücher neu zu schreiben. Und nicht nur das, sondern für das erste Buch sagte ich dem Verlag zu, die vereinbarte Frist einzuhalten – und das gelang ganz ohne Stress! Ich fühlte mich frei und voller Tatendrang; als ich mich an die neue Version setzte, floss der Text wie von allein.

Ich weiß nicht, wie weit ich noch in die Sackgasse meiner falschen Entscheidung gelaufen wäre ohne eine solche freundschaftliche Resonanz... Das Gespräch zwischen Bärbel und mir möge deutlich machen, was Resonanz ausmacht und worauf es ankommt: Bärbel ging jederzeit auf mich ein, gab aber nie ihre eigene Kontur auf. In einem Prozess vieler kleiner Schritte stieß sie meine Überlegungen an, sie nahm mich mit, ohne etwas zu erzwingen, und auch ohne sich abzuwenden, als ich widerspenstig wurde. Indem wir beide zugleich unsere eigenen Empfindungen wahrnahmen und ins Gespräch brachten, öffnete sich mir der Weg zu einer entscheidenden Einsicht. All das gelingt nur in einem fortwährenden „Zurechtruckeln", das für mich inzwischen der fassbar-praktische Inbegriff der Achtsamkeit geworden ist – eine stetige Aufmerksamkeit auf Innen und Außen, auf Selbst- und Fremdwahrnehmung, auf Gedanken und Gefühle, auf unseren Umgang miteinander. Dabei bleibt das „Zurechtruckeln" nicht allein in der wahrnehmenden – achtenden – Haltung, sondern bewegt sich schrittweise innerhalb der wahrgenommenen Stimmigkeit voran...

Die Hauptsache ist also gesagt: Aufrichtiges Interesse und Resonanzfähigkeit sind die tragenden Elemente, die zu einem tieferen Selbst-Verständnis begleiten. Wo beide sich verbinden, kann eigentlich nicht mehr viel schiefgehen.
Doch auch manche Nebensachen haben ihre Auswirkung. Zwei Nebenaspekte einer wachstumsfördernden Kommunikation sollen deshalb noch kurz zu Wort kommen. Genau genommen sind es nur zwei Seiten derselben Medaille: Der Wert übereinstimmender beziehungsweise unterschiedlicher Sichtweisen.

Übereinstimmung...

Wenn ich eine Reise nach Afrika plane, werden sich meine Vorbereitungen stark unterscheiden, je nachdem, ob ich einen Wellness-Cluburlaub in Agadir oder eine Fotosafari durch die Serengeti machen möchte, ob ich zu einem Geschäftsmeeting nach Kapstadt muss oder Katastrophenhilfe in Eritrea leisten will. Dementsprechend werde ich Berater hinzuziehen, die sich mit dem, was für mich ansteht, gut auskennen. Da nützt mir eine Diskussion über die besten Teleobjektive nichts, wenn ich in einem Krankenlager Dienst tun werde.

Umso mehr dürfte es auf der wichtigsten Reise unseres Lebens, der Expedition zu uns selbst, eine Rolle spielen, welche „Ausrüstung" unsere Berater und Begleiter mitbringen. Zu dieser Ausrüstung gehört ganz wesentlich die Weltsicht derjenigen, denen wir uns anvertrauen: Haben wir in etwa das gleiche Ziel und Verständnis, oder sprechen wir grundsätzlich verschiedene Sprachen? Gerade wenn wir nach Entwicklungspaten suchen, brauchen wir einen Blick dafür, wer in diesem Sinne als Therapeut oder Mentor in Frage kommt. Denn in dem Konglomerat von Weltsichten, die in Deutschland und Mitteleuropa aufeinandertreffen, und in dem Anspruch des postmodernen Zeitgeistes, dass „alles gleich" ist, geht es manchmal unter, die Konsequenzen unterschiedlicher Denkgrundlagen zu würdigen.

Nehmen wir ein konkretes Beispiel: Gewisse psychologische Richtungen (basierend unter anderem auf dem Psychoanalytiker Sigmund Freud) gehen davon aus, Religion sei eine menschliche Projektion und ein Mensch sei seelisch nur gesund, wenn er diese Projektion überwindet, das heißt, seine Glaubensgrundlage aufgibt. Für sie gibt es eine positive Selbstentwicklung also erst frei von jeglichem religiösen Bezug. Für Andere ist die spirituelle Sinnsuche oder der Glaube an Gott _gerade_ die Grundlage ihres Seins, und jede Art von Lebensfrage wird sich daran ausrichten. Vertreter beider Seiten könnten trotz dieser Differenz zweifellos in manchen Belangen voneinander lernen oder über ihre Sichtweisen diskutieren; aber sie stehen nicht auf demselben Fundament und können dementsprechend nicht am Haus des Anderen mitbauen. Es ist keine Frage von richtig oder falsch, besser oder schlechter des jeweiligen Weltbildes, sondern einer Eignung für eine Begleitung: Wo wir dem Anderen nicht folgen können oder wollen, können wir einander auch keine Weggefährten sein; ich werde keinen Bergführer engagieren, wenn ich mich zu einer Wattwanderung aufmache.

Die Reise zu uns selbst muss am Ende nicht bei derselben Weltsicht ankommen, von der aus wir aufgebrochen sind – aber sie beginnt immer dort. Und unsere Reisebegleiter müssen sich auf diesem Terrain so auskennen, dass wir gemeinsam von dort aus losgehen können. Es würde, zumindest zu Beginn unserer Reise, eher erschweren als nützen, wenn ein Gesprächspartner gar nicht versteht, was uns bewegt. Er könnte zu diesen Aspekten kein klärender Resonanzboden sein, im Gegenteil, es würden sich nur noch mehr Stimmen einmischen und am Ende Verwirrendes zurücktönen lassen.

Wir brauchen also auf der Expedition in unsere eigenen Tiefen mit potenziellen Reisebegleitern gewisse Übereinkünfte, von welchem Welt- und Menschenbild wir ausgehen. Zumindest müssen wir uns eventueller Unterschiede bewusst sein, wo wir trotzdem gemeinsam gehen. Wegbegleiter bringen uns am besten als Seelenverwandte voran, nicht als Seelenfremdlinge, deren Sprache wir nicht sprechen. Allerdings ebenso wenig als eineiige Seelenzwillinge: Befruchtung lebt vom Unterschied.

… und die Erweiterung des Blickwinkels

Gern schließen wir uns Gleichgesinnten an, im Gleichklang fühlen wir uns sicher. Doch ausschließlicher Gleichklang wird monoton – unsere Lebensmelodie wird eintönig, und schlimmstenfalls mutieren unsere Ohren zu Scheuklappen. In der Musik (und nicht nur dort) erhöhen gerade Dissonanzen die Spannung, packen die Aufmerksamkeit, führen in eine neue Auflösung. Ebenso profitieren unsere geistigen Überzeugungen von reibenden Tönen. Oder anders gesagt, sie glänzen strahlender, wenn ab und zu ein frischer Wind Andersdenkender den Staub wegwirbelt und vielleicht schon mal an der Oberfläche kratzt: Was gut und echt ist, wird standhalten, und was allzu leicht umzupusten ist, sollte schon mal auf Tragfähigkeit geprüft werden – in unseren grundsätzlichen Lebensprinzipien ebenso wie im Alltäglichen. Manchmal leitet dann schon eine kleine Erweiterung des Blickwinkels eine entscheidende Wende ein:

Martina, selbst Psychologin, will sich mit meiner Unterstützung von einem alten Reaktionsmuster befreien.

Martina: Mein Leben lang gerate ich immer wieder an schwierige Menschen, auch jetzt in meiner eigenen Beratungspraxis. Das war schon in meiner Kindheit so, und ich finde, jetzt ist es genug damit. Ich muss endlich raus aus diesem Muster!

Ich: Wie geht es Ihnen denn in Ihren Begegnungen mit schwierigen Klienten?

Martina: Seltsamerweise komme ich gut mit ihnen zurecht, kann ihnen etwas geben, sie vertrauen sich mir an.

Ich: Und wie fühlen Sie sich selbst dabei, zum Beispiel nach einer solchen Beratungsstunde? Oder überhaupt, wenn Sie auf die Entwicklungen der Klienten schauen?

Martina: Eigentlich gut. Nein, wirklich gut. Und ich fühle mich ihnen sogar nahe, ich entdecke ihre sympathischen Seiten. Obwohl es manchmal ganz schön anstrengend ist.

Ich: Könnten Sie sich vorstellen, dass gerade die früheren Erfahrungen mit schwierigen Menschen Ihnen jetzt in dieser Arbeit zugute kommen? Haben die Sie nicht auch ein Stück darin kompetent gemacht hat, heute als Beraterin mit ihnen umzugehen?

Martina: Das stimmt schon...

Ich: Wäre dann nicht zu prüfen, ob Sie sie wirklich „loswerden" wollen?

Martina: So habe ich das noch nie gesehen. Das stimmt, eigentlich habe ich ein besonderes Händchen für sie, das ist schon meine Spezialität.

Ich: Und trotzdem geht es Ihnen darum, sie „loszuwerden"?

Martina: Wenn Sie das so sagen... Also könnte ich es auch so sehen, dass es keine Fehlentwicklung ist, wenn ich so oft mit schwierigen Leuten zu tun habe, sondern dass es gerade mein Potenzial und meine Herausforderung ist? Ja, so könnte es tatsächlich sein... Dann müsste ich nicht die schwierigen Klienten loswerden, sondern meinen Gedanken, sie loswerden zu müssen... Ja, das ist geradezu phantastisch! Dann lebe ich damit nicht in einer vermeintlichen Schwäche, sondern in meiner Stärke – das ist faszinierend, das will ich in nächster Zeit mal weiter beobachten.

Auf andere Sichtweisen zu hören, macht uns auf Alternativen aufmerksam und erweitert unsere Wahlmöglichkeiten („Um klar zu sehen, genügt oft ein Wechsel der Blickrichtung", sagt der Schriftsteller Antoine de Saint-Exupéry dazu). Wäre da nicht die Angst, „das Andere" könnte uns verunsichern oder sogar verletzen…

Menschen, die sich nicht mit Andersdenkenden zu reden trauen, haben oft gute Gründe, und die hauptsächlichen haben wir schon angesprochen: Einmal sorgen sie sich darum, wieweit sie sich in der Sache wieder selbst zu sehr von Anderen beeinflussen lassen, statt ihre eigene Identität zu finden. Und zum Zweiten befürchten sie belehrende oder gar herabsetzende Worte, Rechthabereien und Verletzungen. Beidem können wir eine positive neue Erfahrung entgegensetzen, indem wir auch hier mit gutem Beispiel vorangehen: Wir können unseren Wegbegleitern gezielt mitteilen, wie weit wir seine oder ihre Ansicht zu unseren Themen hören wollen („Du darfst mir gern deine Meinung zu meiner Ehe sagen, aber bitte lass die Bibel / frühere Leben / Sigmund Freud aus dem Spiel").

Über dieselbe Brücke können wir ebenso in umgekehrter Richtung gehen und unserem Gesprächspartner anbieten: Möchtest du, dass ich dir dazu etwas aus meiner Weltsicht sage? Und selbst wo ich meine, ich müsse unbedingt etwas Kontroverses ansprechen, kann ich Formulierungen wählen, die nicht die Sicht des Anderen degradieren, sondern ihr nur etwas gegenüberstellen, das sie oder er mit in Betracht ziehen kann: „Ich sehe das anders" oder „ich habe da andere Erfahrungen gemacht" vertreten kein Dogma und keinen Anspruch auf Wahrheit, sondern machen meine eigene Kontur sichtbar, ohne sie dem Anderen aufzudrängen.

Und wieder: Das Geflecht der vier Grundfähigkeiten

Es ist also allemal legitim, im Sinne der Selbstfürsorge darauf zu achten, welchen Gesprächsstil uns Andersdenkende entgegenbringen, und gerade wo man unterschiedlicher Ansicht ist, werden wir eine konstruktive Kommunikation besonders schätzen. Kriterien dafür haben wir in diesem Kapitel entwickelt; diese können wir nachdenkend und nachspürend bei der Wahl unserer Wachstumsbegleiter berücksichtigen.

Es steht uns offen, bewusst nach geeigneten Lehrern, Mentoren oder freundschaftlichen Weggefährten Ausschau zu halten.

Herauszufinden, ob wir gerade mehr die Stärkung Gleichgesinnter brauchen, oder ob „frischer Wind" angesagt ist, oder um zu entscheiden, welcher Person wir uns konkret anvertrauen, führt uns wieder zurück zur Verknüpfung unserer vier Grundfähigkeiten: Spontan werden wir uns zunächst von unserem Gespür leiten lassen (wo fühle ich mich gut aufgehoben?). Doch das Gefühl muss nicht allein stehen, es wird unterstützt vom Urteilsvermögen unseres denkenden Geistes. Dieser kann sich auf etliche Merkmale berufen, die wir in diesem Kapitel für eine förderliche Kommunikation zusammengetragen haben: Wie geht mein Gesprächspartner auf mich ein und mit mir um? Wodurch erweist sich eine Kommunikation als schwierig oder konstruktiv?

Abwägen werden wir nicht nur die Wahl unserer Begleiter, sondern ebenso alles, was sie (oder Andere) uns inhaltlich mit auf den Weg geben. Wir werden ihre Aussagen auf uns wirken lassen und darüber nachdenken. Unser Gespür lässt uns Stimmigkeit und Verständnis des Gehörten abgleichen, unser denkender Geist verarbeitet das Gehörte kognitiv und formuliert das Gefühlte. Erst nachdem wir die Rückmeldungen unserer Gesprächspartner durch Nachspüren und bewusstes Denken „verdaut" haben, können wir entscheiden, was davon wir uns zu eigen machen – und ganz praktisch im Leben umsetzen.

Damit steht nun unsere vierte Grundfähigkeit vor der Tür, die Bereitschaft zur Selbstveränderung. Das heißt, natürlich ist sie durch all die vorangegangenen Kapitel mitgelaufen, sie wurde hin und wieder erwähnt, und vermutlich haben Sie sie schon praktiziert: Indem Sie weitergelesen haben, wo Sie (bislang?) anderer Ansicht sind als ich, waren Sie offenbar bereit, meine Darstellung auf sich wirken zu lassen. Schon das ist ein Beitrag zur Selbstveränderung. Erst recht, wenn sich daraus die eine oder andere Erkenntnis oder gar Einsicht ergeben haben sollte, und noch mehr, falls Sie die eine oder andere Anregung in die Tat umgesetzt haben. Sie haben dann etwas anders gemacht als bisher – das heißt, Sie waren bereit, sich zu verändern. Auch wo wir davon gesprochen haben, eine bewusste _Haltung_ einzunehmen (wie beispielsweise beim Interesse für einen Gesprächspartner), floss diese Bereitschaft mit ein.

Doch nun ist es an der Zeit, diesen Partner im Quartett der Tiefgang-instrumente ins Scheinwerferlicht der Bühne zu bitten und ihm alle Aufmerksamkeit zu schenken: Was die vorangegangenen Kapitel beleuchtet haben, mag theoretisch schlüssig gewesen sein, vielleicht hat es aber auch Skepsis ausgelöst. Ob an all dem etwas Lohnendes dran ist, wird sich allerdings nicht in theoretischen Disputen erweisen, sondern nur, indem Sie es ausprobieren – das heißt, praktisch danach handeln und eigene Erfahrungen machen. Ins Handeln zu kommen, ist die Konsequenz aus einer Einsicht (oder auch einer Neugier), und nur in der konkreten Umsetzung beweisen wir „Bereitschaft zu Selbstveränderung". Der jedoch stehen so manche Hürden im Wege, wie uns das nächste Kapitel zeigen wird...

> _Zeit zur Selbstbesinnung –_
> _Zu mir kommen – will ich das?:_
>
> _Wie haben Sie in Ihrer Kindheit Kommunikation, insbesondere über Ihre eigenen Wahrnehmungen und Empfindungen, erlebt?_
> _Wie pflegen Sie heute Ihre Kommunikation? Was gefällt Ihnen, was würden Sie gern verbessern?_
> _Was könnte Sie motivieren, Ihre Resonanzfähigkeit zu vervollkommnen? Und welche Ideen haben Sie dazu, wie das zu erreichen wäre?_
> _Was hat Ihnen geholfen, sich Anderen gegenüber zu öffnen, zu äußern, zu fragen?_

Sich aufmachen – Bereitschaft zu Selbstveränderung

Der rote Faden: Veränderung gern – aber Einsicht? Gefühle und Gewohnheiten boykottieren unseren Veränderungswillen; der Ausweg: die richtige Schrittlänge zwischen Bereitschaft und Einverständnis, eine angemessene Zeitplanung, geeigneter Gefühlstreibstoff zur Langstreckenmotivation.

„Ich weiß nicht, ob es besser wird, wenn es anders wird. Aber es muss anders werden, wenn es besser werden soll" sagt der Physiker und Schriftsteller Georg Christoph Lichtenberg.

Zu uns selbst, zu Lebensglück und Lebenstiefe zu kommen, fordert Veränderung. Wäre es nicht so, dann gäbe es keinen Anlass, irgendetwas zu suchen. Sofern Sie bei tieferem Nachdenken, Nachspüren und im Gespräch mit Anderen zu dem Schluss kommen, dass es nichts zu verändern gibt, weil Sie genau das Leben führen, das Ihnen entspricht – auch gut. Beziehungsweise ganz besonders gut, denn genau dort wollen wir ja mit diesem Buch ankommen. Herzlichen Glückwunsch – und ich freue mich, dass Sie trotzdem weiterlesen!

Üblicherweise aber heißt „zu mir selbst kommen", dort gerade nicht zu sein. Also muss sich etwas ändern. Genauer, *ich* muss etwas – noch genauer: <u>mich</u> – ändern.

Und nun geschieht in aller Regel etwas Merkwürdiges: Bei aller Überzeugung und vielleicht sogar Begeisterung will das mit der Selbstveränderung nicht recht klappen. Das scheint ziemlich paradox, schließlich zeigen Kleider- und Einrichtungsmoden, Musikstile und Urlaubsziele, Frisuren und Autos, wie veränderungsfreudig wir sind, ohne dass daran irgendetwas schwer fällt (außer vielleicht, das Konto im Plus zu halten). Im Gegenteil, wir sind geradezu neu-*gierig*; das aktuellste HD-3D-TV-Modell, die neuesten Therapieformen und Diätkuren erscheinen uns weit attraktiver als das Altbekannte. Wir lassen uns begeistern von jeglichen Neuentdeckungen, ob in der Tiefsee oder im Weltraum oder in der Fortentwicklung von Technologien. Nicht einmal reale Gefährdungen halten uns Menschen von neuen Wegen ab, sei es den Amazonas und die Arktis zu erforschen, sei es Atomkerne zu spalten und Erbanlagen zu verändern.

Auch was uns selbst angeht, sind wir Veränderungen nicht abgeneigt: Was tun wir nicht alles, um schöner, schlanker, schlagfertiger, gebildeter, fitter, attraktiver zu werden? Wimmelt es nicht um uns her von Menschen, die offenbar sehr bereit sind zu Selbstveränderung?

Und wenn es dann noch um ein ganz besonders kostbares Ziel geht, nämlich sich in ein erfüllendes, lohnendes Leben aufzumachen, wieso treffen wir dann so wenige Menschen, die mit derselben Neugier und Begeisterung auf dieser Entdeckungsreise unterwegs sind? Oder dass wir selbst nicht längst dabei sind?

Offenbar ist es nicht eine Veränderung als solche, die wir scheuen, sondern die _Richtung_ der Veränderung. Veränderung ist willkommen, solange es linear weitergeht oder solange wir dasselbe Thema in verschiedenen Varianten durchspielen: Freeclimbing im Himalaya statt in den Alpen, Low-Carb-Diät statt Trennkost, Peter statt Max, Marssonde statt Mondlandung. Begeistert marschieren wir mit dem sogenannten Fortschritt, in die Expansion, ins Wachstum – also nach außen. Aber wer geht schon gern _in sich_?

Genau das macht den Unterschied: Um wirklich zu mir zu kommen, muss ich die Richtung von außen nach innen ändern. Vielleicht muss ich sogar ganz umkehren – von Handlungsweisen, Gewohnheiten, Überzeugungen. Nicht Zerstreuung durch noch mehr Abwechslung, sondern Sammlung. Nicht Expansion, sondern Konzentration. Nicht ständig neue Aussichten, sondern hin und wieder schon mal eine Einsicht.

„Einsicht ist der erste Schritt zur Besserung", sagt das Sprichwort – also auch auf dem Weg zu einem besseren Leben. Schon die geht uns „gegen den Strich", und selbst wo dieser Schritt geschafft ist, folgt der nächste, die Umsetzung, noch lange nicht. Davon wissen die Massengräber der Silvestervorsätze zu erzählen, die spätestens in der zweiten Januarwoche auf der Strecke geblieben sind...

Einsicht – ein Schritt zur Besserung?

Sie haben es nun mal nicht leicht, die guten Vorsätze, denn sie sehen sich einer machtvollen Allianz gegenüber, die sich einsichtigem Handeln widersetzt: Allem voran die mal mehr, mal weniger unbewusste Steuerkraft unserer Gefühle, und die verbinden sich mit Gewohnheiten und vordergründigen Notwendigkeiten des Lebensalltags, also den

„Umständen", zu einem straff gespannten Lebensseil. Einsicht zupft da nur zaghaft an einem dünnen Fädchen, ohne etwas in Bewegung zu bringen. Deshalb wollen wir in diesem Kapitel versuchen, ein neues, tragfähiges Seil in Richtung auf die gewünschte Zukunft zu knüpfen.

Wo Einsicht erfordert, sich von einer gewohnten Triebkraft zu lösen und gegen den Strom des Bisherigen zu schwimmen, geht das nicht so locker von allein. Wie der Volksmund schon sagt: „Die beschwerlichste Art der Fortbewegung ist das In-sich-Gehen". Das klingt nach eiserner Disziplin... Doch kann Disziplin überhaupt der ideale Wegbereiter zu einem erfüllenden Leben sein? Ich gehe von der allzu menschlichen Erfahrung aus, dass sie allein uns kaum dauerhaft und kraftvoll motivieren wird. Ganz ohne Disziplin werden wir freilich nicht auskommen, in manchen – zum Glück eher seltenen – Fällen brauchen wir sie vielleicht, um aus einem selbstzerstörerischen Verhalten, wie Drogenkonsum oder Kriminalität, auszusteigen. Ihre einzige bleibende Aufgabe aber wird darin liegen, für unsere regelmäßigen Besinnungszeiten zu sorgen – und das dürfte zu verkraften sein.

Wenn Disziplin als Hauptakteur ausscheidet, dann sollten wir uns nach zugkräftigeren Begleitern für die schwächelnde Einsicht umschauen. Da sie eine Gegenkraft bilden müssen zum straffen Seil aus Gewohnheiten, Umständen und Gefühlen, wäre es am geschicktesten, sie gleich aus deren eigenen Reihen heraus zu entwickeln.

Beginnen wir mit den Gefühlen – und am Ende dieses Kapitels werden wir wieder bei ihnen auskommen. Denn stärker als jede Gewohnheit, mehr als alle Alltagsumstände, sind sie es, die uns den Weg verbauen, überhaupt schon mal eine Einsicht zuzulassen (bei Ehepartnern und Politikern sehen wir sie gern, aber bei uns selbst??). Diese Gegenspieler der Einsicht müssen wir kennen, denn wo schon der Weg zur Einsicht versperrt ist, wird aus der Umsetzung erst recht nichts werden.

Versperrt wird unser Zugang zur Einsicht vor allem von Gefühlen, die mit unserer unmittelbaren, augenblicklichen Befindlichkeit einhergehen – keinesfalls von den tieferen Empfindungen unserer Seele. Dazu erinnere ich noch einmal an die konkurrierenden Ebenen von Psyche und Seele, die ich im Kapitel „Dem Fühlen auf der Spur" einander gegenübergestellt hatte: Wir kamen zu dem Schluss, dass sich die heilsame Leitkraft unserer Seele ebenso fühlend ausdrückt wie unsere stetig begleitenden Stimmungen, Emotionen und Launen. In der großen Spannbreite unseres Fühlens steht unsere Psyche am Pol momentanen Befindens, die Seele wirkt dagegen leise am Pol beständiger Empfindungen. Je besser es uns äußerlich geht, umso mehr neigt die Psyche dazu, Bestehendes festzuhalten und Gewohntes zu verteidigen; die Seele dagegen drängt nach Entfaltung, die zwangsläufig mit Veränderung einhergeht. In diesem Spannungsfeld bewegt sich unser Leben, somit auch jede bewusst angestrebte Entwicklung.

Sobald es mich zieht, mehr und mehr die Seelenstimme ans Steuer meines Lebensschiffes zu lassen, werden also mit großer Wahrscheinlichkeit psychische Widerstände geweckt – die Psyche (oder das Ego) beginnt zu meutern. Vor allem drei Geschütze fährt sie auf, die sich dem Wunsch der Seele nach Selbstveränderung entgegenstellen: Angst, Stolz und – allem voran – Scham. Diese Widersacher sollte ich als kluger Kapitän meines Lebens erkennen und zu nehmen wissen.

Scham

Scham ist einer der vordersten Posten zur Verteidigung des Bestehenden, dieses Gefühl verwehrt von vornherein den Zugang, tiefere Hindernisse zu erkennen. Mit „Einsicht" gebe ich ja zu, dass etwas bisher offensichtlich nicht richtig gelaufen ist. Ich gestehe ein, mich verrannt oder geirrt zu haben; etwas falsch gemacht zu haben oder es hätte besser machen sollen. Einsicht fordert, einen Schritt _zurück_ zu gehen – von einer Überzeugung, einem alten Welt- oder Selbstbild, von Handlungsgewohnheiten.

Mit dem Zugeständnis, dass irgendetwas nicht gut oder nicht richtig war, tun sich die Meisten von uns schwer, oft aufgrund schmerzlicher Erfahrungen: Wir haben erlebt, wie schon geringe Fehlhandlungen mit Ablehnung, Aggression oder Spott beantwortet wurden. Wir sind, oft in aller Öffentlichkeit, beschimpft oder lächerlich gemacht worden. So wurde uns (und wird meist weiterhin) vermittelt, dass Fehler, Nichtwissen und Unzulänglichkeit nicht nur falsch sind, sondern aus uns einen dummen oder „falschen" Menschen machen. Wie Ohrfeigen schlagen dann Kommentare auf uns ein: „Siehste! Das konnte ja nicht stimmen / gutgehen / wie kann man nur... / hab ich dir doch gleich gesagt ..."

So wird unsere gesamte Persönlichkeit, unser So-Sein infrage gestellt, wo es in der Regel nur um ein sachliches Problem geht. Wenn wir schon für oft belanglose menschliche Unvollkommenheiten, die wir ausnahmslos miteinander teilen, an den Pranger gestellt werden, ertrinkt die ganze Würde einer Person in einem winzigen Fettnäpfchen. Wer das vernichtende Gefühl der Scham kennengelernt hat, wird demnach alles daransetzen, jeder möglichen Beschämung zuvorzukommen; er wird Situationen vermeiden, in denen er sich bloßgestellt, beschämt fühlen könnte – also Situationen, in denen sich seine Behauptungen, Sichtweisen, oder Handlungen als falsch oder auch nur korrekturbedürftig erweisen könnten.

Was liegt da näher, als das Gefühl der Scham durch Selbstschutzmauern abzublocken? „Das haben wir immer schon so gemacht!" oder persifliert als Büroposter: „Meine Meinung steht fest – verwirren Sie mich nicht mit Tatsachen!" Dann fahren wir lieber die falsche Straße weiter, als Andere dabei zuschauen zu lassen, dass wir einen Irrtum eingestehen... Da hat die Einsicht einen schweren Stand.

Wenn es uns nun einerseits in eine Selbstveränderung zieht, wir uns andererseits schwer tun, unsere Schutzmauern zu öffnen, dann brauchen wir einen gangbaren Weg, der beidem gerecht wird. Wie wir mit den inneren Kontrahenten – dem Zug der Seelenstimme und dem Widerstand der Psyche – einen klugen Umgang finden, werden wir im weiteren Verlauf dieses Kapitels unter verschiedenen Aspekten verfolgen.

Überheblichkeit, Hochmut

Eine Barrikade, die Menschen gegen Beschämung errichten, steht zur Abwehr vermuteter Feinde oft noch weiter im Vorfeld: Manch einer wird vorbeugend _unverschämt_. Er verbirgt sich hinter Selbstgerechtigkeit und hofft, indem er sich zum Maßstab über Andere erhebt, nicht mehr antastbar zu sein. Immerhin, wer noch spürt, sich vor Verletzung schützen zu wollen, ist deutlich näher an sich selbst dran als diejenigen, die von vornherein meinen, gar nichts falsch gemacht haben zu _können_. Wer sich schämt, möchte ja eigentlich das Richtige tun und sieht, dass das nicht immer gelingt. Wer hingegen darauf besteht, jederzeit das Wahre und Richtige zu vertreten, zieht gar nicht erst in Betracht, sich irren zu können. Was bei Kindern eine natürliche Entwicklungsphase ist, über die wir nachsichtig schmunzeln können, wird bedenklich, wenn durchaus gebildete und einsichts_fähige_ Erwachsene in solche Selbstüberschätzung verfallen. Das heißt, diejenigen, die nicht einmal mehr den Anflug von Scham spüren und dennoch auf falschen Sichtweisen beharren, sind nicht mehr erreichbar für Einsicht, Erkenntnis, Selbstveränderung. Dann wird es gefährlich – ein Beispiel möge hier für viele stehen:

In den 1840er Jahren äußerte der Arzt Ignaz Semmelweis den Verdacht, dass so erschreckend viele Frauen am Kindbettfieber starben, weil die Ärzte aus dem Sektionssaal ohne vorheriges Händewaschen die Kinder entbanden. Er vermutete, dass sie auf diesem Wege Leichengifte auf die Frauen übertrugen. Semmelweis wurde verlacht, geächtet, angegriffen. Man wusste zu der Zeit noch nichts von Fäulnisbakterien, doch Semmelweis hatte klug die Zusammenhänge erkannt. Dass niemand ihn hören wollte, kostete viele Frauen und Kinder unnötig das Leben; für sie war es zu spät, als Semmelweis wenige Jahre später durch die Wissenschaft bestätigt wurde.

Ob die Ärzte, die Semmelweis verfemt hatten, eher zu den Selbstüberschätzern oder den Schamvermeidern gehörten, lasse ich hier mal offen. Vielleicht hat ja sogar der Eine oder Andere im Nachhinein verschämt eingestanden, sich geirrt zu haben? Vielleicht hatte er dazu gelernt und die Größe, dem berühmten Satz des Altkanzlers Konrad Adenauer vorzugreifen: „Was kümmert mich mein Geschwätz von gestern?" Was erst recht überheblich klingen mag – solange man die Fortsetzung des Zitates unterschlägt: „... nichts hindert mich, weiser zu werden!" Und was soll ein Makel daran sein, zu bekennen, dass man klüger geworden ist?

Es ist schon seltsam: Sich zu überheben, macht nicht wirklich größer, Größe liegt viel mehr in der Demut, der Gegenspielerin des Hochmuts. In echter Demut (nicht missverstanden als knechtische Unterwürfigkeit) kann ich selbst_-b_ewusst und aufrecht anerkennen, dass auch ich Grenzen habe und fehlbar bin. Zu dieser Haltung zu kommen, ist zugegebenermaßen nicht einfach, denn es liegt in der Natur der Überheblichkeit, eigene Täuschungen auszublenden. Doch ich gehe davon aus, dass diese innere Hürde den Leserinnen und Lesern dieses Buches weniger zu schaffen macht: Wer bis hierher zu lesen bereit war und sich auf manche vielleicht ungewohnten Sichtweisen eingelassen hat, lebt ja ohnehin schon in der praktischen Bereitschaft zur Selbstveränderung...

Angst vor Unsicherheit

Sind diese beiden Anfangshindernisse – Scham und Überheblichkeit – genommen, tut sich eine Hürde auf, die durchaus berechtigt erscheint: Angst vor Unsicherheit. Unsicherheit erwartet uns, wenn wir etwas anders machen als bisher; gewisse Befürchtungen scheinen da angebracht. Aber wie naiv müssen wir sein, zu glauben, eine Fortsetzung des Alten könne uns Sicherheit garantieren? Der Staatsmann und Naturphilosoph Benjamin Franklin sagte dazu: „Wer seine Freiheit aufgibt, um Sicherheit zu gewinnen, wird am Ende beides verlieren." Wir sind umgeben von Beispielen, welche weitreichenden oder sogar katastrophalen Folgen es hat, wenn Entscheidungsträger in Politik und Wirtschaft sich der Freiheit zur Veränderung verweigern, indem sie die – zum Teil selbst geschaffenen – Umstände und Missstände mit dem Argument des Sachzwangs fortführen. Und vielleicht fällt uns ja auch das Eine oder Andere aus dem eigenen Leben ein, wo wir zu lange in einem Zustand vermeintlicher Sicherheit verharrt haben...

Doch es sei zugestanden: Die Erkenntnis, dass wir in wichtigen Lebensbereichen etwas anders machen müssten als bisher, kann unser Fundament erschüttern. Selbst wo wir dem lohnendsten aller Ziele folgen, ist doch sehr offen, was wir uns da einhandeln und was der Preis dafür ist. Was tun, wenn wir uns eingestehen müssen, dass die in uns neu entdeckte Spur quer zur alten verläuft? Wenn uns in der Tiefe unserer Seele die Erkenntnis überrascht, unter einem erfüllten und authentischen Leben etwas Anderes zu verstehen als das, was wir bislang praktiziert haben oder was der Zeitgeist vorgibt? Solchen Unsicherheiten müssen wir uns stellen und in einem fürsorglichen Umgang mit uns selbst einerseits die Angst ernst nehmen, uns andererseits nichts von ihr diktieren lassen. Was für den Umgang mit der Angst gilt, gilt gleichermaßen für unser Verhältnis zu Scham oder Überheblichkeit: Sie zu überwinden, gelingt am besten durch richtig gesetzte kleine Schritte.

Die Klugheit der kleinen Schritte

Sich aufzumachen – auf den Weg zu machen – setzt voraus, sich aufzumachen – zu öffnen. Das ist so riskant wie vielversprechend:

Wenn aus einer Walnuss ein Baum werden will, der seinerseits wiederum eine Fülle von Früchten trägt, dann muss sie ihre Schale öffnen. Ihr Kern muss zugänglich sein für Erde, Licht und Regen, und sie muss über ihre alten Grenzen hinauswachsen. Nur für eine kurze Zeit ist der Keimling dann verletzlicher als zuvor in der fest verschlossenen Schale, schon bald entwickelt er eine neue Stabilität aus sich heraus. Bleibt die Nuss aber ängstlich im Schutz der Schale verschlossen, wird garantiert nie ein Baum aus ihr. Bestenfalls schmeckt sie einem Eichhörnchen, schlimmstenfalls wird sie alt und ranzig.

Wachstum braucht Bewegungsspielraum, was für uns Menschen heißt, die engen Grenzen zu lockern, die Scham, Stolz und Angst um uns ziehen. Und was wäre besser geeignet, unsere inneren Fesseln zu lösen, als unser bewährtes „Lösungsmittel" Geist? Während unser Geist-Denken diese Gefühle erkennt und sie frei von Abwertung anerkennt, kann er ihnen behutsam neue Erfahrungen entgegensetzen. Auf diese Weise lässt sich auch unsere Psyche nach und nach überzeugen, dass einsichtsvolle Veränderungen gar nicht so furchtbar schlimm sind...

Sich aufmachen, sich öffnen, gelingt am besten durch konsequente kleine Veränderungsschritte, genauer gesagt, durch eine angemessene Schrittlänge.
Diese wird unser denkender Geist bei jeder bewussten Selbstveränderung mit unseren widerstreitenden Gefühlen abstimmen, ebenso wie er stets unsere individuellen Lebensumstände im Auge behalten wird.

So simpel das klingt, so erstaunlich ist es, wie selten dieser Schlüssel der konsequenten kleinen Schritte beachtet wird. Oft steht einer Veränderung die Vorstellung im Weg, nur radikale Brüche könnten uns neuen Zielen näher bringen. Entweder riskieren wir dann tatsächlich einen waghalsigen Schritt – und sitzen vielleicht wenig später auf dem Scherbenhaufen. Öfter jedoch werden wir genau aus Furcht vor dem Scheitern gar nicht erst zu dieser Wanderung aufbrechen – der Berg erscheint uns von vornherein zu hoch... Wer aber rechnet schon damit, dass konsequent richtig gesetzte kleine Veränderungsschritte uns auf etwas längere Sicht zu ganz neuen Ufern bringen? Ich wollte es genau wissen und – _rechnete_ wirklich:

Irgendwann beim Schreiben dieses Textes lockte es mich, die Sache mit den kleinen Kursänderungen mal mathematisch-geografisch durchzuspielen. So setzte ich beispielhaft eine Lebenswegstrecke mit der Entfernung von Hamburg nach München gleich (etwa 10 km pro Lebensjahr) und verfolgte davon ausgehend kleine gleichgerichtete Kursänderungen. Am Ende war ich beim konkreten Nachrechnen per Geo-Dreieck selbst verblüfft: Wenn Sie auf dem Weg von Hamburg nach München nur alle 100 km den Kurs 10 Grad weiter nach Westen verrücken, kämen Sie nach einer gleich langen Wegstrecke in Frankreich heraus und wären auf dem ziemlich direkten Weg nach Paris. München hätten Sie dann eher im Rücken statt vor Augen...

Also keine radikalen Kehrtwendungen, sondern letztlich minimale Kursänderungen mit enormer Auswirkung! Doch was heißt das für unseren

Lebenskurs? Was wären solche kleinen, aber entscheidenden Weichen-stellungen (oder Schrittlängen), mit denen wir gut vorankommen?

Unsere passende Schrittlänge finden wir im fein abgestimmten Zusammenspiel von Bereitschaft und Einverständnis. Diese passende Schrittlänge, quasi unser individueller Dehnbarkeitsfaktor, ist das Herzstück unserer Grundfähigkeit, uns freiwillig zu verändern. Wie wir ihn ganz praktisch herausfinden und einsetzen, wollen wir uns genauer ansehen.

Bereitschaft oder Einverständnis?

Bereitschaft und Einverständnis sind zwei Begriffe, die oft synonym benutzen werden, auf den ersten Blick scheinen sie dasselbe zu sagen. Aber tun sie das wirklich? Ist es dasselbe, ob ich sage: „Ich bin _einverstanden_, mit dir Sushi essen zu gehen" oder: „ich bin _bereit_, mit dir Sushi essen zu gehen"?

In meinem Sprachverständnis drückt sich darin Unterschiedliches aus: Wenn ich _einverstanden_ bin, dann kommt mir der Vorschlag entgegen, vermutlich stand mir selbst der Appetit nach Sushi. Wenn ich _bereit_ bin, dann hätte ich wohl lieber eine Pizza gehabt, mache aber meinem Partner zuliebe ein Zugeständnis.

Bereitschaft und Einverständnis lassen einen Entschluss jeweils aus einer anderen inneren Instanz hervorgehen: Bereitschaft wird vom Willen damit vom Geist entschieden, Einverständnis entspringt den Gefühlen. Was nun unsere Selbstveränderung angeht, hängt unser Einverständnis oft an Gefühlen, die sich aus Erinnerung an frühere Erfahrungen speisen und diese auf die weitere Entwicklung hochrechnen. Wenn sie unerfreulich waren, kann erst der Wille helfen, eine neue Erfahrung zuzulassen, aus der heraus sich dann schließlich ein neues (verändertes) Gefühl und damit ein Einverständnis einstellen kann:

Vor einigen Jahren wollte ich mit Klaus Motorradurlaub machen, er als Fahrer, ich auf dem Sozius. Ich schlug Italien vor, Klaus plädierte für Südfrankreich. Ich sträubte mich heftig dagegen, denn ich hatte schlechte

Erfahrungen gemacht: Als Studentin war ich mit meiner Schwester in meinem VW-Bus durch die Provence gereist. Mehrfach wurden wir als Deutsche massiv angepöbelt, und als wir in einer dramatischen Situation mit dem Auto in eine Schlucht zu stürzen drohten, standen etliche Franzosen kopfschüttelnd und feixend daneben...

Klaus' Argumente waren am Ende stärker, weil er das Motorrad hatte. So erklärte ich mich schließlich bereit *für dieses Urlaubsziel. Gefühlt einverstanden war ich nicht, Abwehr und Angst ließen das nicht zu. Trotzdem fuhr ich mit, im Vertrauen auf einen starken Aufpasser.*
Es wird Sie an dieser Stelle nicht überraschen: Es wurde in allem eine rundum wunderbare Tour. Vor allem trafen wir überall außergewöhnlich kontaktfreudige, gastfreundliche, hilfsbereite *Menschen! Heute wäre ich sofort einverstanden, wieder nach Frankreich zu fahren...*

Bereitschaft impliziert, wie die ihr vorausgehende Einsicht, einen Schritt zu gehen, der nicht unseren bisherigen Gewohnheiten oder Vorstellungen entspricht. Eine solche Forderung kann von Anderen ausgehen, die etwas von uns wollen („Backst du uns zum Adventsbasar deinen tollen Käsekuchen?", „Probiere die Suppe doch wenigstens mal!" oder von Klaus' Urlaubswünschen), ebenso wie von uns selbst („Ich möchte mich endlich gesünder ernähren."). Wenn wir dann einwilligen, kann das aus einem innerlich gespürten Einverständnis geschehen (oh ja, tolle Gelegenheit, endlich mal wieder meine Backkünste auszuprobieren!), diesem jedoch auch zuwider laufen (eigentlich hab ich weder Zeit noch Lust zum Backen, aber der Anlass ist es mir wert – oder siehe Frankreich...).

Typisch für Bereitschaft ist also, dass sie über das tiefer gelegene Einverständnis hinausgeht: Wir können durchaus bereit sein, auf einen verfeindeten Menschen zuzugehen, obwohl das tiefe innere Einverständnis dazu (noch?) nicht spürbar ist. Mal ganz abgesehen von der kleinen Selbstüberwindung (= Bereitschaft), die es braucht, heute zur Arbeit zu gehen, die Wohnung aufzuräumen oder Tante Else eine Geburtstagskarte zu schreiben, selbst wenn mir nicht danach ist.

Unsere freiwilligen Veränderungsprozesse gelingen besonders, wo Bereitschaft und Einverständnis nahe beieinander liegen, die Bereitschaft dem Einverständnis jedoch einen kleinen Schritt voraus ist. Das Ausstrecken über das Bisherige hinaus ist ja ohnehin das Prinzip jedes Trainings: heute ein kleines bisschen mehr als gestern, und nächste Woche ein kleines bisschen mehr als heute. Doch während beim körperlichen Training Atemnot oder Muskelkater die Belastungsgrenze spürbar macht, müssen wir die Grenzen unserer persönlichen Veränderungen auf andere Weise austarieren: Am besten gelingt es, indem wir uns zwischen Bereitschaft und Einverständnis „zurechtruckeln", ähnlich wie ich es in der Resonanz unserer Kommunikation im vorigen Kapitel beschrieben habe. Martha und Paul geben uns ein Beispiel, wie das mit Blick auf die Bereitschaft zur Veränderung eigener Verhaltensweisen aussehen könnte:

Als ich Martha und Paul kennenlernte, waren sie seit über 40 Jahren verheiratet. Seit einigen Jahren litten sie unter erheblichen Spannungen in ihrer Ehe, so dass beide als Ausweg nur die Trennung sahen. Sie rieben sich aneinander auf an den Dingen, die jeweils am Anderen störten; jeder bemühte sich zähneknirschend, damit klarzukommen, doch es wurde immer anstrengender und aussichtsloser.
Zunächst wollte ich ihre Hauptprobleme kennenlernen und erfuhr: Martha kränkelte oft aufgrund rheumatischer Beschwerden, Paul neigte zu Depressionen. Wenn es Martha nicht gut ging, machte Paul ihr ständig Vorschläge, wie sie sich besser verhalten sollte. Das ging Martha auf die Nerven, was sie zeigte, indem sie permanent nörgelte.
Wenn Paul depressiv war, insistierte Martha, dass er doch sagen sollte, was ihn bedrückt. Sie befürchtete dauernd, dass sie etwas falsch gemacht und damit seine Verstimmung ausgelöst hatte. Paul jedoch zog sich immer öfter in wortlosem Protest in sein Zimmer zurück und trat nur auf, wenn es wieder etwas für Martha „zu tun gab". Sie fanden keinen Ausweg aus dem Teufelskreis der Vorwürfe und der Frustration. Einverstanden waren beide schon lange nicht mehr.
Ich fragte beide, was sie sich in den typischen Situationen jeweils vom Anderen wünschen würden.

Paul: Meine Stimmungen haben nichts mit Martha zu tun, sie soll mich einfach nur in Ruhe lassen!

Martha: Dass Paul mir helfen will und mir manches abnimmt, das ist ja gut. Aber er soll mich nicht dauernd bevormunden!

Ich: Und was könnte Paul stattdessen tun, wenn er Ihnen helfen will?

Martha: Er könnte mich fragen, ob ich Hilfe brauche und womit er mir helfen kann.

Ich: Paul, wären Sie bereit, Martha erst einmal zu fragen, bevor Sie Vorschläge machen?

Paul: Ich weiß nicht. Ich seh ja, was sie braucht, und manches will sie einfach nicht einsehen. Warum soll ich dann fragen? Das führt doch zu nichts.

Ich: Martha, was wäre für Sie anders, wenn Paul Sie fragen würde?

Martha: Wenn er mich fragt, fühle ich mich ernst genommen und als mündiger Mensch gesehen. Dann würde ich vermutlich auch eher seine Vorschläge annehmen. Wenn er alles besser weiß, fühle ich mich wie ein dummes Kind und werde trotzig.

Ich: Paul, können Sie das verstehen?

Paul: Hm, ja.

Ich: Was macht das mit Ihrer Entscheidung zur Bitte Ihrer Frau, sie erst einmal zu fragen?

Paul: Hört sich vernünftig an – ich lass das noch mal sacken...

Ich: Okay, und wie ist es mit Ihnen, Paul? Wie sollte Martha sich am besten verhalten, wenn sie sich wegen Ihrer depressiven Stimmung Sorgen um Sie macht?

Paul (schmunzelt): Ach so... Ja, ich fände es super, wenn sie mich fragt, ob es gerade was mit ihr zu tun hat. Wissen Sie, ich habe manchmal so Phasen von Weltschmerz, da ziehe ich mich am liebsten zurück, und manchmal hat es natürlich auch etwas mit uns zu tun, aber meistens nicht. Dann brauche ich meine Höhle und keine Diskussionen.

Ich: Martha, könnten Sie das, was Paul wünscht, akzeptieren? Dass Sie ihn einfach nur kurz fragen, ob es mit Ihnen zu tun hat, und ihn dann in Ruhe lassen?

Martha: Ja, wenn er mir dann ehrlich antwortet! Aber das muss ich ihn wenigstens fragen dürfen, sonst macht es mich ganz fertig."

Paul: Ja, natürlich kannst du mich das fragen! Ich werde dir schon sagen, wenn du mich nervst.
Ich: Paul, und wie ist es mit Marthas Wunsch an Sie?
Paul: Ich hab verstanden, ihr geht es wohl ähnlich, nur ein bisschen anders. Ja, ich könnte es mal so versuchen.
Ich: Also sind Sie beide bereit, eine Kleinigkeit in Ihrem üblichen Umgang zu verändern und zu sehen, was daraus wird?
Beide: Ja.

Es ist erstaunlich, wie sich das Zusammenleben von Martha und Paul schon in kurzer Zeit ins Positive gewendet hat – heute genießen sie ihre Ehe wie nie zuvor. Selbst mit unweigerlich auftretenden Krisen gehen sie konstruktiver um. Beide empfinden ihre Beziehung lebendiger, echter, liebevoller. Beide sagen, sie können „wieder atmen" und freuen sich aneinander – und das, indem sie ein wenig eine Stellschraube ihres Verhaltens justiert haben!

Mit kleinen Schritten der Bereitschaft, das heißt, des „guten Willens", an relevanter Stelle ist Martha und Paul Großes gelungen: Sie sind aus dem Machtkampf des Nicht-nachgeben-Wollens (aus Stolz? aus Unsicherheit?) ausgestiegen. Jeder ist einen Schritt über seine früheren Grenzen hinausgegangen und dennoch einen bedeutenden Schritt näher <u>zu sich</u> gekommen. Jeder von beiden lernte den Anderen und zugleich sich selbst ein bisschen besser kennen. Durch ihre Freiwilligkeit entstand Freiheit, die Selbstbestimmung wuchs ebenso wie die Gemeinschaft mit dem Partner (also die Liebe). Martha und Paul sind aus falsch eingesetztem Selbstschutz heraus- und in eine verbindende, förderliche Kommunikation eingetreten, haben gemeinsam nach Wegen der Übereinkunft gesucht. Sie respektierten die eigenen und die Gefühle des Partners und trafen entsprechende Vereinbarungen – so konnten sie sich auf eine neue, im Ergebnis ungewisse Erfahrung einlassen. Keiner hat einen faulen Kompromiss gemacht, sondern jeder hat mit einer kleinen Veränderung Selbstwirksamkeit (so nennt es die Psychologie) erlebt. Beide haben gewonnen, und das mit minimalem Einsatz.

Die Kunst unverkrampfter Selbstentwicklung liegt also darin, die _opti-male Schrittlänge_ herauszufinden, mit der die Bereitschaft dem gespür-ten Einverständnis vorausgeht: Solange sie dem Einverständnis sehr weit vorauseilt, werden wir uns überfordert fühlen und schnell aufgeben (siehe Silvestervorsätze). Wenn der Wille dagegen mit jedem Schritt zö-gert, bis das volle Einverständnis mitzieht, kommen wir nicht vom Fleck (dann wäre ich mein Lebtag nicht mehr nach Frankreich gefahren!); dann hüllen wir uns ganz in die Wünsche unseres Egos beziehungsweise in unsere psychischen Befindlichkeiten ein, statt der Seelenstimme eine Chance zu geben.

Mit einer solchen Kleine-Schritte-Entscheidung kann jeder unmittelbar im üblichen Alltag beginnen. Wir könnten zunächst an nur zwei Tagen in der Woche vegetarisch, vegan, kohlehydratfrei, trennköstlich, roh-köstlich oder wie auch immer kochen. Wir könnten fünf Probestunden im Chor mitsingen oder einen Monat lang dreimal die Woche zehn Mi-nuten laufen. Oder wir könnten die kleine Übung aus dem vorigen Ka-pitel aufnehmen, einem Gesprächspartner ein vorläufiges Interesse ent-gegenzubringen. Wir können bereit sein, öfter mal zu fragen, statt Rat-schläge zu erteilen. Ganz sicher werden Sie in Ihrem Leben Ideen für ei-ne Bereitschaft finden, der das Einverständnis noch nicht so hundertpro-zentig folgen mag – probieren Sie aus, was geschieht, wenn Sie es trotz-dem tun. Der kleine Schritt, den wir bereit sind zu gehen, gibt der Zukunft eine Chance, mit neuen Perspektiven auf uns zuzukommen!
Um dieser aussichtsreichen Zukunft darüber hinaus den Weg zu eb-nen, sollten wir unsere Kursänderungen (=Schrittlängen) immer wieder alltagstauglich justieren. Dabei können uns folgende Anhaltspunkte hel-fen, die wir nacheinander näher ansehen wollen:

- ✤ Konzentration auf einen wesentlichen Punkt (Was konkret will ich ändern? – Martha und Paul zum Beispiel wollten ihr Mit-einander entspannter leben)
- ✤ Definition des Veränderungsschrittes (Welcher praktische Schritt wäre jetzt dafür geeignet? – Martha und Paul ent-schlossen sich, den Partner jeweils zu _fragen_, anstatt aus Mutmaßungen zu handeln)

❖ Den Spielraum einer „erweiterten Gegenwart" nutzen
   (Welchen Zeitrahmen gebe ich mir?)
❖ Gefühle als Motivationskraft gewinnen

Konzentration und Reduktion

Die Entscheidung, welche Erkenntnis oder Einsicht wir umsetzen wollen, hängt natürlich von der jeweiligen Ausgangssituation und dem Lebensbereich ab, in dem Veränderung ansteht. Hier bewährt sich wieder, wie schon bei der Prüfung von Überzeugungen, dem Umgang mit Gefühlen oder dem Üben kluger Kommunikation, die Frage nach der Relevanz: Wir haben die Wahl, welche „Baustelle" Vorrang hat. Wir können uns einem besonders dringlichen Bereich zuwenden (für Martha und Paul war das der nervenaufreibende Ehealltag), oder wir können uns etwas vornehmen, das sich eher leicht „trainieren" lässt. Beides kann durchaus nebeneinander laufen, als Hauptbaustelle jedoch sollten wir möglichst nur eine einzelne in Angriff nehmen:

Die kleine Verhaltensänderung, zu der sich Martha und Paul entschieden, bewirkte letztlich etwas erstaunlich Großes – was nur dadurch gelang, dass sie sich jeweils auf den tiefsten verbindenden Punkt konzentrierten, der ihm beziehungsweise ihr innerhalb der Beziehung am meisten zu schaffen machte. Damit setzten sie direkt an der Wurzel an: Anstatt Zweiglein für Zweiglein diverse To-do-Listen abzuarbeiten, von Mülleimer rausbringen über Sex bis hin zum Fernsehprogramm, drangen sie bis in eine Grundsatzfrage ihres Verhaltens vor. Von dort aus wirkte ihre Verhaltensänderung dann gleichermaßen in alle betroffenen Bereiche hinein: Was Martha und Paul gelernt haben (nicht bevormunden, sondern fragen oder anbieten), wird der Aufteilung der Hausarbeit, dem Gespräch über sexuelle Wünsche und der Wahl des Fernsehprogramms gleichermaßen zugute kommen.

Wer sich noch nicht so recht an die besonders wichtigen Baustellen des Lebens herantraut, kann sich seinen heiklen Themen einkreisend annähern, indem er sich zunächst einmal mit kleineren Übungen „warmläuft": Wenn es Ihnen schwer fällt, Anderen einen Wunsch abzuschlagen, müssen Sie nicht bei den Eltern, beim Ehepartner oder Chef beginnen, sondern können beim Kuchen fürs Nachbarschaftsfest anfangen.

Und sogar durch Zuschauen lässt sich lernen. Schauen Sie immer mal wieder in den „Spiegel" Ihrer Mitmenschen: Was beobachten Sie im Freundeskreis, am Arbeitsplatz, im Supermarkt, bei Behörden oder im Fernsehen, wenn Menschen bereit sind, sich zu ändern – oder eben nicht? Versuchen Sie zu erspüren, welche Haltung hinter einer Verweigerung oder Veränderungsbereitschaft stehen könnte. Lassen Sie auf sich wirken, ob Sie solche Haltungen oder Verhaltensweisen aus Ihrem Lebensumfeld und von sich selbst kennen. Was würden Sie den Menschen, die Sie „auf der Bühne" sehen, empfehlen? Was davon möchten Sie gegebenenfalls selbst mal ausprobieren?

Wir können und sollten also bewusst wählen, an welcher Stelle wir welchen neuen Schritt gehen wollen. Indem wir die Veränderung auf einen kleinen, aber wichtigen Punkt reduzieren, bahnen wir Erfolgserlebnisse, die wiederum zu neuen Taten anspornen.

Dehnen statt Sprengen

Ob etwas nachhaltig gelingt, hängt nicht nur von der richtigen (qualitativen) Wahl eines neuen Schrittes ab, sondern, wie schon angedeutet, vor allem von der angemessenen Schritt*länge*. Um sie jeweils im Sinne unseres „Dehnbarkeitsfaktors" herauszufinden, müssen wir uns in jeder Situation zwischen Einverständnis und Bereitschaft „zurechtruckeln". Dieser Dehnbarkeitsfaktor gibt das Maß, die Geschwindigkeit einer Veränderung vor.

Abgesehen von wenigen Entscheidungen, die tatsächlich einen radikalen Schnitt erfordern (wie der schon erwähnte Ausstieg aus einer selbstzerstörerischen Sucht), vollzieht sich *Selbst*veränderung so gut wie nie abrupt. So gelingt auch unser Weg in ein tieferes, erfülltes Leben weniger durch Brüche, als durch *Wandel*, und der geschieht organisch wachsend. „Wahres Leben wird gelebt, wenn kleine Veränderungen eintreten" sagt der Schriftsteller Leo Tolstoi, und das praktische Beispiel von

Martha und Paul gibt Hoffnung, auch mit kleinen Veränderungen allmählich Größeres und Wesentliches zu bewirken. Ein gesunder Schritt
geht in der Regel nicht extrem über die Grenzen unseres bisherigen
Verhaltens hinaus, sondern erobert sozusagen die nächstliegende Zone
jenseits unseres vertrauten Terrains. Dadurch schützen wir die Zonen
unserer größten Verletzlichkeit oder Unsicherheit, bis wir gefestigt sind
für einen weiteren Schritt. In solchen Prozessen erleben uns auch unsere Mitmenschen nicht plötzlich als erschreckend fremd; vielmehr könnten sie aufhorchen und sich in die Veränderungen einbeziehen lassen.

Ob wir – auf der Straße oder für unser Leben – „die Kurve kriegen" oder
aus der Bahn fliegen, liegt demnach an der richtigen Geschwindigkeit.
Und Geschwindigkeit, auch im Sinne unserer Selbstveränderung, ist un-
trennbar verbunden mit Zeit, genauer gesagt, mit einem Handeln in der
Zeit. Zu schnell? Zu langsam? Wie finden wir es für unsere persönlichen
Veränderungen heraus?

Hier könnte uns ein kleiner Trick mit großer Auswirkung helfen: Das
Konstrukt einer „erweiterten Gegenwart". Ihr Sinn und Wert erschließt
sich, indem wir uns zunächst ansehen, aus welchen Problemen heraus
diese Idee geboren wurde.

Handeln in der Zeit – das Übliche

Veränderung ist, wie gesagt, auf Zeit angewiesen, das heißt, sie ist nur
innerhalb von Zeiträumen möglich. Dem steht gegenüber, dass konkretes Handeln ausschließlich in der unmittelbaren, punktuellen Gegenwart erfolgt: Jede Veränderung, die wir im Leben anstreben, kann nur
im jeweiligen Augenblick beginnen. Diese Tatsache begünstigt ein ver-
breitetes Missverständnis und ein praktisches Problem.

Zunächst das Missverständnis:
Die berechtigte Aufforderung, ganz im Hier-und-Jetzt zu leben, könnte
schon mal vergessen lassen, dass es zu jedem Hier-und-Jetzt ein Vorher und ein Nachher gibt: Das Jetzt ist aus der Vergangenheit heraus
geboren, und mein Handeln im Jetzt wird in die Zukunft hinein wirken.

Obwohl wir nur im unmittelbaren Hier-und-Jetzt handeln können, ist dies nie ein losgelöster Moment.

Gerade aber wenn wir etwas verändern wollen, müssen wir beachten, wie die Gegenwart vom Vergangenem und Kommendem, von Herkunft und Zukunft, beeinflusst wird. Dass der jetzige Moment aus Vergangenem resultiert, ist alltägliche Erfahrung, uns zugleich nicht immer gewärtig: Im Hier-und-Jetzt sitze ich am Laptop und tippe. Hätte ich allerdings nicht eben eine Idee gehabt, könnte ich nichts aufschreiben. Hätte ich nicht vor vier Jahren begonnen, dieses Buch zu schreiben, könnte ich jetzt nicht an diesem Kapitel arbeiten – und so weiter. Meine jetzige Bewegung ergibt sich also weitgehend aus vorangegangenen, entspringt quasi früheren Quellen.

Insofern macht es nicht nur Sinn, sondern es ist unumgänglich, unser Handeln auf Vergangenem aufzubauen. Es fällt leicht und fühlt sich „normal" an, aus dessen Schubkraft heraus zu leben; ja, wir können gar nicht so handeln, als gäbe es zu einer momentanen Handlung keinen Vorlauf, sei es im Großen aus einer gesellschaftlichen und im Kleinen aus unserer persönlichen Geschichte heraus. Wir können aber wohl so handeln, als gäbe es keine Zukunft – und tun das oft genug auch. Meist verhalten wir uns sogar so, als sei die Zukunft eine lineare Fortsetzung der Vergangenheit: Wir decken abends den Frühstückstisch, indem wir davon ausgehen, dass morgen die Sonne wieder aufgeht; und wir setzen die Geranien erst nach den Eisheiligen auf den Balkon, weil sie in den Vorjahren dann nie erfroren sind.

Wo wir Bestehendes fortschreiben, fällt uns gar nicht auf, wie winzig der einzelne Augenblick ist, wir handeln fließend weiter – automatisch, gewohnheitsgemäß. Wollen wir jedoch eine neue Richtung einschlagen und Verhaltensweisen ändern, dann doch, weil wir eben _nicht_ mehr weitermachen wollen wie bisher, sondern eine neue, noch ungeschriebene Zukunft ansteuern. Und an die bindet dieser jetzige Moment, in dem ich entscheiden und handeln kann, so gut wie gar nichts, während zugleich das, was ich in diesem Augenblick tue, durchaus in die Zukunft einfließt.

Grafisch ließe sich das so darstellen:

Vergangenheit ──────➤• ----------------------------➤ Zukunft
　　　　Punkt der Gegenwart

Es ist also viel selbstverständlicher, aus dem Strom der Vergangenheit heraus zu handeln, als einer Zugkraft in die Zukunft nachzugehen, und sei sie noch so vielversprechend. Wenn ich jedoch etwas oder mich selbst verändern will, muss mir genau das gelingen, nämlich mich immer wieder von der Schubkraft der Vergangenheit zu lösen: Ich muss in eine andere Richtung blicken und gehen, muss etwas Neues in den Fluss der Zeit einspeisen.

Das bringt unser Handeln zwangsläufig ins Stocken, wir kommen aus dem Tritt. Denn der Augenblick der Gegenwart, in dem wir unser Handeln in eine neue Richtung lenken können, ist und bleibt nun mal ein winziger Moment (womit wir beim zweiten Problempunkt hinsichtlich unseres Handelns im Hier-und-Jetzt sind). Wollen wir dann etwas anders machen als zuvor, müsste jeder dieser winzigen Momente zu einem Wendepunkt unseres Lebens werden, damit uns nicht die Vergangenheit gleich wieder einholt. Selbst wenn wir die physikalische Definition der Gegenwart als einen dimensionslosen Punkt auf das Verständnis der Neurowissenschaft erweitern, die uns eine „gefühlte Gegenwart" von einigen Sekunden zugesteht, bleibt Gegenwart eher ein Zeitpunkt als ein Zeitraum. Es ist jedoch nicht nur unrealistisch, sondern geradezu unmöglich, mir sekündlich völlig bewusst zu sein, dass ich mich ab sofort aus dem Alten lösen und anders verhalten will: In diesem Moment – und im nächsten Moment schon wieder – müsste ich reflektieren, entscheiden und handeln. Da fange ich doch lieber gar nicht erst an...

Das ist nun etwas überspitzt ausgemalt; dass es so nicht funktioniert, liegt auf der Hand. Aber es ist genau das, was Menschen in meiner Praxis beklagen, wenn sie auf einem neuen Weg ins Stolpern geraten: Sie fühlen sich frustriert, weil sie den Fängen der Vergangenheit nicht so recht entkommen, oder sie sind gestresst von dem Druck, ständig jede Handlung an ihrem Wunsch nach Veränderung zu messen. Beides ist einer gesunden Selbstveränderung nicht wirklich förderlich. Selbst-Entwicklung darf nicht sämtliche Aufmerksamkeitsenergie fressen, sondern sie braucht _Spielraum_. Und den gewinnen wir, indem wir unsere (Zeit-)Grenzen erweitern.

Die Grenzen der Zeit erweitern – das heißt nichts Anderes, als „sich Zeit lassen" für eine Veränderung. Also scheinbar nichts Neues. Dennoch hat „sich Zeit lassen" eine andere Note als die Idee, die ich „erweitertes Jetzt" oder „erweiterte Gegenwart" nennen möchte: Während „Veränderung angehen" oft mit permanenter Selbstkontrolle drückt, neigt „sich Zeit lassen" dazu, grenzenlos auszuufern. Beidem bietet die Vorstellung einer „erweiterten Gegenwart" einen praktischen Ausweg an: Nicht indem wir uns Zeit _lassen_, sondern (eine bestimmte) Zeit _geben_, werden wir entspannt und erfolgreich auf angestrebte Veränderungen zugehen.

Handeln – im „erweiterten Jetzt"

„Zeit geben" bedeutet, Fristen zu setzen. Fristen, die einem Veränderungswunsch angemessen sind (mal mögen es drei Monate sein, mal drei Jahre), dämmen das Ausufern ein und machen zugleich aus den Tausenden von kurzatmigen Wendepunkten einen Wendekreis. Auf diese Weise entspannt das erweiterte Jetzt durch Weite: In diesem Raum muss ich nicht jede einzelne Handlung, nicht jeden Erfolg oder Rückschlag (über)bewerten. Ich muss nicht unruhig jeden Schritt hinterfragen, sondern kann erst einmal probeweise eine Strecke vorangehen und dann aus der neuen Erfahrung in einer Gesamtschau Schlüsse ziehen. Ein einzelner Versuch, anders auf den Partner zuzugehen, ist nicht aussagekräftig, egal wie er reagiert. Wenn ich aber sagen kann, in den letzten zwei Monaten konnte ich dreimal die Eskalation eines Streites verhindern, weil ich besonnener reagiert habe, dann darf es ruhig zweimal daneben gegangen sein: Diese drei Male waren mehr als je zuvor – ein Etappensieg, der ermutigt, weiterzumachen.

Die Weite des Kreises einer erweiternden Gegenwart entbindet mich von permanenter Hab-Acht-Stellung – sie nimmt also den Druck. Seine Begrenzung dagegen lässt ihn absehbar bleiben: Meine Entscheidung für einen neuen Weg verpflichtet mich nicht ab heute für alle Zeiten, sondern zunächst nur für die ausgemachte Probezeit – danach wird neu entschieden.

Das würde unsere Darstellung von oben folgendermaßen verändern (angeregt wurde ich hierzu durch eine Grafik, die ich im Buch „Fest im Glauben, stark im Leben" von Birgit Schilling fand):

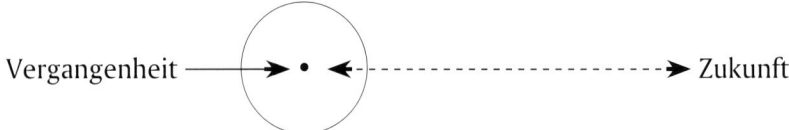

Vergangenheit ————— ➤ • ◄ - - - - - - - - - - - - - - - ➤ Zukunft

Der Kreis der erweiterten Gegenwart, der sich um den Punkt des jetzigen Augenblicks ausdehnt, greift ein Stück auf Vergangenes – beispielsweise jüngere Erfahrungen – zurück und erstreckt sich auf der anderen Seite ein Stück in die Zukunft hinein, setzt beidem also eine künstliche Grenze. Nach oben und unten schließt der Kreis des erweiterten Jetzt über den Zeitstrom hinaus die Lebensumstände ein, die meine Zeitlinie begleiten. Damit berücksichtige ich, dass meine Gegenwart eingebettet ist in ein Lebensumfeld, an dem auch andere Menschen und diverse Bedingungen beteiligt sind, von Steuererklärung bis Elternsprechtag. Dies alles prägt meinen Handlungsspielraum, eröffnet mir Möglichkeiten und setzt zugleich Grenzen, die ich respektieren muss – oder an denen ich mich festhalten kann.

So hatten Martha und Paul sich zwei Monate gegeben, um zu beobachten, was aus der kleinen Veränderung im Umgang miteinander entsteht – das heißt, sie wollten sehen, ob dieser neue Umgang „etwas bringt". Ein Jahr hingegen wollten sie sich zugestehen, um beurteilen zu können, ob damit ihre Beziehung wieder eine erhaltenswerte Grundlage bekommt.

Martin gab sich zwei Jahre für eine radikale berufliche Neuorientierung.

Sabine wollte mehr „zu sich kommen" (ein Wunsch, den ich in meiner Praxis in leichten Abwandlungen besonders häufig höre) und gab sich

für die gesamte Umsetzung ungefähr zwei Jahre Zeit; als Zwischenschritt wollte sie drei Monate konsequent erproben, kleine und größere Besinnungszeiten einzuhalten.

Katrin war auf ihrer spirituellen Suche neu mit dem Christentum in Kontakt gekommen. Um zu erleben, was für sie den Unterschied zu anderen Weltsichten ausmacht, beschloss sie, ein Jahr lang als Christin zu leben und sich bewusst mit diesem Glaubensweg auseinanderzusetzen.

Etappenziele umreißen, „Zeitkreise" definieren, Fortschritte bewusst machen, Schlüsse ziehen, Ergebnisse bedenken – was unsere Bereitschaft zur Selbstveränderung angeht, werden diese Aspekte natürlich in unsere Besinnungszeiten einfließen. Im wiederholten kurzen Innehalten können wir Eindrücke sammeln, in unserer Tagesreflexion und den längeren Oasenzeiten, im Nachdenken, Nachspüren und im Gespräch mit Weggefährten werden wir sie wirken lassen. Wir werden immer wieder wahrnehmen, was ein neues Verhalten – oder die Fortsetzung des alten – im Alltag bewirkt. Und *am Ende des Zeitkreises* wird Bilanz gezogen: Wie war die Erfahrung? Wo stehe ich jetzt? Weiter so, oder neue Kursveränderung?

Martin, der berufliche Neuausrichtung suchte, gewöhnte sich die 2x2-Minuten-Unterbrechung während der Arbeit im Büro an. Er spürte dann nach, was er weiterhin an seinen Aufgaben schätzte und womit er sich anhaltend schwer tat. Obwohl er sich in diesen Momenten ganz sich selbst zuwendete, fand er hinterher umso konzentrierter in seine Aufgaben zurück. Einmal in der Woche setzten er und seine Frau sich zum „Spinnen" zusammen, alle zwei bis drei Wochen traf er sich mit seinem Mentor zu gemeinsamer Reflexion. So war ihm nach einem halben Jahr klar, in welche Richtung er sich beruflich orientieren wollte, und ein Jahr später hatte er die Stellung, in der er sich am richtigen Platz fühlte.

Sabine, die „zu sich kommen" wollte, pflegte ihre Auszeiten, indem sie den Büroklatsch in den beiden Kaffeepausen um ein paar Minuten verkürzte und kurz „in sich ging". Nach der Arbeit machte sie, wann im-

mer es möglich war, auf dem Heimweg einen kleinen Abstecher durch einen Park, nahm sich selbst und all das wahr, was ihr begegnete. Mit ihrem Mann und den beiden Kindern vereinbarte sie einmal im Monat einen Freitagnachmittag für sich allein.

In diesen Zeiten stellte sie fest, wann sie „bei sich war" und wo sie ausschließlich funktionierte. Sie lernte wahrzunehmen, was ihr entsprach und was ihr fremd blieb. Sie entschied sich nach dem vierteljährlichen Probelauf, die Besinnungszeiten schrittweise auszudehnen. Früher als gedacht, nämlich schon nach einem Jahr hatte sie ein gutes Gespür für sich selbst entwickelt, sie wurde ruhiger und sicherer, fühlte sich zufriedener, was zugleich auf das gesamte Familienleben ausstrahlte: Es wurde echter, harmonischer und lebendiger.

Katrin erkundete einen möglichen Weg als Christin, indem sie jeden Sonntag Gottesdienste in unterschiedlichen Gemeinden besuchte, einmal im Monat an einem überkonfessionellen Gesprächskreis teilnahm, den Tag mit fünf bis zehn Minuten Kontemplation begann und abschloss sowie einige ihrer Krimis austauschte gegen Literatur, die sich mit Glaubensfragen und -erfahrungen auseinandersetzte. Nach dem einen Jahr, das sie sich für dieses „Projekt" vorgenommen hatte, wusste sie, wo sie zuhause war und warum.

Jeder dieser Suchenden hat den Zugang zu sich selbst und zu einem ganz eigenen Weg gefunden. Gebahnt wurde er jeweils durch Zeiten, die anders und bewusster genutzt wurden, und zwar konkret mit Ausrichtung auf ihr neues Ziel und die gewünschten Veränderungsschritte. Auf diese Weise leben wir weiterhin ganz praktisch in der (erweiterten) Gegenwart und bewegen uns zugleich Jetzt-Kreis für Jetzt-Kreis auf die Zukunft zu, der wir entgegengehen wollen: dem Bild, das uns unsere Sehnsuchtsziele vor Augen malen.

Zugkraft entwickeln

Doch machen wir uns noch einmal bewusst: Die Bilder unserer Sehnsuchtsziele liegen in der Zukunft, in einer noch nicht geschriebenen Zeit. Deshalb können sie längst nicht so unmittelbar auf unser Handeln einwirken wie die Schubkraft der Vergangenheit mit den in ihr entstandenen Überzeugungen, Gewohnheiten und Umständen. Während uns die Vergangenheit geradezu Verhaltensautobahnen gebaut hat, gibt es in die Zukunft hinein kaum einen Trampelpfad. Um dennoch unseren Herzensvisionen eine Chance zu geben, braucht es deshalb mehr als eine geschickte Zeitplanung: Wir brauchen „Treibstoff", der uns über die Einsicht hinaus in Bewegung hält – motiviert.

Und was bewegt uns am häufigsten und leichtesten? Unsere Gefühle, egal ob bewusst oder unbewusst. Wir bemühen uns, unangenehmen Gefühlen zu entkommen, und wir suchen natürlicherweise das Wohlbefinden. Martha und Paul gelang dies in der Erfahrung, dass ihr Miteinander mit wenig Einsatz spürbar liebevoller wurde – daran knüpften sie immer wieder an. Martin wurde zunächst von der Unzufriedenheit im Beruf getrieben, dann aber mehr und mehr von der Vorfreude auf einen konkreten Stellenwechsel gezogen. Sabine spürte schon sehr schnell und unmittelbar die Wohltat ihrer Besinnungsoasen. Und Katrin, die sich in ihrer bisher diffusen Weltsicht immer verlorener gefühlt hatte, erlebte auf ihrem neuen Glaubensweg eine nie gekannte Geborgenheit.

Ohne unsere Gefühle als Verbündete, werden wir also mit einer freiwilligen Selbstveränderung nicht weit kommen. Damit knüpfen wir an Überlegungen vom Anfang dieses Kapitels an; dort haben wir Gefühle betrachtet, die unseren Weg der Veränderung zu sabotieren versuchen, wie Scham und die Angst vor Unsicherheit. Diese inneren Gegner zu erkennen und durch neue Erfahrungen zu entwaffnen, ist ein erster Schritt. Doch wir können mehr tun, um auf der Spur unserer inneren Leitbilder zu bleiben: Nicht nur negative Gefühle vermeiden, sondern ihnen positive entgegensetzen.

Eine indianische Weisheit drückt es so aus: In unseren Herzen ringen ständig zwei Wölfe miteinander, ein böser Wolf und ein guter. Den Kampf gewinnen wird _der_ Wolf, den wir füttern. Den Weg zu einem wesentlichen, tiefgründigen Leben macht uns der „böse Wolf" schwer durch Bilder, Erinnerungen und Erfahrungen aus der Vergangenheit, mit ihnen wurde er geradezu gemästet. Doch wie könnte uns der „gute

Wolf" zu einem wahrhaft lohnenden Leben führen, solange er halb ver-
hungert vegetiert? – Wir müssen ihn bewusst „aufpäppeln" und reichlich füttern – mit guten Gefühlen.

Das fordert uns auf, aktiv zu werden, denn die positiven Gefühle ergeben sich, was die Zukunft unserer Sehnsuchtsziele angeht, nicht von
allein. Wie wir wissen, ist unser Handeln mit der Zukunft viel lockerer
verbunden als mit der Vergangenheit, und so sind auch unsere Gefühle
überwiegend von Vergangenem bestimmt. Vergangenheit, Erinnerung,
Bilder, Gefühle – das ist eine ganz selbstverständliche Sequenz. Bilder
aus einer Rückschau heraus aufzurufen, ist durch das konkret Erlebte
immer leichter als eine Projektion, wie etwas „eigentlich sein sollte".
Mit Erinnerungen aber kann die Zukunft nicht dienen. Oder?

Mit einem kleinen Trick kann es gelingen, nämlich indem wir dem „guten Wolf" beziehungsweise unserem Gefühlsleben die Zukunft in der
Verpackung der Vergangenheit anbieten. Wenn die stärksten Bilder üblicherweise von Ereignissen der Vergangenheit ausgehen, dann tun wir
doch einfach mal so, als ob die noch nicht vorhandene Zukunft schon
hinter uns liegt, um ihr etwas von der Kraft einzuflößen, die üblicherweise nur von der Vergangenheit ausgeht. Erinnern wir uns also vorwärts...

Sich nach vorn erinnern

Konkret heißt das, wir versetzen uns in einen Punkt der ferneren Zukunft und schauen von dort in die (jetzt noch vor uns liegende) Zeit
zurück. Genau das meint der Leitsatz von Christian Fürchtegott Gellert
(„Lebe, wie du, wenn du stirbst, wünschen wirst, gelebt zu haben!"),
der uns im Anfangskapitel dieses Buches ins Thema geführt hat. Und
dann begegnete mir der Ausdruck „sich nach vorn erinnern" zu meiner großen Freude kürzlich noch in einem äußerst inspirierenden Buch:
„Selbst denken – eine Anleitung zum Widerstand" von Harald Welzer.
Der Sozialpsychologe Welzer, der sich auf einfallsreiche Weise für eine
zukunftsfähige Gesellschaft stark macht, fordert auf, unser Leben aus
dem „Futur zwei" zu betrachten, der Zeitform, die von einem Endpunkt
aus zurück schaut. So empfiehlt auch er, uns immer wieder in einen
Rückblick aus der Zukunft auf unser heutiges Leben hineinzuversetzen,

um zu entscheiden, was uns wirklich wichtig ist und in welche Richtung wir weitergehen wollen.

Unsere alltägliche Erfahrung zeigt, dass wir uns auf das zu bewegen, was wir anschauen. Das geschieht schon, wenn wir das Auto durch einen Baustellenengpass lenken oder über einen Balken balancieren. Und es wirkt ebenso bei Szenarien, die wir nur vor unserem *inneren* Auge sehen – man denke an die Geschichte vom „Mann mit dem Hammer"... Also braucht die Zukunft einladende Bilder, auf die wir „zurückschauen" können. Da es diese Erinnerungen real noch nicht gibt, ist unser denkender Geist gefordert, potenzielle Bilder der Zukunft vor unser geistiges Auge zu malen, um die gewünschten Gefühle mitzuziehen. Das kennt jeder ganz physiologisch von Vorstellungen, die in uns Appetenz auslösen, wie sexuelle Phantasien oder Gedanken an ein leckeres Essen. Es geht weiter mit geschürten Emotionen wie in der Geschichte vom „Mann mit dem Hammer", dessen Bild von seinem Nachbarn ganz und gar sein Handeln bestimmte. Und es ergreift ganze Volksbewegungen, die ihre Vorstellungen von „richtiger" Politik oder „wahrem" religiösen Glauben emotional aufgeladen mit Terror, Folter und Bombe verbreiten.

Wir haben es in der Hand: Unser Geist-Denken wählt die Nahrung unserer Vorstellungen und Bilder, die wiederum unsere Gefühle und Emotionen anfüttern. Einleiten könnte es einen „Rückblick aus der Zukunft" dann mit solchen oder ähnlichen Fragen:

❖ Welche Erinnerungen an sich wollen Sie Ihren Enkelkindern hinterlassen?

❖ Was würden Sie gern in der Laudatio Ihres besten Freundes anlässlich Ihres 80. Geburtstages hören, was Ihr Leben ausgemacht hat?

❖ Was möchten Sie beim 50-jährigen Klassentreffen von dem berichten können, was Ihnen im Leben wichtig war?

❖ Was wäre Ihre Lebensessenz in einer (Auto)Biografie?

❖ Was möchten Sie eines, wenn vielleicht auch fernen, Tages Ihrem Herrgott sagen, wie Sie sein Geschenk des Lebens auf dieser Erde genutzt haben?

Nicht ganz so weit gedacht, reicht hin und wieder auch die Erinnerung an eine Frage aus unserem Anfangskapitel: Wenn ich wüsste, dass ich nur noch ein Jahr zu leben habe, was möchte ich in dieser Zeit unbedingt noch getan haben?

Seelenbild oder Einbildung?

Doch stopp mal eben: Bewusst und willkürlich Bilder der Zukunft zu malen, verträgt sich das mit unserer Seelenstimme? Woher können wir wissen, ob die ausgemalten Futur-zwei-Bilder nicht nur flüchtige Tagträume, sondern wirklich mit unserem Wesenskern kompatibel sind? Schließlich wollen wir doch möglichst wahrhaftige Bilder und Gefühle nähren und mit ihnen den „richtigen" roten Faden in die Zukunft auslegen…

Selbst wenn die Quelle innerer Bilder nicht immer eindeutig auszumachen ist und es vermutlich eine stets eindeutige Trennschärfe gar nicht gibt, glaube ich, dass wir uns darüber keine großen Sorgen machen müssen – wir kennen inzwischen Kriterien, an denen wir uns recht verlässlich orientieren können:

- ✤ Seelenbilder sind unaufdringlich und beständig
- ✤ sie drücken eher Qualitäten aus als Fakten
- ✤ sie fügen niemandem Schaden zu
- ✤ echte Seelenträume lassen sich nicht „in den Kopf setzen"

Werfen wir nochmal einen kurzen Blick auf diese Unterscheidungsmerkmale, die wir jeweils in anderen Zusammenhängen schon erwähnt hatten:

Zum Ersten: Seelenbilder lassen sich zwar schon mal durch vordergründige Vorstellungen _ver_stellen – doch höchstens kurzfristig. Denn wirkliche Seelenbilder zeichnen sich durch langfristige Konstanz aus, sie bleiben unabhängig von momentanen Stimmungsschwankungen bestehen beziehungsweise tauchen immer wieder auf. Je mehr wir uns im Umgang mit den unterschiedlichen Gefühlsebenen üben, desto besser werden wir die beständige Botschaft unserer Seelenstimme heraushören.

Zum Zweiten: Echte Herzensvisionen sind eher durch Qualitäten charakterisiert als durch konkrete Fakten. Mein Traum von einer gelingenden Partnerschaft macht sich vielleicht zur Zeit absolut an Jürgen fest, und all meine Vorstellungen kreisen um ihn, wollen nur ihn. Jürgen aber ist verheiratet. Meine Seele hingegen meint jemanden _wie_ Jürgen, an ihm sehe ich ein Beispiel für das, was mir wichtig ist und mich anzieht (darin liegt dann auch ihre Konstanz). Wenn ich für diese Botschaft offen bleibe und nicht an meiner Vorstellung (=Jürgen) klammere, finde ich am Ende die Erfüllung meiner Seelensehnsucht – bei Ludwig.

Damit sind wir beim Dritten: Eben _weil_ Jürgen gebunden ist, würde meine Seele ihren Traum nicht an ihm festmachen. Seelenträume lassen frei – den Anderen, wie auch meine eigenen Möglichkeiten.

Und als Viertes: Phantasiebilder und Vorstellungen können wir willkürlich _machen_, Seelenbilder dagegen lassen sich nicht erzwingen – Renate aus dem vorigen Kapitel zeigt uns, was gemeint ist: Sie konnte sich _vorstellen_, die Diskette zu zerstören, aber bei genauerem Nachspüren widersetzte sich das Bild. Nach vergeblichen Versuchen, die Diskette endgültig zu entsorgen, ließ sich das Angebot, sie in einem Bilderrahmen zu verwahren, leicht aufrecht halten – mit diesem Bild war ihr Innerstes einverstanden.

Wenn wir aufrichtig mit uns sind, können wir darauf vertrauen, dass unser Innerstes „seine Meinung sagt", was es von den Bildern hält, die wir uns ausdenken und zusammenträumen. Dabei sind es wieder – zum wiederholten Male gesagt – unsere Zeiten der Selbstbesinnung, in denen wir nachdenkend, nachspürend und im Gespräch mit Weggefährten diese Aspekte abwägen. So werden wir immer klarer die Signale heraushören, die wirklich im Einklang mit unserer Seele sind.

Der innere Drang

Ein solches Signal ist zum Beispiel eine Art innerer Drang, mit dem unsere Bilder verbunden sind – er ähnelt einem langfristigen intuitiven

Impuls, der uns etwas Bestimmtes zu tun aufgibt, ohne damit von vornherein eine ergebnisorientierte Absicht zu verbinden. Dieser Drang hat nichts mit Druck und Zwang zu tun (so sehr mich dieses Wortspiel in den Fingern juckt...), sondern ist als Ausdruck unserer Seelenstimme eine durch und durch positiv empfundene Kraft. Während Druck und Zwang einengen und Widerstand herausfordern, führt der innere Drang _weiter_, und zugleich _fühlen_ wir uns darin geweitet. Das, was der Drang uns aufträgt, tun wir bereitwillig und gern – und „gern tun" gehört ganz zu unseren positiv motivierenden Gefühlen!

Birgit „drängte" es, sich um die Obdachlosen in der Stadt zu kümmern. Sie schloss sich einer gemeinnützigen Tafel an, kam mit Menschen, die auf der Straße leben, ins Gespräch, später übernahm sie eine Aufgabe in der mobilen Krankenversorgung. Es war weder das Ideal einer besseren Welt, noch eine empfundene „Pflicht", sondern ein tiefes Bedürfnis, so zu handeln. Dort sah sie sich am richtigen Platz. Trotz all der bedrückenden Schicksale, die ihr begegneten, fühlte sie sich befriedigt und erfüllt, wenn sie von ihrem Dienst nachhause kam.

Bernd drängte es als Arzt, Krankheitsursachen tiefer auf den Grund zu gehen, statt sich mit der Behandlung von Symptomen zufrieden zu geben. Unermüdlich absolvierte er Einsteigerkurse zu verschiedenen komplementärmedizinischen Methoden. So lernte er vieles kennen, fühlte sich aber nirgends „angekommen". Der Drang trieb ihn weiter, bis ihm das Verfahren der Neuraltherapie begegnete. Dort fühlte er sich auf Anhieb „zuhause", hier ließ der Drang ihn verweilen: Bernd hatte sein therapeutisches Werkzeug gefunden.

Mich drängte es, dieses Buch zu schreiben. Und das tut es beharrlich schon über Jahre hinweg, ungeachtet aller Durststrecken, Schreib-blockaden, Zweifel und Sommersonnentage. Wie oft habe ich unterwegs frustriert aufgeben wollen, wie oft hatte ich gedacht, ich könne meine Zeit doch sinnvoller oder unterhaltsamer verbringen – vergeblich, sehr schnell holte mich der Drang zum Schreiben wieder ein: Und schon war ich wieder gern dabei.

Viele Menschen folgen einem solchen Drang, ohne sich darüber speziell Gedanken zu machen. Wenn alles klar und eindeutig ist, gibt es daran nichts auszusetzen – und dann gäbe es vermutlich auch keinen Anlass, etwas vom bisherigen Lebensweg in Frage zu stellen. Aber mancher Drang, wie bei mir das Buchschreiben, ist rational schwer erklärlich und braucht darum immer wieder bewusste Reflexion – was für eine Schreckensvorstellung, wenn ich Tausende von Stunden für etwas hergebe, das am Ende zu gar nichts gut ist!

Andere hingegen müssen überhaupt erst einmal diesen unaufdringlichen Drang spüren lernen; sie brauchen eher ein Sensibilisierungstraining, wie es in den beiden vorigen Kapiteln angesprochen ist. Beides wiederum – die Prüfung „merkwürdiger" Impulse wie die Sensibilisierung für die eigene Wahrnehmung – wird von unseren vier Tiefganginstrumenten profitieren. Nur indem wir nachdenken, nachspüren, uns mit Weggefährten austauschen und gegebenenfalls zu Korrekturen bereit sind, werden wir die verlässlichen Leitbilder in uns entdecken, die es dann im Futur-zwei-Blick zu verstärken lohnt. Bilder, die aus Launen und psychischen Bedürfnissen entstehen und uns möglicherweise sogar auf die schiefe Bahn locken könnten, werden einem klugen Nachdenken nicht standhalten, und wohlwollende Wegbegleiter werden ihnen kaum zustimmen. Die Bilder der Seelensehnsucht dagegen brauchen eine reflektierende Prüfung nicht zu scheuen; im Gegenteil: In der Regel werden authentische Herzensanliegen dadurch klarer und kraftvoller. Ehrliche Prüfungen sind wie eine Läuterung, bei der die Schlacken falscher Vorstellungen zu Boden sinken und das Bild auf der Oberfläche deutlich zutage tritt.

Kraftbilder für die Zukunft

Doch dann... Blankgeputzt durch vorurteilsfreies Denken und in Resonanz zu unserem tieferen Gespür, begleitet von dem, was Freunde und Weggefährten dazu sagen, dürfen wir unsere Herzensvisionen richtig lebhaft „ausmalen". Selbst wo manches unrealistisch wirkt:
„Wenn eine Idee nicht am Anfang absurd klingt, dann gibt es keine Hoffnung für sie", ermutigt uns Albert Einstein. Wir dürfen durch bunte

Ausgestaltung sozusagen den Verstärker aufdrehen. Immer mal wieder in Imagination zu schwelgen, gibt uns Schwung zum Weitergehen.

Dabei sind gerade unsere Entwicklungspaten unentbehrlich: Wo wir uns selbst nicht so recht trauen, sehen sie oft „mehr" in uns. Durch ihre verstehende Resonanz verstärken sie unsere inneren Stimmen und bringen sie uns selbst zu Gehör. Was wie eine schemenhafte Skizze beginnt, nimmt im Gespräch Kontur an, wird plastisch durch Farbe. Wie oft habe ich es erlebt (mit Blick auf meine eigenen Herzensvisionen, ebenso wie in Begleitung anderer Menschen), wie die Seele durch Resonanz aufblüht, wie ihr Feuer wieder aufflammt! Auf einmal wird die Orientierung klar, oder die nächsten Schritte sind leichter zu setzen. Erinnern wir uns an Einsteins Worte aus dem vorigen Kapitel: „Ein Freund ist jemand, der die Melodie deines Herzens singt, wenn du sie vergessen hast!" Uns kann kaum etwas Besseres passieren, als dass Menschen uns „erkennen" und darin bestärken, den Weg unseres Herzens konsequent zu gehen. Sie nähren eines der kraftvollsten Gefühle in uns: Hoffnung. Und Hoffnung ist Kraftfutter für unseren „guten Wolf".

Zugkraft Hoffnung

Authentische Visionen gehen mit Hoffnung Hand in Hand. Hoffnung ist unserer Seelenstimme sehr nahe, in ihr verbinden sich denkende und fühlende Qualitäten: Hoffnung heißt, fühlend auf Veränderung zum Positiven zu vertrauen und sie zugleich – wenn auch vielleicht zögerlich – gedanklich für möglich zu halten. So zieht ihre Zugkraft uns in eine bestimmte Richtung; Hoffnung kommt quasi aus der Zukunft auf uns zu und will uns zu einem Ziel mitnehmen.

Hoffende Zugkraft findet ihr Echo demnach in unseren Sehnsüchten, Träumen, Visionen, Herzenswünschen, Bildern, Vorbildern. Sie zieht uns zu vorstellbaren Utopien, spricht von Zielen, „an die wir glauben", wie die Erfindung des Fahrrads und des Telefons, aber ebenso die Verwirklichung von Liebe, Gerechtigkeit und Frieden. Von Hoffnung getragene Zugkraft hat Martin Luther King zu seiner berühmten Rede „I have a dream…" inspiriert, hat William Wilberforce durchhalten lassen, über

Jahrzehnte trotz aller Rückschläge für die Abschaffung der Sklaverei zu kämpfen. Visionen von einer besseren Welt haben die Menschen gezogen zu Expeditionen ins Unbekannte, zur Entwicklung von Heilmitteln, zum Aufbau von Schulen, zur Erfindung des Hubschraubers und der Waschmaschine, zur Durchsetzung von Menschenrechten und vielem mehr.

Dabei muss man nicht nur an die Großen der Geschichte denken, die durch Forschergeist und Idealismus etwas bewegt haben: Auch viele „kleine" Menschen sind zum Beispiel der Hoffnung auf Freiheit gefolgt und haben dazu beigetragen, dass totalitäre Regime aufgelöst wurden. Und in jedem ganz individuellen Leben haben wir es schon erfahren, dass hoffende Zugkraft uns in Bewegung setzt, sei es der Wunsch nach Familie, nach einem bestimmten Beruf, einem Ehrenamt, oder nach Neuseeland auszuwandern. Ich bin im Rückblick auf mein eigenes Leben wie aus der Begleitung vieler Menschen überzeugt, dass jede und jeder von uns eine solche visionäre Leitinstanz in sich trägt – doch wie wenige wagen es, diesen Keim zum Blühen zu bringen!

Einwurf: Schicksal…
Höre ich hier gerade nochmal einen leisen Einwand? Nämlich dass wir uns doch nicht allesamt anmaßen können, zu „Höherem" oder Besonderem berufen zu sein – wer macht dann den Alltagsjob?
Das schönste Argument, das ich Ihnen hierzu anbieten kann, ist ein Gedicht von Marianne Williamson (das Vielen bekannter ist als Nelson Mandelas Rede zum Amtsantritt im Jahr 1994):
Unsere tiefste Angst ist nicht, dass wir unzulänglich sind,
Unsere tiefste Angst ist, dass wir unermesslich machtvoll sind.
Es ist unser Licht, das wir fürchten, nicht unsere Dunkelheit.
Wir fragen uns:
„Wer bin ich eigentlich, dass ich leuchtend, begnadet, phantastisch sein darf?"
Wer bist du denn, es nicht zu sein?
Du bist ein Kind Gottes.
Wenn du dich klein machst, dient das der Welt nicht.
Es hat nichts mit Erleuchtung zu tun, wenn du schrumpfst,
damit andere um dich herum sich nicht verunsichert fühlen.

Wir wurden geboren,
um die Herrlichkeit Gottes zu verwirklichen, die in uns ist.
Sie ist nicht nur in einigen von uns, sie ist in jedem Menschen.
Und wenn wir unser eigenes Licht erstrahlen lassen,
geben wir unbewusst anderen Menschen die Erlaubnis,
dasselbe zu tun.
Wenn wir uns von unserer eigenen Angst befreit haben,
wird unsere Gegenwart ohne unser Zutun
andere befreien.

Das können wir nun annehmen oder auch nicht – es liegt bei uns, dem eine Chance zu geben. Die vielen Menschen, die ich ein Stück auf ihrem Weg begleiten durfte, haben mir gezeigt, dass Herzensvisionen nicht den Alltag vernachlässigen; aber sie sperren ihre Seelenträume nicht in den Alltag ein, sondern im Gegenteil: Wo wir uns und Anderen erlauben, aus ihrer Zugkraft heraus zu leben, werden zugleich die alltäglichen Möglichkeiten vielfältiger, lebendiger, kreativer!

Herzensvisionen ziehen uns hoffnungsstark zu unseren ganz persönlichen Sehnsuchtszielen: „Nur wer sein Ziel kennt, findet den Weg", sagt Laotse, und Albert Einstein fordert uns auf: „Wenn du ein glückliches Leben willst, verbinde es mit einem Ziel". Indem wir uns immer wieder farbenfroh daran erinnern, welche Ziele – ob spektakulär oder eher alltäglich unscheinbar – uns innerlich aufblühen lassen, stellt sich die Bereitschaft ein, uns konkret in diese Richtung aufzumachen und langfristig dieser Spur zu folgen. Unsere „Erinnerungen an die Zukunft" bieten uns dabei Nahrung für tragfähige Gefühle, die unsere Batterie immer wieder aufladen.

Wo Hoffnung ist, ist ihre Schwester nicht weit: Die Freude. Während Hoffnung die Triebkraft in die Zukunft hinein stärkt, schenkt Freude Schwung aus dem Moment heraus – beide sind Lieblingsspeise für unseren „guten Wolf", und zusammen sind sie geradezu unschlagbar. Denn wo sich der Blick in die Zukunft vielleicht unterwegs schon mal eintrübt, kann dann die Freude des Augenblicks die Aufgabe übernehmen, uns mit Treibstoff für die Seele zu versorgen.

Triebkraft Freude

Freude ist ein starker Gegenpart zu den psychischen Widersachern Scham, Hochmut und Angst. Sie ist ein kraftvoller Motor für unser Handeln – wobei wir durchaus auf Unterschiede in der Treibstoffqualität achten sollten: Nicht alles, was „Spaß macht" (wie Sahnetorte, Seitensprung oder Schadenfreude), wird uns unseren tiefen Sehnsuchtszielen näher bringen.

Je stärker wir mit unserer Seelenstimme verbunden sind, desto mehr lösen sich die Bilder von momentaner Vergnügung ohnehin in einer ruhigeren, tieferen Freude auf, und an dieser Freude-Qualität lässt sich guter Langstreckentreibstoff erkennen. Sie zu wecken, selbst an trüben Tagen und bei möglichen Rückschlägen, liegt in unserer Hand: Wie Gefühle generell, so lässt sich zwar auch Freude nicht erzwingen; aber sie kann sich in uns ausbreiten, sobald wir ihr die Tür öffnen. Die Klinke zu dieser Tür hat unser bewusster Geist in der Hand, der unsere Gefühle in eine positive oder negative Richtung einladen, ja sogar „aufladen" kann. Das gilt für alltägliche Freuden – über einen freundlichen Service am Telefon oder das Nachlassen der Zahnschmerzen –, wie gleichermaßen für die Freude an unserem eigenen Entwicklungsprozess.

Der Blick zurück – Lockstoff Dankbarkeit...

Wodurch unser Geist das tut, haben wir schon im Kapitel „Dem Fühlen auf der Spur" gesehen: Durch Denken. Und die kürzeste Brücke, über die wir vom Denken zur Freude kommen, ist das Danken; denn Dankbarkeit ist kein passives Geschehen, sondern in erster Linie Denkarbeit – verbunden mit einer bewusst eingenommenen Haltung, zu der wir uns unmittelbar _entschließen_ können.

Kennen Sie Samuel Koch? Der junge Mann ist 2010 in der Sendung „Wetten dass..." bei einem Kunstsprung schwer gestürzt und seitdem vom Hals abwärts gelähmt. Ich bin bewegt davon, wie er sein Schicksal meistert, wie er trotz dieser dramatischen Lebenswende so viel Positives ausstrahlt und es schafft, sich für andere Menschen stark zu machen.

In seinem Buch „Rolle vorwärts – das Leben geht weiter, als man denkt" schreibt er, wie er sich jeden Tag darin übt, dankbar zu sein. Nur die Dankbarkeit gibt ihm Kraft, angesichts der alltäglichen Herausforderungen nicht den Mut zu verlieren. Und ich bin zutiefst dankbar, dass es Menschen wie ihn gibt, die das vorleben!

Wenn es möglich ist, sogar in solch tragischen Schicksalsschlägen danken zu können, sollte es uns dann nicht auch gelingen, in unseren diversen großen und kleinen, echten und eingebildeten Katastrophen Grund zum Danken zu finden? Diesen Grund zum Danken finden wir, wie gesagt, über das bewusste Denken. Dankendes Denken wird sich zuallererst und immer wieder darauf besinnen, dass nichts von allem Guten, das uns widerfährt, selbstverständlich ist. Selbst in schwierigen Momenten erkennt Dankbarkeit noch, dass alles auch hätte anders – und viel schlimmer – kommen können: Ärgere ich mich tagelang, weil der Dachziegel direkt auf meinen Laptop gefallen ist? Oder bin ich dankbar, dass er nicht – Zentimeter davon entfernt – meinen Kopf getroffen hat? Welches Glück wenige Zentimeter ausmachen können, erkenne ich erst im denkenden Bewusst-Werden.

„Dankbarkeit kommt aus dem Erinnern", betont der Theologe und Widerstandskämpfer Dietrich Bonhoeffer. Und erinnern könnten wir uns mit Blick auf unsere Selbst-Entwicklung zum Beispiel an all das Positive, das unseren Prozess begleitet. An das, was schon geschafft ist oder was erfolgreich war, an glückliche Fügungen, an hilfreiche Mitmenschen, oder an das, was wir aus Erfolgen und Fehlern gelernt haben. Erinnern kann uns aufmerksam machen auf das, was trotz Scheitern oder Schwierigkeiten erhalten geblieben ist und sich als tragfähig erwiesen hat. Damit beruhigt erinnernde Dankbarkeit unser kontraproduktives Ja-Aber, das bei unvermeidlichen Rückschlägen gern alles pauschal schwarz malt. Dankbarkeit ist ein Umkehrpunkt, von dem aus es wieder in eine positive Richtung weitergeht und der Blick auf neue Möglichkeiten fällt.

In diesem Sinne kann uns in der Ausrichtung auf die gewünschte Zukunft sogar ein Blick zurück ermutigen, wenn uns unterwegs Stagnation oder Frustration aufhalten wollen. Wie bei einer Bergwanderung: Aufgebrochen sind wir voller Elan und anfangs kräftig losmarschiert. Doch nach einer Weile tun die Füße weh, der Rucksack wird immer schwerer, und der angesteuerte Gipfel rückt in unerreichbare Ferne – die Luft ist raus. Dann hilft uns kein gutes Zureden und kein Appell an unsere Sehnsuchtsziele auf die Beine. In solchen Momenten tun wir gut daran, uns eine Erholungspause zu gönnen, vorübergehend den Blick von dem scheinbar so fernen Ziel zu lösen und uns nach hinten umzuwenden: Was haben wir schon hinter uns? Wie viele Meter sind wir angestiegen, welche Strecke haben wir bereits bewältigt? Der Blick ins Tal, aus dem wir aufgebrochen sind, zeigt, dass wir auch davon schon ein ganzes Stück entfernt sind; oft sind wir dem Ziel inzwischen näher als dem Startpunkt. Zumindest sind wir ihm näher als beim Aufbruch – wir sind also allemal vorangekommen.

Sogar dem einen oder anderen Rückschlag könnten wir durch bewusste Betrachtung noch etwas abgewinnen: Selbst die Erkenntnis, dass etwas uns nicht liegt oder nicht funktioniert, ist den Versuch wert gewesen. Sie kennen vermutlich die Anekdote über das Erfindergenie Thomas Alva Edison? Er soll mal gefragt worden sein, wie es ihm damit ginge, dass angeblich weit mehr als tausend seiner Versuche zur Entwicklung der Glühbirne fehlgeschlagen waren. Seine sinngemäße (von mir interpretierte) Antwort: „Bestens, denn ich kann Ihnen nun genau erklären, welche Versuche Sie sich sparen können, falls Sie mal eine Glühbirne konstruieren wollen!"

So gesehen, dienen uns dann vergebliche Bemühungen zumindest zur nötigen Kurskorrektur – vielleicht sogar in der Frage, wie wichtig mir ein Anliegen überhaupt ist (immerhin, Edison hat weitergemacht!). Und nicht zuletzt kann ich Geduld mit meiner eigenen – unvermeidlichen – Unvollkommenheit üben. Dazu noch einmal Edison: „Es ist besser, unvollkommen anzupacken, als perfekt zu nörgeln".

… und Humor

Nicht jeder wird Rückschläge mit dem Humor eines T.A. Edison hinnehmen. Humor – richtig, noch eine wunderbare Brücke zu guten Gefühlen!

Etwas mit Humor zu nehmen, ist eine ideale Tragehilfe für Schwierigkeiten jeder Art, ja ohne Schwierigkeiten wäre dem Humor geradezu der Nährboden entzogen. Es gibt Menschen, denen ist diese Gabe beneidenswerterweise in die Wiege gelegt; tröstlich finde ich jedoch, dass Humor sogar „geübt" werden kann. Eine humorvolle Haltung können wir, wie die der Dankbarkeit, einnehmen: Wir können entscheiden, ein wenig auf Distanz zu gehen zu unseren kleinen und großen Unzulänglichkeiten und ihnen mit einem Augenzwinkern ein bisschen Wichtigkeit entziehen. Humor verleiht uns Souveränität in unerfreulichen Situationen und wird zu einem „guten Stoßdämpfer, wenn es kracht", wie es der belgische Ordenspriester Phil Bosmans formuliert hat.

Selbst wenn es mit dem Humor noch nicht so recht gelingt und wir doch hin und wieder unsere Wunden lecken müssen, braucht uns das Scheitern mancher Pläne nicht aus der Bahn zu werfen. Niemand kann vermeiden, ab und an „hinzufallen". Doch es wäre nicht nur dumm, dann enttäuscht liegenzubleiben, sondern ebenso schade, nur aufzustehen und weiterzumachen wie bisher: Aus jedem Sturz könnten wir etwas hinzulernen und danach ein Stückchen *klüger* weitergehen. „Das ist das Schöne an einem Fehler: Man muss ihn nicht zweimal machen" – und damit erst einmal genug mit Edison.

Dankbarkeit und Humor könnten all dies anerkennen und damit der Freude den Weg bahnen. Selbst wo uns die Freude nicht gleich überschwänglich überfällt, wird sich so leichter das Herz beruhigen, damit wir in unsicheren Zeiten auf der Spur bleiben: Geduldig und besonnen weitergehen, keine Entscheidungen übers Knie brechen – nach der nächsten Kurve unseres Lebensweges wird sich eine neue Perspektive eröffnen. Dann mag unser Herz sich wieder erinnern an das, was wir gern tun – und „gern tun", die kleine Schwester von Freude, steht wieder mit ihrer gesamten Verwandtschaft vor der Tür, um den „guten Wolf" zu füttern: Freude, Begeisterung, Heiterkeit, Hoffnung, Zufriedenheit und Zuversicht. Gibt es eine bessere Wegzehrung, um in ein erfüllendes, lohnendes und tiefgründiges Leben aufzubrechen?

Damit haben wir nun als letztes unserer vier Tiefganginstrumente die Bereitschaft zur Selbstveränderung von allen erdenklichen Seiten ausgeleuchtet: Mit dem „Treibstoff" von Drang und visionärer Hoffnung, mit Dankbarkeit und Humor als „Appetizer" zur Freude, haben wir jetzt positive Gefühle auf unserer Seite, um uns ganz konkret aufzumachen. Im Blick nach vorn das Sehnsuchtsziel, im Rucksack die vier Grundfähigkeiten, unterm Arm das Bündel gewisser Unsicherheiten, im Hinterkopf das Maß der „zurechtgeruckelten" Schritte zwischen Bereitschaft und Einverständnis – und los geht's!

Zeit zur Selbstbesinnung –
Zu mir kommen: In passenden Schritten

Welche Zugkräfte haben Sie in Ihrem Leben entdeckt?
Wo sind Sie einem inneren Drang gefolgt, der sich im Nachhinein als stimmig erwiesen hat?

Haben Sie Herzensvisionen? Welche?
Wenn Sie größere oder kleinere Veränderungsschritte in Ihrem Leben mitgemacht haben, wie standen Sie jeweils vor dem entscheidenden Schritt und danach rückblickend dazu?

Prüfrunde

Der rote Faden: Die Fäden der vier Grundfähigkeiten müssen nun wieder zusammengefügt werden. Was ergibt sich daraus für unsere Sehnsuchtsziele Freiheit, Liebe und Lebenssinn?

„Lebe, wie du, wenn du stirbst, wünschen wirst, gelebt zu haben", die große Sehnsucht nach einem tiefgründigen Leben – sind wir dem in den letzten vier Kapiteln nun ein Stück näher gekommen?
Wir waren davon ausgegangen, dass ein authentisches und tiefgründiges Leben nur gelingt, indem jede und jeder von uns seinen einmaligen Wesenskern entdeckt und entfaltet. Wir waren davon ausgegangen,

dass sich unsere ureigensten Träume und Herzensvisionen bei aller Individualität in drei grundsätzlichen menschlichen Lebensthemen wiederfinden, nämlich der Sehnsucht nach Freiheit, nach liebender Gemeinschaft und nach Sinnhaftigkeit. Und schließlich sind wir davon ausgegangen, dass wir zur Verwirklichung unserer Sehnsuchtsziele die Fähigkeiten des Denkens, Fühlens, Kommunizierens und der Selbstveränd e-
rung brauchen. Diese führen uns allerdings erst dann zu Authentizität
und Lebenstiefe, wenn sie nicht nur beliebig nebeneinander her laufen,
sondern ineinandergreifen und aneinander reifen. Mit Blick darauf, haben wir diese Tiefganginstrumente in den Hauptkapiteln genauer betrachtet und uns dabei besonders ihren „Herzstücken" zugewendet; an
ihnen sind die Fähigkeiten jeweils mit den anderen dreien verschaltet,
und von dort aus wirken sie auf die bewusste Gestaltung unseres Lebensweges ein. Wir haben gesehen, wie die Pflege von Denk-Kultur
unsere Denkautomatismen durchbricht und aus übernommenen Überzeugungen zu selbst-durchdachten Sichtweisen führt. Wir haben gesehen, wie wir durch einen bewussten Umgang mit unseren vielfältigen
Gefühlsebenen ein verlässliches Selbstgefühl und Zugang zu unseren
inneren Leitstimmen erlangen. Wir haben gesehen, wie wir eine reso-
nanzkräftige Kommunikation aufbauen, die uns prüfend, klärend und
bestärkend unterstützt. Und wir haben gesehen, wie wir durch „Zurechtruckeln" zwischen Bereitschaft und Einverständnis die passende
Schrittlänge für eine gesunde Selbstveränderung ausfindig machen. Bei
alledem war unser Blick so gut wie möglich ausgerichtet auf das stetige
Zusammenwirken und die gegenseitige Abhängigkeit unserer vier
Grundfähigkeiten.

Um jede der Fähigkeiten für sich darzustellen, ließ es sich nicht vermeiden, die vier Stränge vorübergehend voneinander zu lösen – wirken tun sie allerdings nur in ihrer stetig aufeinander bezogenen Komplexität. Fügen wir sie hier also wieder ein in das große Gewebe, aus
dem wir sie herausentwickelt hatten: der Sehnsucht nach einem essenziellen, erfüllenden und zufriedenen Leben, zu dem wir heute ebenso
wie im Rückblick JA sagen können – einem Leben, das unserem ureigensten Wesen entspricht. Wenn es uns gelingt, diese vier Grundfähigkeiten zur Reife zu bringen, wie würde sich das konkret in unserem

Leben auswirken? Was würde es verändern, besonders mit Blick auf unsere großen Sehnsuchtsziele Liebe, Freiheit und Sinnfindung?

Im Anfangskapitel hatte ich skizziert, wo wir damit in unserer heutigen Gesellschaft stehen. Ich war davon ausgegangen, dass der Status quo global und meist auch individuell zu wünschen übrig lässt – wenn nicht geradezu unseren eigentlichen Sehnsuchtszielen zuwider läuft. Hier knüpfe ich noch einmal an: Lassen Sie uns abrundend einen Blick darauf werfen, wie sich unser eigenes Leben (und darüber hinaus ein Stück vom Rest der Welt?) verändern könnte, wenn wir unsere vier Grundfähigkeiten zu Tiefganginstrumenten weiterentwickeln. Lassen wir also unsere Sehnsuchtsziele noch einmal zu Wort kommen und fragen, ob und wie sie von den kultivierten Grundfähigkeiten profitieren.

Sehnsuchtsziel Sinnhaftigkeit

Beginnen wir mit der Sinnfindung. Obwohl diese uns zunächst weniger hautnah erscheint als das Bedürfnis nach Liebe oder Freiheit, hängt von ihr Entscheidendes ab: Die Art, wie wir die Welt sehen und erklären, durchdringt all unser Handeln, vom Umgang mit uns selbst und dem Leben, mit der Natur, mit wirtschaftlichen Ressourcen, mit Leid und Krisen bis hin zur Definition unserer Sehnsuchtsziele selbst. Unsere Weltsicht und der daraus abgeleitete Sinn unseres menschlichen Daseins bestimmen, wie wir das Leben gestalten, und letztlich auch, was wir unter einem erfüllten Leben verstehen. Um also originär und authentisch zu leben, müssen wir die Basis unserer Weltsicht kennen und darin bewusst Stellung beziehen.

Wir sind auf dieser Welt, ohne so recht zu wissen, warum (wenn man mal von der biologischen Zeugung absieht) oder gar wozu (wenn man mal vom Kinderwunsch der Eltern absieht). Zugleich ist in uns das Bedürfnis angelegt, unser Dasein zu verstehen. Wir – zumindest die Meisten von uns – sehnen uns danach, unser Leben in einen Sinn, einen Kontext, in eine größere Geschichte einzubetten. Warum auch immer es so ist, wir wollen wissen, wer wir sind und wozu wir existieren – als ganz individuelles Wesen, wie auch als Mensch und Menschheit generell.

Schon zu entscheiden, ob dieses Thema überhaupt zu verfolgen lohnt oder ob es nachrangiger Luxus ist – quasi ein philosophisches Sahnehäubchen, das unsere alltäglichen Grundbedürfnisse krönt –, verlangt unsere vier Grundfähigkeiten: Folgen wir verbreiteter wissenschaftlicher und psychologischer Sicht, die Sinnfragen als evolutionäres Relikt, quasi einen Notstopfen des Gehirns definiert, das die Angst vor unerklärlichen Naturphänomenen „durch religiöse Phantasien zu beruhigen versucht"? Danach müssten jegliche religiöse Bedürfnisse spätestens dann absolut überflüssig werden (und irgendwann vermutlich entsprechende Zonen im Gehirn degenerieren), je mehr wir wissen, wie die Welt funktioniert.

Schon diese Behauptung bezieht Stellung zum Thema Sinn, nämlich indem sie davon ausgeht, es gäbe ihn nicht. In der rein naturwissenschaftlichen Betrachtung ist das Leben schlichtweg sinnfrei (um nicht zu sagen „sinnlos") – und damit zugleich die Fähigkeit, sich dessen bewusst zu werden... Leben also alle Menschen, die sich Sinnfragen stellen, in einem quasi fossilen Zustand der Evolution? Und sind solche Schlüsse zulässig, nur weil wir etwas über die Funktionen von Neurotransmittern und Bioelektrizität wissen?

Oder könnte es nicht umgekehrt so sein, dass jegliche Art, die Welt zu sehen und in ihr zu handeln, immer schon von einem (vielleicht unbewussten) Sinnverständnis ausgeht, bis hin zum Umgang mit unseren Grundbedürfnissen? Wieso halten sich die Einen an Berthold Brechts „Dreigroschenoper": „Erst kommt das Fressen, dann die Moral", und die Anderen teilen ihr letztes Brot mit einem Verhungernden?

Unsere Sicht auf die Welt und das Menschsein ist, je nachdem, welches Bild Sie bevorzugen, das Fundament aller freien Entscheidungen, oder der Leitstern, an dem wir sie ausrichten. Der Lebenssinn spricht von unseren Wurzeln, aber ebenso von dem Licht, nach dem wir streben: **Was auch immer wir tun, beruht auf dem, wie wir die Welt und das Menschsein verstehen.** Ständig bewegen wir uns wie selbstverständlich in diesem unsichtbaren Fluidum, dessen _Auswirkungen_ wir, wie bei der Atemluft, meist erst dann bemerken, wenn es eng wird. Ansonsten machen wir uns über dessen Herkunft und Qualität selten Gedanken. Deshalb fällt uns kaum auf, dass wir im Verständnis von der Welt und vom Menschsein überwiegend das einatmen, was zuvor Andere ausgeatmet haben – die Weltsichten unserer Vorfahren, unserer gegenwärtigen Gesellschaft, der Medien, des Zeitgeistes und so weiter. Sie sind uns so in Fleisch und Blut übergegangen, dass wir uns selten um diese „Atemluft" kümmern; und solange alles auf der Welt und in unserem Leben in bester Ordnung ist, kann man gut damit klarkommen.

So ist es aber nicht. Unsere Welt ist gewaltig unheil – global ist das nicht zu übersehen, und im Leben des Einzelnen sieht es oft nicht anders aus. Da können wir es uns nicht leisten, unser Leben allein von Reizen, Trieben, Prägungen, Emotionen, Anforderungen, Abhängigkeiten und „den Umständen" bestimmen zu lassen: Schließlich _können_ wir uns nicht nur ein Stück von dieser reaktionären Ebene distanzieren, sondern wir _wollen_ ja auch selbst entscheiden. Also sollten wir rechtzeitig damit beginnen, zu den Wurzeln der Missstände vorzudringen – und die finden wir nicht zuletzt in dem Bild, das wir von der Welt und vom Menschsein haben.

Wann immer wir über ein lebenswertes Leben nachdenken, kommen wir also um eine eigenständige, fundierte Klärung unserer Weltsicht nicht herum. Mal ganz abgesehen davon, dass man den Menschen die Sinnfrage ohnehin nicht ausreden kann: Wo sie wissenschaftlich weg argumentiert oder zumindest übergangen wird, taucht sie in anderer Form wieder auf – in der Sehnsucht nach Mystik und Transzendenz, im Staunen über das Wunder einer genialen Schöpfung, in der Beschäftigung mit philosophischen Fragen.

Letztlich sind wir damit ja in guter Gesellschaft: Zu allen Zeiten der Menschheitsgeschichte fühlten sich nicht nur Philosophen, Religionen, Dichter und Denker, sondern auch Gelehrte und Naturwissenschaftler herausgefordert, das Leben zu untersuchen und verstehen zu wollen („Das Leben, das nicht untersucht wird, ist nicht wert, gelebt zu werden", sagt schon Platon dazu). Dazu gab es damals und gibt es heute zahlreiche Angebote. Doch mehr denn je konkurrieren heute Weltsichten, die sich, wenn man sie bis in letzte Konsequenz durchdenkt, gegenseitig ausschließen und die sehr unterschiedliche Auswirkungen haben. Wie nie zuvor in der Geschichte der Menschheit sind die Einflüsse, die gegenwärtig in der westlichen Welt auf uns einströmen, unüberschaubar vielfältig: Unsere geistigen Wurzeln reichen zurück in die griechischen Philosophien des Altertums, wir leben mit christlichen Grundprägungen, wir sind „aufgeklärt" und wissenschaftsorientiert, wir saugen begierig Gedankengut aus fernen, besonders aus fernöstlichen Kulturen auf – und tief in uns haust der Neandertaler. Die Meisten greifen dann nach Belieben auf das zu, was ihnen entgegenkommt, und belegen ihre Menüauswahl damit, dass doch alles „irgendwie wahr" ist. Dabei nehmen sie nicht wahr, dass sie, halbbewusst im Mainstream schwimmend, keinen tragenden Boden unter den Füßen haben.

Wenn aber die Frage, ob das Leben einen Sinn hat oder als Zufallsprodukt entstanden ist, tatsächlich _Grund legend_ ist, dann dürfen wir uns nicht irgendwie an ihr vorbeimogeln. Denn _ob_ das Leben einen ursprünglichen Sinn hat (und gegebenenfalls welchen), kann man sich nicht ausdenken beziehungsweise selbst konstruieren, sondern nur zu ergründen versuchen: Dass wir leben, haben wir nicht selbst erfunden; wir sind das Ergebnis eines Vorlaufs, egal ob er sinngesteuert oder zufällig war. Wenn Sinn, dann müssen wir nach dem Sinn_geber_ fragen: Den Sinn eines Festes bestimmt der Einladende, nicht der Gast; der Ingenieur, nicht das Auto.

Sofern das Leben, oder konkret mein Leben, einen Sinn hat, dann kann der Sinngeber nur im Transzendenten zu suchen sein, in etwas, das außerhalb, „jenseits" meiner selbst liegt. Doch auch wer sich die Sehnsucht nach Sinn zugesteht und über eine rein materialistische Existenz hinausschaut, ist gefordert, genauer hinzusehen: Auch spirituelle Weltbilder sind nicht durchweg „alle eines Sinnes". Wie wirkt sich zum Beispiel eine Weltsicht stetiger Polarität auf mein Lebensgefühl, meine Haltung und mein Handeln aus, in der mehr Licht zugleich mehr Dunkles beziehungsweise doppelt soviel Gutes zwangsläufig doppelt soviel Böses nach sich zieht? Wie unterscheiden sich die Konsequenzen, wenn ich davon ausgehe und darauf vertraue, dass sich das Gute gegenüber dem Bösen durchzusetzen vermag, dass also das Licht die Dunkelheit durchdringt und Gut über Böse siegen kann?

Auf diese Fragen gibt es keine fertigen Antworten. Niemand kann sie mit Sicherheit wissen – wären sie offensichtlich, würden sich die Fragen erübrigen. Wer sich innerhalb der überlieferten Weltbilder orientieren und einen eigenen Standpunkt finden will, muss sie demnach bis in deren Prinzipien und Auswirkungen hinein ergründen. Und dazu haben wir gute Werkzeuge: unsere vier Tiefganginstrumente, allen voran das bewusste Denken.

Nur mit der Fähigkeit des Geist-Denkens sind wir in der Lage, einen Sinn zu ergründen. Hier müssen wir „alle Gedanken beisammen" haben, denn gerade in dieser Frage geraten wir in mancherlei Fallen: Oft lassen wir uns von einer attraktiven „Verpackung" anziehen oder verwerfen von vornherein eine andere, die äußerlich abgegriffen scheint, ohne überhaupt bis zu den Inhalten vorgedrungen zu sein. Wir geben uns zu schnell mit oberflächlichen Vorstellungen, Allgemeinplätzen und Sprechblasen zufrieden, durchleuchten nur selten deren wirklichen Gehalt. Wir haben manches angedacht, selten aber zu Ende durchdacht. Dank einer entwickelten Denk-Kultur werden wir jedoch nicht mehr bei einer vorgefassten Meinung stehen bleiben, sondern tiefer schürfen und eigenständig den relevanten Fragen auf den Grund gehen wollen. Denk-Kultur zeigt uns dabei, wie wir übernommene Überzeugungen erkennen, ihre Aussagen hinterfragen und uns für neue Sichtweisen öffnen. Denken – konkreter: _Nach_denken – ist in der Ergründung von Lebenssinn unsere leitende Grundfähigkeit, denn ohne sie ließe sich über Sinn gar nichts aussagen.

So logisch das ist, wird uns auch in der Sinnfrage das Denken allein nicht glücklich machen. Um uns in einer Weltsicht zu verankern, müssen wir uns ebenso am richtigen Platz _fühlen_. Dieses Fühlen beginnt schon bei der Prüfung angebotener Weltbilder: Ob sie für uns stimmig sind, können wir nur in der Vereinigung von Nach_denken_ und Nach_spüren_ erkennen. Uns wird so manche Welterklärung angeboten, zu der wir in der Tiefe unserer Seele keine Resonanz spüren; trotz schlagkräftiger Argumente und rhetorischer Brillanz erreicht sie uns nicht oder etwas in uns wehrt sich dagegen. Dieses Empfinden sollten wir ernst nehmen und dem so lange nachgehen, bis es mit dem Denken einig wird. Das geschieht meist an einem Punkt, an dem nicht nur der Intellekt des Geistes zustimmt, sondern sich ebenso die Seele berührt fühlt, oft in dem Empfinden, „angekommen" zu sein, nachhause gefunden zu haben. Gerade in den existenziellen Fragen unseres Daseins müssen wir uns einerseits _richtig_ fühlen, das heißt, mit der Weltsicht zutiefst einverstanden sein, und uns zugleich darin gut aufgehoben _fühlen_. Ob dann eine Weltsicht hält, was sie bei Schönwetter verspricht, wird sich nämlich erst in Bewährungsproben zeigen:

Solange ich „gut drauf" bin, kann ich in so ziemlich jedem Welt- und Menschenbild zuhause sein. Wenn ich schön, gesund und reich bin, dann gehöre ich im evolutionären Verständnis halt zu denen, die mit den besseren Genen ausgestattet sind und diese weiter durchsetzen sollten; wenn ich an Karma und Reinkarnation glaube, dann habe ich wohl aus früheren Leben schon so einige Treuepunkte angesammelt – ich kann in sehr unterschiedlichen Weltbildern Erklärungen dafür finden, dass es mir gut geht. Doch wie ist es, wenn es mir zeitweise oder generell _nicht_ gut geht? Wie bewährt sich mein Verständnis der Welt in schweren Zeiten? Ein Zuhause sollte uns doch gerade in den Stürmen des Lebens schützen und Geborgenheit geben. Finde ich dies in meiner Weltsicht? Trägt sie durch Krisen oder gar Katastrophen, gibt sie Trost, Hoffnung und aufbauende Kraft? Oder fühle ich mich mit dem, was mir in guten Tagen so attraktiv erscheint, in der Not am Ende alleingelassen?

Unsere Weltsicht als unser geistiges und seelisches Zuhause können wir gar nicht ernst genug nehmen. So können und sollten Sie darüber nach_denken_, aber ebenso dem nach_spüren_, was die eine oder andere Weltsicht in Ihnen auslöst: Was macht die rein materialistische Weltanschauung mit Ihrem Denken und Empfinden, in der sich jeder selbst der Nächste ist? Was macht es, wenn alles Geist _ist_ (und nicht durch Geist geschaffen), also die Materie Illusion ist? Was macht es, wenn es einen Schöpfergott gibt, der sich bei der Erschaffung der Welt etwas gedacht hat? Denkend und fühlend werden wir dann unsere Wurzeln an dem Ort schlagen, an dem wir wachsen und gedeihen können. Beides wiederum steht nicht im luftleeren Raum, immer ist sowohl unser Denken wie auch unser Empfinden an den Austausch mit Anderen gebunden. Ohne Kommunikation ist eine Ergründung von Lebenssinn gar nicht vorstellbar: Schon primär ist uns in der Kultur, in der wir aufgewachsen sind, ein Weltbild, Menschenbild und Gottesbild _überliefert_ worden; selbst wenn in uns ein diffuses Ahnen angelegt sein mag, die konkreten Vorstellungen von Gott und der Welt lagen nicht in unserer Wiege oder unseren Genen. Ebenso hängt ein Umdenken davon ab, welche neuen Impulse wir bekommen.

Zwar ist schon unser Geist-Denken für sich allein in gewissem Umfang in der Lage, sich von Tradiertem zu distanzieren und alternative Möglichkeiten zu erwägen. Doch es ist überwiegend ein Kontakt mit Andersdenkenden, der uns anregt, das primäre Selbstverständnis in Frage zu stellen. Wir merken selten aus uns heraus, wie oben schon gesagt, welche Luft wir atmen. Erst wenn uns fremde Düfte um die Nase wehen, sei es durch Gespräche, Bücher oder Reisen in andere Kulturräume, öffnet sich unser Horizont über das Vertraute hinaus. Und erst indem wir eine Sicht, von der wir uns angezogen fühlen, näher kennenlernen, können wir bewusst darin Position beziehen. Sie zu _be_kennen, setzt das _Kennen_ voraus.

Wie in den einzelnen Betrachtungen der Grundfähigkeiten angesprochen, werden wir auf dem Weg der Sinnfindung wiederum all die Anregungen aus der Kommunikation nachdenkend und nachspürend prüfen. Das, was Freunde oder Lehrer sagen, was uns die Medien vorsetzen und was wir von Experten hören oder lesen, muss in uns „anklingen", bevor wir es uns zu eigen machen können. Wenn wir bedenken, wie oft selbst anerkannte Lehrmeinungen geirrt haben und wie wenig statistische Daten über die individuelle Wirklichkeit sagen können, müssen wir uns schon für die wesentlichen Fragen unseres Lebens so manche unterschiedliche Meinung anhören, um am Ende wachen Geistes zu entscheiden, welcher Instanz wir folgen. Erst wo mir klar ist, welchen Sinn ich im Leben sehe, kann ich bewusst wählen, in welche Richtung ich weitergehen oder gegebenenfalls umkehren will.

So geht auch Sinnfindung nicht ohne die Bereitschaft zu praktischer, alltagsnaher Selbstveränderung. Lebe ich das, was ich glaube? Wenn ich meine Sicht der Welt bis in die letzte Konsequenz meines eigenen Handelns ernst nehme, wie wirkt sie sich dann auf mein eigenes Leben, auf meine Mitmenschen, auf meine Umwelt aus?

Nicht aus theoretischen Erwägungen, sondern nur indem wir uns auf Erfahrungen einlassen und Wege *gehen*, können wir abschätzen, wo sie am Ende wohl herauskommen. Der Sinn, den wir im Leben sehen, bestimmt, wohin wir unsere Energie ausrichten und worauf wir unsere Hoffnung setzen! Welche Schritte in welcher Zeit und in welchem Ausmaß wir dann konkret in eine neue Richtung tun wollen, werden wir wieder prüfen – durch aufmerksame Beobachtung, durch Nachdenken und Nachspüren, im Austausch mit unseren Wegbegleitern.

Wenn wir davon ausgehen, dass es zwar in letzter Instanz eine *ein*-deutige, eine einzige gültige Erklärung der Welt geben muss, sie aber niemand bislang in Gänze kennt, dann darf jede und jeder ihr selbst auf die Spur kommen (vielleicht gehört das ja sogar zum Lebenssinn?). Da die letztendliche Antwort nicht verfügbar ist, müssen wir allerdings jedem zugestehen, eigene Schlüsse zu ziehen und eine eigene Antwort, eine persönliche Sichtweise zu vertreten. Jedem steht das Recht auf Meinungsfreiheit zu, auch in Sachen Lebenssinn, und jedem steht die Freiheit zu, danach zu leben.

Sehnsuchtsziel Freiheit

Während der erste Teil der Aussage (die eigene Meinung über den Sinn unseres Daseins) harmlos bleibt, weil sie sich im Kopf des Einzelnen und höchstens in theoretischen Diskussionen abspielt, birgt der zweite Teil (die daraus folgende praktische Umsetzung) einiges an Konfliktpotenzial: Die Realisierung dessen, was ich mir unter Freiheit vorstelle, kann de facto unmöglich sein, und das Ausleben einer Freiheit, wie ich sie verstehe, kann heftig mit der Freiheit – der Selbstbestimmung – eines Anderen kollidieren.

Ich werde also immer wieder austarieren müssen, wie sich Freiheit gestalten lässt, wo mich Umstände begrenzen, und wie sich meine Freiheit zur Freiheit anderer Menschen verhält. Dass es mit der Selbstbestimmung nicht immer so einfach und eindeutig ist und dass ihr mancherlei Grenzen gesetzt sind, hatten wir schon in früheren Kapiteln bedacht: Wir haben es nicht immer in der Hand, ob wir unseren Traumberuf ergreifen können, den richtigen Partner finden oder gesund und leistungsfähig bleiben. Mein Verständnis, wie wir dennoch unser Leben frei gestalten können, habe ich im Kapitel „Das Ich wird am Du" in Bilder fließen lassen: Das ererbte Grundstück, das wir je nach seiner Beschaffenheit individuell kultivieren können, das Lebensschiff, das wir in Strömung und Wind selbst steuern. Darin habe ich innerhalb vielerlei Umstände die Wahl: Eine reiche Erbschaft kann ich verprassen, ich kann sie aber auch in ein Waisenhaus investieren. Wo mich das Leben durch Krankheit einengt, kann ich klagend darum kreisen, ich kann aber ebenso aus meiner Erfahrungen heraus anderen Betroffenen helfen. Verspricht meine Stimme keine Karriere als Operndiva, singe ich im Chor mit. Ist das Wetter zu schlecht für einen Ausflug – dann gehen wir halt ins Kino...

Solche Alternativen eröffnen sich allerdings erst, wenn ich mich nicht an Vorstellungen und Befindlichkeiten klammere, sondern „loslasse". Loslassen ist ein Akt des bewussten Geistes: Er nimmt eine Haltung ein, die ein Stück vom fixierten Wunschziel zurücktritt. Damit gewinne ich zwar nicht die Freiheit, alles zu tun, wonach mir gerade der Sinn steht, aber ich habe die Freiheit, das Beste daraus zu machen. Ja selbst in absoluter Ausweglosigkeit könnte diese Haltung noch frei machen:

Eine Horde blutrünstiger Barbaren verwüstet das Land, metzelt alles nieder, was ihr in den Weg kommt. Sie überfallen auch ein Kloster in der Einöde der Steppe. Wild das Schwert schwingend, dringt der Bandenführer in die Kapelle ein, in der die Mönche meditieren. Er packt den Abt, setzt ihm das Schwert an die Kehle und brüllt: „Weißt du eigentlich, wie viel mächtiger ich bin als dein Gott, zu dem du betest? Ich habe das Schwert, und ich bestimme, wann ich dir damit den Kopf abschlage!" Schaut ihm der Abt in die Augen und spricht: „Und weißt du nicht, dass Gott und ich gerade beschlossen haben, dir das hiermit zu erlauben?"

Zugegeben, eine makabre Geschichte... Doch sie bringt auf den Punkt, was wahrhaftige Freiheit bedeutet: Selbst wo mir keine äußere Alternative bleibt, behalte ich die innere Freiheit, mich Unabänderlichem zu fügen. Während mir die äußere Freiheit durch vieles genommen werden kann, kann mir die innere Freiheit niemand streitig machen. Zwischen beidem – äußerer und innerer Freiheit – bewegen wir uns ständig, und immer wieder müssen wir zwischen beidem abwägen. Man kann es nicht treffender ausdrücken als folgendes Gebet (das unterschiedlichen Quellen zugeschrieben wird, sich aber besonders in der Arbeit der Anonymen Alkoholiker weltweit verbreitet hat):

Gott, gib mit den Mut und die Kraft, zu ändern, was geändert werden muss; gib mir die Gelassenheit, anzunehmen, was sich nicht ändern lässt, und gib mir die Weisheit, das Eine vom Anderen zu unterscheiden!

Erst wo wir dieser Weisung folgen – also notfalls so frei sind, die äußeren Freiheiten herzugeben –, werden wir einen neuen Freiraum und Frieden finden. Könnte ich zum Beispiel so frei sein wie Samuel Koch (an den ich im Zusammenhang mit der Dankbarkeit erinnert hatte), der sich selbst von seiner Querschnittslähmung nicht die Freiheit nehmen ließ, weiter aktiv am Leben teilzuhaben und darin neue Chancen für sich entdeckt hat? Oder wie Felix Klieser, der ohne Arme geboren wurde und so frei war, dennoch – mit Hilfe seiner Füße – als Hornist Weltkarriere zu machen?

Die wenigsten von uns müssen in ihrem Leben derart einschneidende Freiheitsberaubung bewältigen. Doch sicherlich wird jede und jeder von uns vor die Frage gestellt, wie frei wir sind, auch Schweres im Leben anzunehmen und uns von Vorwurf, Nachtragen, Unversöhnlichkeit oder ständig getriebener Kampfhaltung loszusagen. Es beginnt doch schon in kleinen Alltäglichkeiten, dass wir die Wahl zwischen äußerer und innerer Freiheit treffen könnten: Muss ich mir, zum Beispiel in meinen Beziehungen, jede Art von Freiheit erkämpfen, oder bin ich so frei, auch mal einzulenken? Oder, noch weniger spektakulär, ein Tipp vom Schauspieler und Komiker Karl Valentin: „Ich freue mich, wenn es regnet – denn wenn ich mich nicht freue, regnet es auch!"

Zweifellos sollten wir uns für äußere Freiheit engagieren; das hat unsere Welt bitter nötig, sie hungert nach Befreiung von Unterdrückung, Ausbeutung, Gewalt, Armut, Ungerechtigkeit. Das hat sogar unser eigenes wohlhabendes Land bitter nötig, in dem die Freiheit sozialer Aufgaben wie im Gesundheits- und Bildungswesen immer mehr aus Geldmangel zu verdorren und unter Bürokratismus zu ersticken droht. Vermutlich hat auch unser eigenes Leben sehr konkrete Änderungen nötig, damit sich unser innerstes Wesen befreit entfalten kann... Wir sind also allemal aufgefordert, global, lokal und im ganz persönlichen Leben anzupacken und Dinge zum Besseren zu wenden.

Aber ich bin nicht die Erste, die davon ausgeht: Letztendlich wird uns keine äußere Freiheit der Welt das Gefühl geben können, wirklich frei zu sein, solange wir nicht innerlich frei werden. Keine äußere Freiheit kann bis in unser Innerstes durchdringen, solange es in uns selbst dunkel und eng ist. Wohl aber kann die Weite der inneren Freiheit in unser Handeln hineinwirken und von dort aus im Außen Freiheit schaffen.

Auf diese Weise führt uns Freiheit in ein erfülltes Leben, ohne dass sich unsere diversen Einzelwünsche und Vorstellungen erfüllen müssen. Das _Ent_scheidende liegt dabei in der „Weisheit, das Eine vom Anderen zu _unter_scheiden". Was das für die eine oder andere Situation bedeutet, dem werde ich jeweils auf den Grund gehen müssen – denn vor jeder wirklichen Selbst_bestimmung_ kommt die Selbst_besinnung_: Muss und will ich im Außen handeln, etwas verändern, in Angriff nehmen? Oder sollte und will ich mich einer Situation fügen und dementsprechend meine innere Haltung überdenken? Geht es also um den Einsatz für äußere Freiheit, oder um die Einsicht in innerer Freiheit? Und welches sind meine Motive für die eine oder andere Option?

Erinnern wir uns im Sinne unseres Prüfdurchgangs, wie wir dorthin kommen: Auch die innere Freiheit können wir nur entwickeln, indem

wir zunächst erkennen, was uns bislang bindet. Wir kommen nicht umhin, eingefahrene Verhaltensmuster, starre Überzeugungen und festge-
legte Vorstellungen aufzudecken, unsere Abhängigkeit von Stimmungen und Emotionen zu durchschauen und unsere Schwachpunkte kennenzulernen, an denen uns Menschen oder Dinge (wie Konto und Karriere) am Gängelband haben. Wir müssen erkunden, wessen Geistes Kind
wir sind – und wessen Geistes Kind wir stattdessen sein wollen. Das
ist wieder mal eine Paraderolle für unseren denkenden Geist und eine
gepflegte Denk-Kultur!

Denk-Kultur ist die _entscheidende_ Voraussetzung für Urteilsfähigkeit
und damit für selbstbestimmte Freiheit: Erst indem wir uns unsere
Denkstrukturen bewusst machen, können wir neu überdenken, nachdenken, umdenken. So befreit Geist-Denken von Mainstream und Manipulation, löst von Automatismen, lässt in allen relevanten Fragen eine
eigene _durchdachte_ Position finden. Zudem wird es eher unwichtige
Aspekte ausfiltern, um sich freier auf das Wesentliche zu konzentrieren. Geist-Denken erkennt die Entscheidungsfreiheiten innerhalb von
Umständen und schicksalhaften Einflüssen, es erlaubt uns die Freiheit,
neue Sichtweisen bewusst zu entwerfen und weiterzuentwickeln. Geist-
Denken befreit uns von fixierten Dogmen ebenso wie von unseren unbewusst leitenden Vorstellungen und Gedankenkreisen – einschließlich
solchen, die uns in Gedanken-Gefühls-Spiralen hineinziehen und unsere
Stimmungen verdunkeln.

So wirkt unser bewusster Geist zugleich in unser Gefühlsleben hinein:
Er erkennt bindende Prägungen und emotionale Reaktionsmuster und
eröffnet die Freiheit zu neuen Erfahrungen. Er nutzt die Freiheit der
Wahl, wie wir mit den diversen Ebenen unserer Gefühlswelt umgehen
wollen, und befreit uns so vom Diktat der Launen und Gefühlswetter-
lagen, ohne diese zu unterdrücken. Durch sein Unterscheidungsvermögen schärft sich das Gehör für unsere inneren Leitstimmen; wir haben
dann die Freiheit und Aufgabe, selbst und bewusst zu entscheiden, welcher unserer Gefühlsinstanzen wir folgen.

Doch nicht einmal mein Weg zu Freiheit und Selbstbestimmung liegt
ausschließlich und unabhängig allein in mir! Oft werde ich erst im

Kontakt mit Anderen beziehungsweise Andersdenkenden auf Unfreiheiten aufmerksam gemacht, die ich bis dahin kaum wahrgenommen hatte. Dann befreit förderliche Kommunikation von den Scheuklappen meiner einseitig geprägten Erfahrungen, ermutigt mich zu neuen Schritten (wie ich es mit meiner etwas unfreiwilligen Frankreichreise erlebt habe), gibt korrigierende Anstöße. Gute Weggefährten – Freunde, Mentoren und andere – bringen uns zu Ohren, was wir selbst überhören könnten, auch zum Thema Freiheit.

Unsere Erkenntnisse, sei es aus Selbstreflexion oder durch Anregung von außen, fordern uns auf zu Selbstveränderung. Die Bereitschaft hierzu macht uns frei zu neuen Handlungen (ich sage nur: Frankreich!). Sie erkennt Wahlmöglichkeiten und ergreift Gelegenheiten, Dinge anders als bisher anzugehen; daraus erwachsen neue Erfahrungen, die wiederum neue, frei-willig eingeschlagene Wege bestärken. In der Bereitschaft zu neuen Erfahrungen lerne ich mich selbst immer besser in meinem eigentlichen Wesen, in meinen Begabungen und Möglichkeiten kennen. So erlebe ich zunehmende Selbstwirksamkeit, die mich nach und nach freier macht _von_ Fremdbestimmung, frei _zu_ Selbstbestimmung, Souveränität, Mündigkeit. Mündigkeit schließt – in aller Freiheit – zugleich die bereitwillige Übernahme von Verantwortung mit ein: Verantwortung für mein eigenes Tun, mir selbst und Anderen gegenüber.

Diese Verantwortlichkeit wird auch bedenken müssen, wie wir zu der Freiheit und Selbstbestimmung unserer Mitmenschen stehen. Das wiederum orientiert sich ganz wesentlich an unserer Weltsicht. Folgen wir zum Beispiel einem rein evolutionär-materialistischen Weltbild, dann wäre es absolut legitim, meine Freiheit auf Kosten Anderer auszuleben: Das Recht des Stärkeren „sichert das Überleben der Population" – so werden diejenigen argumentieren, die körperlich, intellektuell, militärisch oder wirtschaftlich überlegen sind. Und dieses „Gesetz" durchzieht die Weltgeschichte, damals wie heute finden wir es wieder in grober Gewalt, Terrorismus, wirtschaftlicher Ausbeutung bis hin zu subtilen Mächten des Marktes, um nur einige zu nennen. Dann „sind wir so frei", es uns auf Kosten Anderer gut gehen zu lassen, egal ob es sich um Mitmenschen und Mitgeschöpfe oder die Zukunft unseres gesamten

Planeten handelt. Meine Freiheit um jeden Preis, selbst wenn ihn ein Anderer zahlen muss...

Doch was ist, wenn wir, aus welchem Grund auch immer, ausgerechnet auf der anderen Seite gestrandet sind, also nicht bei den Starken und Begünstigten? Was ist, wenn gerade wir zu denjenigen gehören, die den Preis zahlen für den Luxus der Privilegierten? Versetzen wir uns doch einfach mal in die Vorstellung, an einem der vielen Orte dieser Welt zu leben, wo Menschenhandel, Folter und Ausbeutung an der Tagesordnung sind, wo Kinder zu Arbeitssklaven degradiert, zu Prostitution gezwungen oder zum Betteln verstümmelt werden, oder wo vielleicht „nur" eine politische, wirtschaftliche oder religiöse Bedingung mit Gewalt durchgesetzt wird... Wenn wir dort dann auch für uns ein Recht auf Freiheit geltend machen und von den Überlegenen Rücksicht oder gar Unterstützung fordern, aus welcher Weltsicht wollen wir da argumentieren? Wovon reden wir, wenn wir uns auf Menschenrechte, Gerechtigkeit, Würde, Ethik und Moral berufen?

Wieder einmal holt uns die Frage nach dem Fundament ein, auf dem wir stehen. Denn unser Gefühl für unsere menschliche Würde wird – zumindest wenn wir nicht zu den Gewinnern gehören – von einer Weltsicht ausgehen, die „gleiches Recht für alle" (und nicht das „Recht des Stärkeren") zugrunde legt. Wir werden, wo immer wir selbst nicht auf der Sonnenseite des Lebens zuhause sind, eine Weltsicht und ein Menschenbild bevorzugen, das nicht trieb- macht- und geldgesteuert ist, sondern lebensfreundlich auch zu den Schwächeren steht. Ein Weltbild, in dem das größte unserer Sehnsuchtsziele in den Mittelpunkt rückt: die Liebe.

Sehnsuchtsziel Liebe

Wo sonst als in der Liebe könnten Rücksicht, Wertschätzung, Güte oder gar Barmherzigkeit einen Platz bekommen? Welche Kraft außer der Liebe könnte ebenso den Schwachen gelten lassen und jedem Mitgeschöpf Würde zusprechen? Nur im Namen der Liebe lässt sich die Bereitschaft erklären, freiwillig auf eigene Vorteile zu verzichten und Verantwortung für einen Anderen zu übernehmen – für einen Partner, für ein Kind, für eine Gemeinschaft. Nur Liebe kann Gerechtigkeit für Benachteiligte fordern oder lässt mich etwas für die opfern, denen es schlechter geht als mir: Zeit, Geld, Kraft, vielleicht sogar meine (äußere) Freiheit. Und zwar nicht nur denen, die ich sowieso zu meinen Liebsten rechne oder von denen ich mir einen Vorteil verspreche; sondern die Kraft der Liebe lässt mich ebenso ins Wasser springen, um einen Fremden vor dem Ertrinken zu retten – vermutlich sogar jemanden, den ich eigentlich gar nicht leiden kann.

Damit schlägt sich der Bogen vom Sehnsuchtsziel Freiheit zu unserem dritten, unserem wohl am tiefsten erfüllenden Sehnsuchtsziel, der Sehnsucht nach liebender Gemeinschaft. Wenn wir bis zur Essenz unseres Lebens hindurchtauchen, spricht vieles dafür, dass am Ende vor allem die Liebe zählt.

Das schreibt schon der Apostel Paulus an die christliche Gemeinde in Korinth: Ohne Liebe ist alles null und nichtig, sind selbst die großartigsten Gaben nichts wert („Und wenn ich mit Menschen- und mit Engelszungen redete, und hätte der Liebe nicht, so wäre ich ein tönend Erz oder eine klingende Schelle…"). Übertragen auf unsere Sehnsuchtsziele, könnten wir vielleicht sagen: Was nützt mir alle Freiheit der Welt, wenn ich sie ohne Liebe leben muss? Was nützt mir ein philosophisch fundiertes Verständnis des Menschseins, wenn die Liebe darin nicht vorkommt?

Was uns im Leben auch bewegen mag, auf die Liebe kommt es immer wieder zurück, nicht nur in den großen Dramen der Literatur, in so ziemlich jedem Fernsehfilm und Roman, sondern sehr konkret ist sie (fast?) immer der tiefste Ankerpunkt in unserem Leben. Gerade wo „alle Stricke reißen", erhoffen wir uns nichts sehnlicher, als vom Band der Liebe aufgefangen zu werden. Wer von uns kennt nicht Beispiele von Menschen, die Schlimmstes überstanden haben, allein durch die Begleitung liebender Mitmenschen? Was uns berührt, trägt, hält, tröstet, wärmt, verzeiht, ermutigt, gedeihen und leben lässt, ist die Kraft der Liebe. Selbst Unfreiheit, Not, Gefahr, Krankheit und sogar ein Zweifel am Lebenssinn tritt in den Hintergrund, wo uns echte Liebe begegnet.

Selbst wo Gesundheit fehlt, heilt Liebe.
Selbst wo Freiheit fehlt, erlöst die Liebe.
Selbst den Tod vor Augen, tröstet Liebe.
Selbst wenn die Frage nach Sinn sinnlos scheint, gibt die Liebe Halt.

Ganz klar: Der Mensch sehnt sich nach Liebe. Doch was meinen wir damit überhaupt?
Irgendwie ist der Liebes-Eintopf ziemlich undurchsichtig: Menschen und Tiere, Gedichte von Rilke, Gartenarbeit und Himbeereis können wir lieben. Und was sonst alles so kursiert, von „Kann denn Liebe Sünde sein?" bis „Liebe macht blind", von liebeskrank über Liebeswahn bis hin zu Mord „aus Liebe", klingt ebenfalls nicht gerade erhellend. Wenn wir uns also bewusst unserem Sehnsuchtsziel Liebe nähern wollen, gibt es einiges zu bedenken, offenbar noch mehr als bei unseren anderen Sehnsuchtszielen.

Doch genau das ist die Frage: _Können_ wir überhaupt etwas tun, um unser Sehnsuchtsziel Liebe zu erreichen? Ist es nicht eher so, dass sie uns „erwischt", ein Geschenk, das wir bekommen – oder eben leider nicht? Anders gesagt: Müssen wir leer ausgehen, wenn dieses sagenhafte Gefühl ständig einen Bogen um uns zu machen scheint? Und vor allem: Zerstören wir nicht, wie ich es so oft höre, den Zauber der Liebe, sobald wir versuchen, sie durch Denken in die Enge von Worten zu pressen?

Dem stimme ich zu – zumindest was den _Zauber_ angeht: Die Gefühle, die mit diesem Zauber einhergehen, lassen sich nicht fixieren, analysieren, kontrollieren. Und natürlich wird niemand in der Liebe auf das Fühlen verzichten wollen – Liebe ohne Fühlen geht irgendwie nicht, zumindest nicht auf Dauer. Eine Liebe ohne jegliches Gefühl, also eine gefühllose Liebe, erscheint ziemlich widersinnig, und selbst jedes tiefere Nachdenken über Liebe möchte am Ende immer wieder bei guten Gefühlen ankommen.

Doch auch ohne das Geheimnis der Liebe „in den Griff zu bekommen", können wir ihr eine Spur legen, der das ersehnte Gefühl folgen kann. Damit haben wir so manchen Einfluss darauf, ob wir Liebe (er)leben oder nicht – und das beginnt _gerade_ damit, _dass_ wir uns darüber ein paar mehr Gedanken machen!

Das werden besonders diejenigen bestätigen, denen eine Beziehung zusammenbricht, die einmal mit starken Liebesgefühlen begonnen hatte. Sie stellen fest, dass die Liebe klammheimlich aus der Partnerschaft entschwunden ist, und wenn sie klug sind, werden sie sehr wohl darüber _nachdenken_, was sie hätten beitragen können, um sie zu erhalten. Und dieses Nachdenken entdeckt vielleicht, dass sich weitgehend die Überzeugung eingenistet hat wie Kopfläuse, Liebe sei in erster Linie oder gar ausschließlich ein Gefühl, dem wir passiv ausgesetzt sind. Sprüche wie „Liebe macht blind" schlagen die Kerbe nur noch tiefer, sie degradieren uns zum Spielball unserer Gefühle, bis zur Orientierungslosigkeit.

Unsere Aufgabe und Chance ist es, kraft unserer vier Tiefganginstrumente zu prüfen, wo wir uns da einordnen wollen: Folgen wir der Blindheit, sei es in „blind dates" oder in der Überzeugung, dass Liebe blind macht? Oder finden wir den Schlüssel zur Liebe vielleicht genau im Gegenteil, nämlich im _Sehen und Erkennen_ eines von uns geliebten Menschen? Nehmen wir doch einfach mal wieder unsere eigenen Wünsche, die wir an liebende Mitmenschen haben – seien es Eltern, Partner, Freunde: Ist es da nicht unser tiefes Bedürfnis, von ihnen gerade so _gesehen_, angenommen und geliebt zu werden, wie wir wirklich sind?

Also nur Mut, der Liebe mit offenen Augen zu begegnen! Nicht nur in unseren einzelnen Beziehungen, sondern auch bei der Frage, wie wir in dem Liebes-Eintopf eine allgemeine Essenz ausmachen, aus der wir unseren aktiven Beitrag zu unserem Sehnsuchtsziel Liebe schöpfen können. Wie können wir in alledem Orientierung finden?

Bedingungslose Liebe?

Vielleicht hilft uns hier die griechische Sprache weiter, die die Verwirrungen zum Thema Liebe ein wenig aufdröselt, indem sie verschiedene Facetten der Liebe unterschiedlich benennt: Eros (die sinnliche Liebe), Philia (die freundschaftliche Liebe) und Agape – was wir üblicherweise als „bedingungslose" Liebe übersetzen. Und diese Agape-Liebe ist es, die uns den Schlüssel in die Hand gibt, aktiv – sehend – zu lieben.

Doch was wiederum ist mit „Bedingungslosigkeit" gemeint, und wie ließe sie sich im Sinne eines authentischen Lebens praktizieren?

Erstaunlich viele Menschen meinen, „bedingungslose Liebe" fordere von ihnen, sich unkritisch und ohne Eigeninteresse allem zu unterwerfen, was der oder die Geliebte erwartet. Aber will Agape mich wirklich unterjochen, von sexueller Verfügbarkeit über Bankraub bis Drogenbeschaffung? Soll ich mich „unbedingt" vom Partner, Elternteil oder Kind herumkommandieren oder ausnutzen lassen, ohne dem etwas entgegenzusetzen?

Vielleicht könnten wir aus dem Unterschied der griechischen Liebesbegriffe folgende Antwort heraushören: Der Eros spricht mit seiner Sinnlichkeit ganz das Fühlen an, das ist seine „Bedingung". Ebenso lebt Philia, die Freundschaft, unter gewissen Bedingungen: gemeinsame Interessen oder eine spontane Zuneigung – ebenfalls ein Gefühl. Agape dagegen setzt Gefühle nicht voraus, sondern handelt auch unabhängig davon – das ist ihre „Bedingungslosigkeit". Was gerade in nahen Beziehungen oft schwierig ist, denn eben dort regieren vor allem die Gefühle und Emotionen. Sobald ich mich aber von genau diesen *Gefühls-Bedingungen* – zumindest ein Stück – frei mache, sobald ich mich von momentanen Stimmungen und Emotionen oder auch Vorstellungen löse (wie zum Beispiel, dass Liebe jederzeit die Schmetterlinge in meinem Bauch flattern lässt), beginne ich in der Liebe mehr zu sehen als das alleinige Gefühl. Damit erweitert sich mein Verständnis von Liebe um die Option „Liebe als Haltung".
Und eine Haltung können wir, wie wir es schon vom Interesse, von der Dankbarkeit, von der Entscheidung zu innerer Freiheit gesagt haben, bewusst kraft unseres Geistes einnehmen. Diese Haltung ist nicht mehr absolut gebunden an die augenblickliche Stimmung; bezogen auf das Kapitel „Sich aufmachen", ist sie der Schritt der Bereitschaft, der dem Einverständnis der Gefühle vorausgeht. Dann nimmt der Vater seinen Sohn in den Arm, obwohl er sich gerade ärgert, weil sein Kind Bockmist

gebaut hat. Die Ehefrau bleibt ihrem Mann treu, trotz des äußerst attraktiven Kollegen.

Wenn nicht mehr angstgesteuertes Taktieren, gekränkte Eitelkeit oder eine vorübergehende Laune unser Handeln bestimmt, öffnet sich die Liebe in eine weitherzige Dimension: Sie will „bedingungslos", dass alles, egal in welcher äußeren Situation oder inneren Gefühlslage, zum Besten aller Beteiligten aufgeht. Das schließt das Wohl des Anderen ebenso ein wie mein eigenes.

Was wir zu einer solchen lebens- und beziehungsfreundlichen Haltung beitragen können, dem kommen wir wieder leicht auf die Spur, indem wir nach unseren eigenen Bedürfnissen fragen. Was wünschen wir uns von unseren Mitmenschen, damit wir „aufgehen", gedeihen können? Und wieder einmal kann ich, da ich Ihre Wünsche nicht kenne, hier nur von mir selbst sprechen: Ich wünsche mir Wertschätzung, aufrichtiges Interesse und Verlässlichkeit. Dabei weiß ich auch konkret recht gut, wie das im Großen und im Kleinen aussehen könnte:

Wertschätzung erfahre ich, wo ich willkommen bin und „gesehen" werde. Das beginnt schon in der Boutique: Ich möchte als Kundin wahrgenommen werden und fühle mich missachtet, wenn niemand auf meine Wünsche eingeht. Wie viel mehr wird das für meine Familie, meine Lebenspartner, meine Freunde gelten!

Interesse an meiner Person drückt sich aus, indem jemand mich so kennenlernen will, wie ich bin. Es bedeutet, diejenige oder derjenige drückt mir keinen Stempel auf, sondern lässt sich auf mich ein, ist neugierig auf mich. Im besten Falle ist sie oder er bereit, mich in meinen Potenzialen zu entdecken und zu fördern. Auch das beginnt schon in der Boutique: Wenn die Verkäuferin meinen Typ und Stil erfasst, wenn sie versucht, mit mir das Kleid zu finden, das mir gut steht und zugleich ein Glanzlicht für die Hochzeit meiner Tochter ist. Wie viel mehr wird das für meine Familie, meine Lebenspartner, meine Freunde gelten!

Verlässlichkeit schafft dann das Vertrauen, mich zu öffnen, einzulassen und neue Schritte zu wagen. Selbst da kann die Boutique noch mithalten: Wo ich mich gut beraten fühle, gehe ich gern wieder hin, probiere vielleicht sogar unerwartete Anregungen aus und entdecke so ganz neue Seiten an mir. Wie viel mehr wird das für meine Familie, meine Lebenspartner, meine Freunde gelten, die mich verbindlich begleiten! In ihrer Gegenwart, mit ihrer sehenden Unterstützung, fühle ich mich angenommen, geliebt; ich blühe auf und mir wachsen ganz neue Kräfte zu.

Nun denn: Whatever you want, give it!

Und damit können wir umgehend anfangen, indem wir uns in unseren unterschiedlichsten Beziehungen immer mal wieder an den Modus „Liebe als Haltung" erinnern. Allein das wird so manche Türen öffnen und manche Krise zu guten Lösungen führen: In dem harten Konkurrenzkampf zwischen Psyche und Seele, der besonders in nahen Beziehungen an uns zerrt, wirft uns erst die *Haltung* der Liebe das Rettungsseil zu. Aus einer solchen Haltung, die sich von Emotionen unabhängig macht, erwächst dann Konstanz und Verlässlichkeit in „guten und schlechten Tagen".

Dies für unseren eigenen Lebensweg und für konkrete Situationen zu ergründen, ist – wie zu erwarten – Aufgabe unseres Geistes im Zusammenspiel der vier Grundfähigkeiten. Er entscheidet, wie wir mit den Agape-Aspekten Wertschätzung, Interesse und Verlässlichkeit umgehen:

Wertschätzung – will ich dem Anderen wohlwollend, voreingenommen, einladend, aggressiv, freundlich – oder lieber gar nicht gegenübertreten? Ich selbst habe es in der Hand, ob ich jemandem mit Vorwürfen begegne, ob ich eine Frage stelle, ein Bitte äußere, ein Angebot mache. Ich selbst bestimme den Ton und die Wortwahl, und ich habe durchaus eine Kontrolle über die Zugrichtung meiner Mundwinkel.
Interesse – wie weit will ich es meinem Gegenüber bereitwillig schenken? Sind wir nicht bei ehrlicher Selbstbesinnung oft genug überrascht, wie sehr wir vom Partner echte Aufmerksamkeit erwarten, sie ihm aber unsererseits vorenthalten? Und, liebe Eltern, haben nicht auch Sie sich hin und wieder dabei erwischt (mir ging es zumindest manchmal so),

genau zu „wissen", dass Flötenunterricht das Richtige für Ihr Kind ist, anstatt erst einmal zu ergründen, ob es nicht lieber Judo lernen sollte? Den geliebten Menschen „zum Besten gedeihen" zu lassen, gelingt sicherlich nicht unter der Glasglocke fixierter Vorstellungen, sondern nur, indem wir ihn in seinem So-Sein _erkennen_ und _anerkennen_ wollen. Dabei bin ich nicht für jeden Mitmenschen in gleichem Umfang zuständig, aber in jeder Art von Begegnung und Beziehung kann ich mir klar machen, wie viel Interesse ich jeweils investieren will und was angemessen ist. Wo meine Bereitschaft hin und wieder einen kleinen Schritt über mein gefühltes Einverständnis hinausgeht, könnte ich immer öfter erleben, wie sich Fremdheiten aufzulösen beginnen, wie sich Ablehnung neutralisiert, vielleicht in Verständnis wandelt, oder dass sich sogar Sympathie einschleicht. Das gilt im Kleinen wie im Großen: in Partnerschaften, Familien, unter Freunden und Kollegen, und ebenso zwischen Völkern, Kulturen, Religionen.

Verlässlichkeit – auch hier gilt es abzuwägen, was sie in verschiedenen Situationen bedeutet. Das heißt, ich werde die gehbehinderte Frau, die ich über die Straße begleite, nicht auf dem Mittelstreifen stehen lassen, sondern heil bis auf die andere Seite bringen; ich muss aber nicht den Rest meines Lebens für sie sorgen. Mein Kind hingegen werde ich verantwortlich begleiten, bis es sein Leben eigenständig übernehmen kann. In einer Ehe wiederum wird es nicht immer einfach sein, zwischen Mitverantwortung für den Partner und dessen Eigenverantwortung zu unterscheiden...

Was konkret in einer Situation der Haltung der Liebe entspricht und was wir zu tun bereit sind, werden wir mit Hilfe unserer vier Tiefgang-instrumente herausfinden. Durch Nachdenken, Nachspüren, Gespräche und die Bereitschaft, einen neuen Schritt zu tun, werden wir uns leichter in der komplizierten Beziehungslandschaft bewegen und Impulse in die richtige Richtung setzen. Unsere Selbstreflexion lässt uns erkennen, wo eines der drei Bedürfnisse (Wertschätzung, Interesse, Verlässlichkeit) gestört ist, und wir können durch inneren Abgleich der vier Grundfähigkeiten die Entscheidung finden, die uns selbst, dem Mitbetroffenen und der Art der Beziehung gerecht wird.

Unsere Grundfähigkeiten wiederum sind – um ein letztes Mal auf unseren Prüfdurchlauf zurückzukommen – beim größten unserer Sehnsuchtsziele auch am stärksten gefordert: Weder in der Sehnsucht nach Freiheit und Selbstbestimmung, noch in der Suche nach Lebenssinn sind wir so sehr der Macht der Gefühle unterworfen wie in der Liebe. Ebenso ist kein anderes unserer Sehnsuchtsziele derart auf eine wirklich verbindende und konstruktive Kommunikation angewiesen; und keines braucht unsere Bereitschaft zur Selbstveränderung so sehr wie die Liebe. Wem also Liebe am Herzen liegt, der kann nur gewinnen durch die Kultivierung unserer Tiefganginstrumente!

Damit hat unser denkender Geist wieder in allen Gehirnwindungen voll zu tun: Besonders muss er die unterschiedlichen Gefühlsebenen in gesunder Balance halten und entscheiden, welche Bedeutung sie für unser Handeln haben. Er wird fortwährend tanzen mit dem Einlassen auf den Anderen und dem Erhalt der Eigenkontur, zwischen Selbstveränderung und Selbsterhalt. Er wird Überzeugungen prüfen und helfen, uns mit dem Partner im Gespräch „zurechtzuruckeln“; er wird Interesse aufbringen und Bereitschaft zu Veränderungen abwägen. Wer sich auf solche Weise einer liebenden Haltung nähert, wird wohl kaum noch „blind“ lieben können. Im Gegenteil: Gerade dann werde ich besonders genau hinschauen, was mit meinem Partner / Kind / Nachbarn wirklich los ist, wo ich selbst stehe und wie ich beides miteinander verbinden kann. Wo sich der Blick ausrichtet auf ein Wir, das gleichermaßen ein intaktes Ich und ein eigenständiges Du fördert, kann ich es kaum verhindern, dass sich das Herz öffnet, und sobald das Herz offen ist, wird es sich vielleicht schneller als gedacht auch (wieder) mit dem _Gefühl_ der Liebe füllen.

Expandierende Liebe, ansteckende Freude

Ihrer Natur entsprechend, bringt der Nährboden der Agape-Liebe reichlich Früchte hervor – mehr als unsere unmittelbaren Beziehungen „verbrauchen“ können. Eine solche Liebe wächst, je intensiver sie praktiziert wird. Sie drängt zur Expansion, über den eigenen Horizont und die unmittelbar hautnahen Beziehungen hinaus. Liebe will sich vermehren (was schon mit der Sehnsucht der Paare nach Kindern beginnt, und seien es adoptierte), und sie macht nicht Halt vor all den anderen Menschen und Wesen, denen wir begegnen. Wer in der Agape-Liebe zu leben beginnt, schaut nicht mehr nur auf sein eigenes Wohlbefinden und seinen engsten Umkreis, sondern wird ebenso jedem Fremden eine freundliche, lebenswerte Welt wünschen. Überhaupt kann ich mir letzten Endes jedes ethische Verständnis nur daraus erklären, dass tief in uns eine solche Liebesfähigkeit veranlagt ist – ja geradezu ein *Bedürfnis*, aktiv zu lieben. Sie ist der Gegenpol zum Recht des Stärkeren, indem sie allen Mitmenschen dieselben Rechte zubilligt wie mir selbst, ihm Würde zuspricht, selbst wo ich keine persönliche Zuneigung empfinde. Auf diese Weise wird mehr und mehr das Glück der Anderen auch zu meinem eigenen Glück; dann fühle ich mich ganz in der Liebe, selbst wenn ich nicht überall zurückgeliebt werden kann.

Kurz und knapp gesagt: Liebe mag uns geschenkt werden, und in diesem Glücksfall haben wir allen Grund, von Herzen dankbar zu sein. Gerade dann werden wir kaum anders können, als die empfangene Liebe wieder auszustrahlen und Andere darin einzubeziehen. Doch auch ohne dass uns die Quelle unserer Liebe bewusst sein muss, können wir uns entscheiden, aktiv Liebende zu werden und selbst Liebe zu _verschen-_ ken. Denn macht es nicht gerade besonders Freude, etwas zu verschenken, oft noch mehr, als etwas zu bekommen? Ich glaube, der Schenker von Braunschweig, dessen Spendenaktionen ich im Anfangskapitel erwähnt hatte, hat sich über die Freude der heimlich Beschenkten mindestens ebenso gefreut wie die Empfänger! Und Liebe zu verschenken oder Freude zu machen, haben wir so oft selbst in der Hand.

Liebe und Freude – was für ein wunderbares Paar! Was könnte uns mehr erfüllen, als ihrer Spur zu folgen? „Lebe, wie du, wenn du stirbst, wünschen wirst, gelebt zu haben" – das stand am Anfang unserer Reise durch dieses Buch, am Anfang der Frage, wie wir ein authentisches, glückendes Leben führen können. Auf was könnten wir am Ende glücklicher zurückschauen als auf Zeiten der Liebe und Freude?

Diesem Lebensglück können wir liebend auf die Sprünge helfen, indem wir auf unsere Seelenstimme zu hören lernen; wie das gelingt, damit haben sich viele Seiten dieses Buches beschäftigt. Sie wird uns zeigen, wo und wie wir liebend handeln können – gegenüber vertrauten und fremden Menschen, gegenüber uns selbst, gegenüber dem Leben, der Natur und unseren Mitgeschöpfen. Sie wird uns Schritte – vielleicht große, vielleicht kleine – führen, die der Lieblosigkeit in unserer Welt ein wärmendes Licht entgegenstellen. Nicht nur für Andere, sondern auch für uns selbst, denn was könnte uns zärtlicher erfüllen, als von ganzem Herzen und mit ganzer Seele, mit großer Bereitschaft und wachem Geist zu lieben? Was könnte mehr Freude ins Leben bringen, als zu erfahren, wie viel wir aktiv zu einem liebenden Miteinander und Füreinander beitragen können?

Welch eine Aussicht, nicht nur für die Erfüllung meines eigenen Lebens! Nur mal angenommen, wir würden dem Leben und unserem Nächsten immer wieder mit einer liebenden Haltung begegnen: Hieße das nicht zwangsläufig, all das anzubieten, was uns und Andere aufbaut, lebensfreundlich ist, zum Guten herausfordert, Freude verbreitet, inneren und äußeren Frieden schafft? Hieße das nicht ebenso zwangsläufig, uns um Eigenschaften zu bemühen, die wir mit dem etwas aus der Mode gekommenen Wort „Tugenden" bezeichnen: Geduld, Ehrlichkeit, Mitgefühl, Gerechtigkeit, Treue, Großzügigkeit, Weisheit, Friedfertigkeit, Güte, Vergebungsbereitschaft? Würden wir auf diese Weise nicht genau in das Bild hineinwachsen, wie wir als Menschen eigentlich gedacht sind – nämlich zutiefst menschlich? Nur mal angenommen – man stelle sich vor, wohin das unsere leidgeprüfte Welt führen könnte! Ist es nicht großartig, dass wir mit unseren vier Grundfähigkeiten ideale Instrumente in der Hand halten, solche Entwicklungen zu fördern?

Unsere Sehnsuchtsziele Freiheit, Sinnhaftigkeit und Liebe drängen uns, uns selbst in der Welt wirksam zu erleben. Das beginnt, indem wir unsere tiefen Sehnsüchte und Potenziale leben und weitergeben, was in ihnen steckt. Und wenn wir Andere damit anstecken, es uns gleich zu tun, und wenn Andere es von sich aus ebenfalls tun und wiederum Andere anstecken, ist das nicht ein aussichtsreicher Start in eine lebenswerte Zukunft? „Viele kleine Menschen, die an vielen kleinen Orten viele kleine Dinge tun, werden das Gesicht der Welt verändern", sagt ein afrikanisches Sprichwort. Viele kleine Bausteine dazu könnten unsere vier Tiefganginstrumente beitragen...

„Lebe, wie du, wenn du stirbst, wünschen wirst, gelebt zu haben" – die meisten Menschen wünschen sich, in guter Erinnerung aus dieser Welt zu gehen. Sie wollen unvergessliche Spuren in ihr hinterlassen, ganz eigene, unverwechselbare. Und die eindrücklichsten Spuren sind die der Liebe – wie der große Arzt und Menschenfreund Albert Schweitzer sagt: „Das einzig Wichtige im Leben sind die Spuren der Liebe, die wir hinterlassen, wenn wir gehen."

Lassen Sie uns also die Sehnsucht des Herzens endlich ernst nehmen. Lassen Sie uns die Schuhe abstreifen, die Andere uns hingestellt und die wir oft nichtsahnend als die unseren angezogen haben. Lassen Sie uns denken und spüren und gemeinsam erkunden, worauf es wirklich ankommt – und dann: Gehen wir los!

Raum für Ihre persönliche Notizen:

Anhang. Auf einen Blick

Viele Seiten zu lesen, viele Gedanken zum Miteinander von Denken, Fühlen, Kommunizieren und bereitwilliger Selbstveränderung... Da kann der Überblick schon mal leiden. Kurz und knapp deshalb hier noch einmal die „Essentials" der praktischen Empfehlungen:

Besinnungszeiten

sind die einzig notwendige äußere Voraussetzung für eine Kultivierung unserer Grundfähigkeiten. Idealerweise umfassen sie

- ✣ mehrmals täglich kurzes Innehalten (10-15 Sekunden zwischen verschiedenen Tätigkeiten, oder 2x2 Minuten „Atempause" nach festem Rhythmus)
- ✣ „Zeitfetzen" nutzen
- ✣ regelmäßige Tagesreflexion (10-20 Minuten, eventuell verbunden mit schriftlicher Besinnung im Tagebuch, oder auch im Gespräch mit einem Partner)
- ✣ Wochen- oder Monatsbilanz
- ✣ eine Jahresbetrachtung – wo möglich, verbunden mit einer etwas längeren Besinnungsauszeit

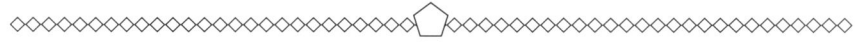

Die „Herzstücke" der Grundfähigkeiten

sind die Schaltstellen zwischen den einzelnen Fähigkeiten, an denen sie sich gegenseitig beeinflussen und von hier aus auf unsere Entwicklung einwirken. Das ist beim

- ✣ Denken: die Klärung von Überzeugungen;
- ✣ Fühlen: der differenzierte Umgang mit den unterschiedlichen Gefühlsebenen;
- ✣ Kommunikation: die Resonanzfähigkeit;
- ✣ Bereitschaft zur Selbstveränderung: der „Dehnbarkeitsfaktor" zwischen Bereitschaft und Einverständnis

Denk-Kultur

Bewusstes Denken (= Geist-Denken) ist die leitende Kraft im Zusammenspiel der vier Grundfähigkeiten.

Schritte der „Gedankenerziehung":
* ✤ Das Geist-Denken macht sich (automatisierte) Gedankenabläufe bewusst.
* ✤ Es entscheidet: Ist es *jetzt notwendig oder sinnvoll*, dem Gedanken zu folgen?
* ✤ Wenn ja: Nehmen Sie sich *bewusst Zeit* zur Auseinandersetzung, vielleicht schriftlich oder im Gespräch.
* ✤ Wenn nein: *Vertagen* Sie gezielt und konkret die Kommunikation zwischen Geist-Gedanken und automatischem Denken (handeln Sie in sich einen vertretbaren Termin zur Wiedervorlage aus und halten Sie ihn verbindlich ein)
* ✤ Falls die Gedankenkreise trotz alledem nicht locker lassen, kehren Sie zurück zur erneuten Entscheidung, sich eventuell doch jetzt aktiv damit auseinanderzusetzen, ggf. schriftlich oder im Gespräch

Belastende Gedanken klären – zu Ende denken:
* ✤ Haben Sie auf das, worum Sie kreisen, überhaupt einen Einfluss? – Ein Weiterdenken ist nur dort sinnvoll, wo Sie eine Wahl haben und auf die Zukunft einwirken können.

Wo Sie einen Einfluss in die Zukunft hinein haben,
* ✤ sollten Sie sich klar werden, womit genau Sie unzufrieden sind. Indem Sie es möglichst präzise definieren, schrumpft das Problem oft schon auf eine handliche Größe.
* ✤ Erweist sich das Problem als größer, ist zu fragen, ob es sich „lohnen" dürfte, auch mehr Mühe darin zu investieren. Das trifft meist zu, wenn es eine positive Motivation gibt oder gab, an die Sie anknüpfen können.
* ✤ Kommen Sie zu dem Schluss, dass Sie eigentlich weiterhin zu Ihrer Wahl stehen, dann überlegen Sie, wie Sie konkret Ihre Unzufriedenheit *innerhalb der bestehenden Situation* ausräumen können.

✤ Kommen Sie zu dem Schluss, dass Sie definitiv nicht mehr zu Ihrer Wahl stehen, dann bedenken Sie jetzt konkrete Schritte, die Sie aus dieser Situation herausführen.

Überzeugungen prüfen:
✤ Greifen Sie den Anlass einer Irritation oder eines Widerspruchs auf.
✤ Machen Sie Bestandsaufnahme: Wie denken Sie bislang, und worauf basiert Ihre Ansicht?
✤ Woher haben Sie diese Denkweise, wer hat sie vermittelt, welche Autorität billigen Sie dem zu?
✤ Was ist die alternative Spur, die durch den Zweifel eröffnet wurde? Welche Erfahrungen oder Behauptungen sind mit Ihrer ursprünglichen Überzeugung nicht zu vereinbaren?
✤ Welche Auswirkungen sehen Sie in der ursprünglichen wie in der alternativen Sichtweise?
✤ Wie lässt sich der Gehalt beider Aussagen prüfend verfolgen, bis Sie sich eine Sichtweise fundiert „zu eigen machen" können? Und welchen Schluss ziehen Sie vorläufig für Ihr Handeln daraus?

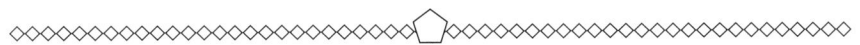

Dem Fühlen auf der Spur

Gefühle werden auf den jeweiligen Ebenen unterschiedlich intensiv wahrgenommen, die leisen inneren Stimmen erfassen wir erst, wenn heftigere Gefühle zur Ruhe kommen. Der differenzierte Umgang mit den verschiedenen Gefühlsebenen ist das „Herzstück" für die Entwicklung von Selbstgefühl.

(Körperwahrnehmungen)
(primäre Physiologie äußert sich in Gefühl)

EMOTIONEN
(lösen sekundär physiologische Reaktionen aus)

Stimmungen / Befinden
(begleiten uns fortlaufend)

.

Empfindungen:
Gespür
Intuition
Seelenstimme

Umgang mit Emotionen:
* wahrnehmen und „zugestehen", aber nicht daraus entscheiden bzw. handeln
* falls eine Emotion nicht nach einigen Minuten abklingt, sollte geklärt werden, was dahinter steckt (empfiehlt sich ebenso bei Emotionen, die in ähnlichen Situationen immer wieder auftauchen)

Umgang mit unerwünschten Stimmungen:
* Nehmen Sie die Befindlichkeit (Angst, schlechte Laune, Ärger, deprimierte Stimmung) mit etwas Distanz wahr.
* Entscheiden Sie: Ist es hier und jetzt angebracht, dem Gefühl zu folgen?
* Wenn nein:
  * Warten Sie ab und gehen trotz Stimmungen zum Alltag über.
  * Handeln Sie aus, wie lange Sie die Stimmung „einfach so" zugestehen und wann Sie ihr, falls nicht verschwunden, wieder Aufmerksamkeit geben wollen.
* Wenn ja:
  * Betrachten Sie Gefühle als „Wetterlage": Stellen Sie sich darauf ein und gönnen ihnen eine gewisse Pflege (Tasse Tee auf dem Sofa, Spaziergang).
  * Nehmen Sie sich ggf. bewusst Zeit, dem Gefühl auf den Grund zu gehen (hilfreich: Tagebuch oder Gespräch).
  * Stehen bestimmte Gedanken hinter dem Gefühl? Wie lassen sich die Gedanken-Gefühls-Kreise gegebenenfalls in eine andere Richtung lenken?

❖ Falls sich die Stimmung nicht lichtet oder sogar mehr zuzieht: Beziehen Sie Gesprächspartner bis zu therapeutischer Hilfe ein.

Umgang mit inneren Stimmen (Gespür, Intuition, Seelenstimme):
❖ Schaffen Sie Raum für subtile Wahrnehmungen, d.h. lassen Sie gröbere Gefühle und Emotionen zunächst zur Ruhe kommen.
❖ Innere Stimmen brauchen Abgleich und Prüfung, zum Einen durch Beobachtung, zum Anderen durch Austausch mit Gesprächspartnern.

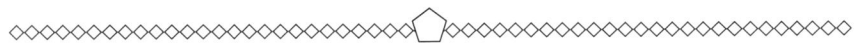

Das Ich wird am Du:

Gelingende Kommunikation hängt ab von
❖ echtem Interesse am Gesprächspartner bzw. seinem Thema
❖ Resonanzfähigkeit
❖ einer gemeinsamen Verständnisgrundlage
❖ der möglichen Erweiterung des eigenen Blickwinkels

Das heißt im Selbstcheck:
❖ Sind Sie wirklich an dem Menschen, mit dem Sie reden, oder an seinem Thema interessiert?
❖ Wenn nein: Sind Sie eventuell bereit, sich vorübergehend auf ihn einzulassen? – Gespür und Geist-Denken entscheiden, wie lange oder bis zu welchem Punkt Sie bereitwillig mitgehen möchten.
❖ Wenn Sie an Mensch oder Thema interessiert sind, wie können Sie das dann am besten ausdrücken?

Resonanz gelingt durch
❖ genaues „aktives" Zuhören
❖ vertiefende Fragen (offen und anschaulich)
❖ Erkundung und Beschreibung von Gefühlen

* Spiegelungen
* Beispiele anderer Menschen
* Bilder, Geschichten, Anekdoten

Sich aufmachen

Die Kunst müheloser Selbstveränderung liegt in der optimalen Schritt-länge, mit der eine Bereitschaft aus einer gedanklichen Einsicht dem inneren Einverständnis der Gefühle vorangeht. Dieser „Dehnbarkeits-faktor" ist das Herzstück der Bereitschaft zur Selbstveränderung.

Für die Umsetzung haben sich vier Überlegungen bewährt:
* Was genau wollen Sie ändern?
* Welcher praktische Schritt wäre darin jetzt angemessen?
* Welchen Zeitrahmen geben Sie sich?
  (Kreis der erweiterten Gegenwart)
* Was könnte Sie begleitend unterstützen?

Gefühle bestimmen maßgeblich unsere Motivation:
* Erkennen Sie negative, blockierende Gefühle an (Scham, Stolz, Angst vor Unsicherheit), ohne sie herrschen zu lassen.
* Verstärken Sie positive Gefühle (Hoffnung und Freude) durch
  * „Rückblick" aus der Zukunft
  * Rückblick auf Zurückliegendes mit Dankbarkeit und Humor

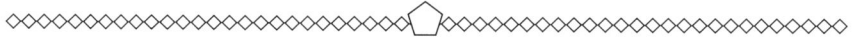

Für alle Grundfähigkeiten gilt in der Selbstentwicklung: _Relevanz klä-ren_! Beim Denken, in der Gefühlspflege, in der Kommunikation und bei Schritten in die Selbstveränderung sollten Sie entweder an besonders dringlichen „Baustellen" beginnen oder in Bereichen „üben", wo ein neues Verhalten leicht fällt – wenn es Ihnen liegt, natürlich auch beides.

Ich wünsche Ihnen eine entspannt-spannende Reise und freudige Ankunft bei sich selbst!

Nachklang

Ein großes DANKE: Es sind so viele Menschen, ohne die dieses Buch niemals zustande gekommen wäre! Der erste Dank geht an all diejenigen, die mich durch Irritationen, Zweifel und insistierendes Fragen ans Nachdenken gebracht haben: vor allem Patienten und Ausbildungsteilnehmer, die sich nicht mit vordergründigen Antworten zufrieden gaben. Der noch größere Dank gehört denen, die mein Ringen um Verständnis und Erkenntnis treu über Jahre begleitet und unterstützt haben: den Gesprächs- und Selbsterfahrungsgruppen, Freundinnen und Freunden. Von ganzem Herzen danke ich meiner Freundin Bärbel für die unzähligen inspirierenden Gespräche und ihre stetigen Ermutigungen – und meiner Tochter Julia für ihre kreative und dem Verlagsentwurf ähnliche Idee zur Cover-Gestaltung!

Nicht zuletzt mein Dank an den RMd-VERLAG: Ich freue mich über die erfrischend unkomplizierte „Geburtshilfe", mit der wir das Werk ans Licht der Bücherwelt bringen konnten.

Ein besonders großes DANKE aber geht an Sie, liebe Leserinnen und Leser! Sie leisten den größten Beitrag, indem Sie praktisch prüfen, wie weit sich meine Rückschlüsse bewähren: Wenden Sie die vier Tiefgang-instrumente an und sammeln Sie konkrete Erfahrungen; korrigieren Sie, wo nötig; bauen Sie aus, was zu kurz gekommen ist; geben Sie weiter, was Sie bestätigen können – laden Sie viele Menschen ein, ebenfalls zu Tiefgängern zu werden!

Zur Person:
Frau Dr. Keding ist Allgemeinärztin und Psychotherapeutin. Seit Beginn ihrer Tätigkeit hat sie nach tiefer greifenden, grundlegenden Heilungsansätzen gesucht. Ein wertvolles Instrument dazu fand sie im Muskeltest der Kinesiologie, mit dessen Hilfe erstaunlich oft unerwartete Heilerfolge möglich werden. Da der Muskeltest einerseits empirisch überzeugt, andererseits wissenschaftlich umstritten ist, setzte sie sich über etliche Jahre mit seinen Prinzipien und Hintergründen auseinander, entwickelte stimmige Grundlagenmodelle und gab ihre Kenntnisse in Ausbildungen und Büchern weiter – quasi ihr medizinischer Beitrag zum Thema Tiefgang und ihr Anstoß, dem Tiefgang noch tiefer auf den Grund zu gehen...

Vorangegangene Publikationen:
„Gesund durch analytische Kinesiologie", Jopp-Verlag
„Gesund durch psychologische Kinesiologie", Jopp-Verlag
„Die wundersame Welt des Muskeltests", Oesch-Jopp-Verlag, 2008
„Praxisbuch durch analytische Kinesiologie", VAK-Verlag, 2013
„Praxisbuch durch psychologische Kinesiologie", VAK-Verlag, 2013
„Der Muskeltest, was er wirklich kann", VAK-Verlag, 2013

Meditativ stimmende Fotografien – Teil 1

Meditativ stimmende Fotografien – Teil 2